2021 – 39

RECHERCHES AUGUSTINIENNES ET PATRISTIQUES

L'œuvre de Pierre Courcelle :
héritage et débats

Actes de la journée d'étude organisée le 25 mai 2018
par Sorbonne Université et l'Institut d'études augustiniennes
(Laboratoire d'études sur les monothéismes, UMR 8584),
sous le haut patronage de l'Académie des Inscriptions et Belles Lettres

Direction :
Laetitia CICCOLINI, Olga VASSILIEVA-CODOGNET et Vincent ZARINI

L'œuvre de Pierre Courcelle : héritage et débats

Pierre Courcelle (1912-1980) fut l'un des plus grands érudits européens du XXe siècle, et son œuvre très vaste n'a cessé de nourrir et d'inspirer plusieurs générations de chercheurs. Sa double formation (École normale supérieure et École nationale des chartes) le singularisa dès l'orée de sa carrière et distingua sa méthode, qui serait philologique non moins qu'historique. Spécialiste de la littérature latine d'époque chrétienne, Pierre Courcelle fut aussi un grand historien de la littérature et de la pensée de l'Antiquité tardive en général, dont il sondait inlassablement les diverses sources. Ce chercheur hors-pair fut également un enseignant dévoué (Sorbonne, École pratique des hautes études, Collège de France) ainsi qu'un administrateur distingué (président de l'Académie des Inscriptions et Belles-Lettres, directeur de la Fondation Thiers et de l'Institut de France).

Pourtant, en dehors des cercles restreints de l'érudition antiquaire, la figure de Pierre Courcelle semble aujourd'hui quelque peu oubliée. Contrairement à celle de son contemporain et ami Henri-Irénée Marrou, l'œuvre de Pierre Courcelle n'a pas fait l'objet du moindre colloque jusqu'à ce jour, et aucun de ses livres n'est plus réédité depuis longtemps (sauf, pour certains d'entre eux, en traduction dans des langues étrangères, indiscutable signe de son rayonnement). Aussi l'objet de la journée d'étude que nous lui avons consacrée le 25 mai 2018, en Sorbonne, était-il de remédier à cet injuste oubli. Nous avons tenté de passer en revue l'œuvre immense de cet infatigable chercheur, aux vastes connaissances et aux intérêts variés. Les enquêtes de Pierre Courcelle portent en effet sur des auteurs tels que saint Ambroise, saint Augustin ou Boèce, aussi bien que sur la survie des lettres grecques dans la latinité tardive ou sur la tradition du *Connais-toi toi-même*, pour ne citer que les plus célèbres de ses ouvrages. En compagnie de sa femme Jeanne, Pierre Courcelle s'adonna même aux études iconographiques, à une époque où peu d'historiens et encore moins de philologues daignaient s'intéresser sérieusement aux images.

L'ambition de cette journée d'étude était donc de prendre la mesure de l'œuvre aujourd'hui – comment a-t-elle résisté au temps ? – et de mieux comprendre l'homme à travers les témoignages de quelques-uns de ceux qui l'ont bien connu. En raison des liens scientifiques et personnels que le savant avait tissés avec l'Institut d'études augustiniennes et notamment avec son directeur d'alors, le P. Georges Folliet, il nous a semblé que l'IEA serait le lieu naturel de publication des actes de cette journée, quarante ans après la disparition de Pierre Courcelle. Nous avons cru bon de faire précéder ces derniers d'une réimpression de la belle et riche notice nécrologique que lui consacra Jacques Fontaine dans l'annuaire des anciens élèves de l'École normale supérieure, ainsi que d'une bibliographie, aussi complète que nous le pouvions, des travaux du maître, toujours utiles par l'ampleur des dépouillements sur lesquels ils reposent ainsi que par la hardiesse et la rigueur de pensée dont ils procèdent.

Laetitia CICCOLINI

Olga VASSILIEVA-CODOGNET

Vincent ZARINI

N. B.: Ce recueil est organisé de la manière suivante : tout d'abord prennent place les contributions portant sur un seul livre de Pierre Courcelle, dans l'ordre chronologique des publications, puis viennent les articles abordant plusieurs de ses ouvrages, et enfin figurent quelques témoignages sur le philologue et l'homme.

COURCELLE (PIERRE), *né à Orléans le 16 mars 1912, décédé à Paris le 25 juillet 1980. – Promotion de 1930.*

Comment oser parler d'un maître et d'un ami, qui, en dépit de son immense savoir et de sa carrière exceptionnelle, demeura sa vie durant un homme modeste, silencieux, à la fois transparent et secret ? Dieu sait pourtant quel attachement fidèle il témoignait à ceux qu'il honora de son amitié. Fussent-ils ses cadets, ses élèves, ses dirigés de thèse, Pierre Courcelle prenait toujours les devants pour venir lui-même les saluer et s'enquérir de quelques nouvelles familiales, au détour des salles et couloirs des bibliothèques où il déambulait si souvent, d'innombrables petites fiches à la main. Ce n'était pas, de sa part, une simple démarche de courtoisie, mais une sorte de don du cœur qui le portait vers vous. L'acuité de son regard, sans cesse tendu vers la recherche, s'illuminait alors d'une chaude sympathie, qui a souvent réconforté plus d'un d'entre nous. Cette âme, réservée jusqu'à certaine distance, se livrait alors tout entière, désarmée, à un dialogue bref et souriant où, par-delà les mots, tout devenait avec lui simple, direct, chaleureux. Tel fut aussi, en dehors des grandeurs d'établissement qui reconnurent à juste titre son intelligence et son savoir, l'homme dont le souvenir m'encourage à tenter ce dernier hommage. L'éclat du savant ne doit pas effacer l'attrait profond de la personne : celle qu'ont connue sa famille, ses coturnes et amis, sa *familia* intellectuelle, qui fut vaste, à la mesure de sa valeur d'enseignant et de chercheur. Merci à ses camarades les plus proches qui ont bien voulu m'aider de leurs souvenirs personnels, en particulier Alphonse Bouvet, René Brouillet, Julien Grey, Auguste Haury, Marc Santoni et Jean Stoetzel, et à son disciple Hervé Savon.

Rectitude et rapidité : la carrière de Pierre Courcelle est à l'image de son intelligence et de son caractère. L'un de ses plus anciens camarades l'a illustrée d'une sentence appropriée à ce latiniste, en disant qu'elle fut « la voie romaine, celle qui va droit au but et se joue des obstacles ». Né le 16 mars 1912 « dans l'antique Orléans sévère et sérieuse », il avait un oncle qui fut le compagnon d'études de Charles Péguy. Paradoxalement, les racines des deux hommes sont symétriques : elles plongent dans une ascendance laborieuse. Pierre Courcelle disait lui-même, le jour où il entra à l'Institut, qu'en fouillant dans sa propre généalogie, il n'avait trouvé – depuis le XVIe siècle – « aucun homme illustre, rien que des laboureurs ». Le goût du travail patient et bien fait, les dons de l'intelligence qui, à près d'un demi-siècle de distance, menèrent d'abord les deux étudiants par les mêmes chemins, le sens d'une existence donnée à ce que l'on croit, le travail conjoint de l'intelligence et de la foi : convergences orléanaises ?

Dès ses études supérieures apparaît cet appétit intellectuel, à la fois particulier et divers, servi par une « facilité méthodique » qu'admire encore un de ses coturnes. D'où une moisson aussi précoce que rapide, et d'une richesse peu commune. Au sortir du lycée d'Orléans, il est khâgneux à Louis-le-Grand à seize ans, en 1928 ; à la fois normalien et chartiste à dix-huit ans, en 1930 ; agrégé et archiviste-paléographe (grâce à C. Bouglé, qui obtint pour lui une indispensable année supplémentaire), mais aussi et déjà membre de l'École française de Rome, à vingt-deux ans, en 1934 ; docteur d'État à trente et un ans, en 1943. Et cela, en dépit de la guerre de 1939-40, durant laquelle, lieutenant d'infanterie, il reçut la croix de guerre avec deux citations.

Quo non ascendet? Très haut et très loin, sans le chercher, avec cette « force tranquille » dans laquelle un de ses camarades voit le secret de sa valeur. Maître de conférences à la Faculté des lettres de Bordeaux en 1941, professeur à la Sorbonne et directeur d'études à la IVe section de l'École pratique des hautes études à trente-deux ans en 1944, il occupe à partir de 1952 et pour un large quart de siècle la chaire de littérature latine du Collège de France. L'originalité de sa carrière scientifique tient à sa double formation de chartiste et de normalien, d'antiquisant et de médiéviste. Ces deux hommes qu'il sent toujours en lui ne le divisent point. Ils s'allient, au contraire, pour investir cette large zone de l'histoire de notre civilisation que latinistes et médiévistes du siècle dernier s'entendaient pourtant à laisser subsister entre eux comme une sorte de *no man's land* réputé désertique. Mais, grâce à des hommes à la curiosité plus large, tel Jean Bayet, Pierre Courcelle s'aventure en ce domaine à la bonne heure : celle où, dans le monde de la recherche historique internationale, les termes de *Spätantike* et de *tardo antico* commencent à cerner les richesses de cette *terra paene incognita*. Dès le début de notre siècle, quelques années avant la naissance de Pierre Courcelle, de hardis explorateurs s'y étaient engagés, par des voies d'accès bien distinctes : le linguiste et latiniste suédois Einar Löfstedt, l'archéologue autrichien Aloys Riegl. En France même, l'enseignement et les livres de Pierre de Labriolle frayaient aux latinistes une autre route, mais convergente avec les précédentes. La force originale de Pierre Courcelle fut de s'engager à son tour dans ce continent perdu et retrouvé, avec une pluralité de savoir et de méthodes. Cette résolution – et son talent – d'éclairer sous des angles bien divers ce que l'on avait naguère appelé les « siècles obscurs », apparaît dès ses premières publications. Il se montre historien de la littérature, de la pensée, de la culture, en étudiant à Rome les rapports de Boèce avec l'école d'Alexandrie. Archéologue, il fouille en Afrique, et cherche à situer en Calabre l'emplacement du monastère de Cassiodore – ce qui lui vaut, avec Marrou, la mésaventure d'être arrêté par la police fasciste et soupçonné d'espionner la marine italienne dans le golfe de Squillace ! Il s'engage aussi dans l'histoire de l'art, en étudiant la tradition antique dans les miniatures d'un Virgile de Naples ; et dans l'exploration des écoles et de la culture du Moyen Âge, en suivant du IXe au XVe siècle les destinées des commentaires de la *Consolation* de Boèce. L'ensemble de ces travaux, publiés avant la Seconde Guerre mondiale, trace le programme, fort vaste, du demi-siècle de recherches et de publications qui va suivre. Courcelle y manifeste déjà cette alliance heureuse entre la hardiesse des hypothèses et la minutie des démonstrations qui caractérisera toute son œuvre. L'Antiquité tardive n'est pas pour lui un fief où il se retrancherait, aux frontières de mondes déjà connus. C'est pour lui, dans tous les sens du mot, une sorte de *foyer*: il y revient toujours, mais pour en repartir à travers l'Antiquité grecque et latine, ou vers les siècles du Moyen Âge, en lançant des expéditions dont il revient chaque fois chargé de dépouilles inédites et de vues nouvelles.

Il est logique que, comme pour son collègue et ami Henri-Irénée Marrou, le centre des centres soit demeuré pour lui la personne et l'œuvre de saint Augustin. Entre tant de maîtres livres, c'est en deux ouvrages sur les *Confessions* qu'il a peut-être exprimé ses idées les plus nouvelles. Dans leur symétrie même, ces deux livres illustrent les facettes complémentaires du talent de Pierre Courcelle. D'une part, l'étude analytique, philologique, j'allais écrire la dissection magistrale, la « leçon d'anatomie », sur des textes trop célèbres pour que l'on ne crût pas déjà tout dit sur leur signification; on se serait trompé. D'autre part, et sans omettre les exigences de ce premier type de travail, une immense lecture, qu'on dirait aujourd'hui « diachronique », multipliant les occasions d'établir des rapports à travers les millénaires, en amont et en aval de l'œuvre augustinienne. Vastes perspectives ouvertes sur l'intelligence des filières de pensée, sur l'histoire des idées et des formes, sur la cohérence et les mutations de la sensibilité chrétienne en Occident. Parues en 1950, sous un titre aussi modeste que leur auteur, les *Recherches sur les Confessions de saint Augustin* renouvellent l'intelligence d'une conversion qui fut bien, immédiatement, de nature religieuse. Le projet littéraire des *Confessions* n'en est pas moins éclairé, sous bien des jours inédits. Et, à travers ces deux sujets capitaux, les procédures complexes d'une culture « antique tardive », où l'on ne peut plus établir de cloison étanche entre la culture des païens et celle des chrétiens. Ensuite, à partir de ce foyer augustinien, une seconde recherche capte tous les rayons qui s'y concentrent, aussi bien que tous ceux qui en émanèrent, du platonisme à Renan et à Nietzsche. Elle est publiée en 1963 sous le titre *Les Confessions de saint Augustin dans la tradition littéraire. Antécédents et postérité*.

Durant vingt-huit années, tant en France qu'à l'étranger, Pierre Courcelle assure un incomparable rayonnement à l'étude de la littérature latine chrétienne, antique et médiévale, à travers son double enseignement des Hautes études et du Collège de France. On ne saurait ici donner une idée approchée d'une bibliographie dont les titres se comptent par centaines. Autour du soleil augustinien, que choisir dans ces constellations de publications, toutes originales, rigoureuses, et où s'expriment non seulement des découvertes de tout ordre, mais une méthode qui a marqué l'étude de ce vaste domaine? Le souci d'embrasser, dans sa continuité encore vivante, la cohérence d'une tradition de culture s'y joue avec aisance à travers les légions de textes souvent peu ou point connus.

Demeuré fidèle à ses premières amours boéciennes, Courcelle continue de trouver, dans l'auteur de la *Consolation de Philosophie*, comme le miroir où se reflète symboliquement la diversité de ses propres curiosités. Cette figure, encore antique et déjà si médiévale, a de quoi le fasciner: homme de foi autant que de raison, mais en qui l'une et l'autre coexistent sans conflit apparent. En 1967,

Pierre Courcelle publie sur Boèce un livre de titre et de contenu analogues à ceux du livre augustinien publié quatre ans auparavant. Enfin, il consacre à l'histoire et aux vicissitudes du précepte de la connaissance de soi une longue enquête qui s'attache aux sillages du socratisme, jusqu'à saint Bernard; les trois tomes en paraissent en 1974 et 1975. Et, revenu à nouveau « en sa chère patrie » des grands siècles paléochrétiens, il nous a laissé le manuscrit achevé d'un grand travail sur *Lecture païenne et lecture chrétienne de l'Énéide…*

Cette œuvre scientifique, consacrée en priorité à saint Augustin et à l'augustinisme, Pierre Courcelle avait tenu à en réserver la publication à l'Institut d'études augustiniennes, dont il fut, avec Henri-Irénée Marrou, l'un des membres fondateurs. Ainsi a-t-il, dans une collaboration suivie et plus qu'amicale avec un groupe de chercheurs appartenant aux Augustins de l'Assomption, donné à ses collègues et à ses élèves un moyen d'expression des études augustiniennes, patristiques, historiques, qui constitue, depuis plus d'un quart de siècle, un centre français d'étude, de documentation, de publication, unique en son genre. Le rayonnement international de ce centre doit certainement beaucoup à celui du savant dont il a eu le privilège de publier, ou de republier, tous les ouvrages majeurs.

J'aurai garde d'oublier maints autres grands livres sortis de la même plume, et qui ont fait date. Ainsi, d'abord, sa thèse de doctorat d'État: il y exprime dès 1943 son dessein de tout relier pour mieux comprendre chaque œuvre et chaque auteur: et cela, en l'occurrence, jusqu'en l'un des siècles les plus déshérités des chercheurs: le VIe siècle, celui de l'Italie ostrogotique. Le titre même dit assez le paradoxe: *Les lettres grecques en Occident de Macrobe à Cassiodore*. Mais l'érudition si redoutable de Pierre Courcelle n'a jamais amoindri en lui un goût littéraire que ses curiosités artistiques et archéologiques n'ont pu que fortifier. En témoigne particulièrement la synthèse, aussi alerte que savante, qu'il intitula *Histoire littéraires des grandes invasions germaniques*. Diverses éditions françaises et étrangères en ont attesté le succès.

Et aussi ces beaux livres d'images (aux légendes savantes) sur l'iconographie de saint Augustin et de saint Ambroise, dans lesquelles s'est exprimée aux yeux de tous la plus grande réussite de sa vie: sa collaboration avec Jeanne Courcelle, rencontrée à Rome lorsqu'elle était membre de l'Académie de Belgique dans la Ville, et qui devint la mère de leurs huit enfants, et sa collaboratrice de tous les instants.

Dans cette grande famille, Pierre Courcelle accueillit avec une affectueuse générosité tous ceux qu'il aimait bien. Il les accueillait dans cette merveilleuse et antique maison de Clamart, sur la pente d'un jardin ombragé par un bois mystérieux. Courcelle y travaillait au milieu de ses enfants et de ses livres, tout près d'une volière et de ses habitants pour qui il était à la fois un Orphée et un saint François. On passait là de joyeuses et inoubliables soirées, égayées parfois de sonneries de trompe de chasse, et toujours agrémentées de l'ascension rituelle vers ce haut jardin d'où l'on découvrait un admirable panorama sur Paris, tout proche et déjà si lointain. On pensait à « Connaissez-vous sur la colline… » Clamart valait bien Montlignon et Saint-Leu. Et Pierre Courcelle y laissait voir aussi « sa famille avec la nature, ses enfants avec les oiseaux». Nombreuse, mouvementée, chaleureuse, cette famille était le milieu naturel auquel Courcelle donnait, et dont il recevait aussi, le meilleur de lui-même. Elle était le lieu secret de sa gaîté et de sa fantaisie, de son ressourcement quotidien. À la différence de ses oiseaux, il n'y était précisément pas cette «âme en cage» dont il a si savamment écrit. La dispersion de ce petit monde, l'exode de Clamart à Paris, lui furent certainement très durs.

Et pourtant, comme disait le biographe de saint Martin, *idem constantissime perseverabat qui prius fuerat*. *Prius*, ce ne fut pas seulement à Clamart, mais à l'École et à Rome. De la khâgne de Louis-le-Grand à l'Institut de France, ses camarades et ses amis continuent de témoigner de l'homme avec lequel ils ont échangé, de qui ils ont reçu tant d'incitations intellectuelles et de richesses intérieures. L'un d'eux m'atteste son «flair cynégétique précoce» de chercheur-né; l'autre me dit qu'il fut «bon compagnon et à l'occasion très amusant, ce qui était rare dans notre milieu» (du Palais Farnèse d'alors – je cite). Tel autre me trace, pour ce temps de sa jeunesse, un portrait que n'ont point terni les années: «L'éclat de ses yeux clairs contribue à accroître encore la lumière de son visage. Il est allant, vif, direct. Tout en lui rayonne la franchise.» D'aucuns l'ont connu grand lecteur de journaux, grand fumeur, et même grand bridgeur! Voire capable d'une «Dolonie» nocturne, par-dessus les murs des jardins, jusque dans le domaine romain de l'École nationale supérieure des Arts…

Et les Normaliens qu'il a reçus et conseillés pendant les deux ans où il dirigeait la Fondation Thiers gardent l'image d'un directeur étonnamment jeune d'esprit, ouvert à leurs problèmes aussi bien individuels qu'universitaires, qui allait jusqu'à mettre à leur disposition sa bibliothèque personnelle.

Voilà bien des souvenirs propres à nous rendre encore plus vif le portrait de celui qui continue de nourrir notre esprit et notre cœur. Il a fait valoir tous ses talents, «en bon et fidèle serviteur». Ce fut l'Évangile judicieusement choisi pour l'office qui nous réunit en octobre 1980 autour de sa mémoire, dans la chapelle où l'une de ses filles avait prononcé ses vœux de Franciscaine missionnaire. Pour Jeanne Courcelle, et pour leurs enfants et petits-enfants, nous garderons l'affection respectueuse et la gratitude que ne cesseront d'éprouver pour le savant ses innombrables lecteurs, présents et à venir.

Jacques FONTAINE

Nous remercions l'A-Ulm et Patrice Cauderlier d'avoir autorisé la reproduction de cette notice écrite par J. Fontaine, *Association amicale des anciens élèves de l'École Normale Supérieure*, 1981, p. 86-90.

Les membres du Collège de France en 1967. Pierre Courcelle est le quatrième à partir de la droite au premier rang (Collège de France. Archives).

Bibliographie de Pierre Courcelle

N. B. : Il n'est pas fait mention dans cette bibliographie
1) des résumés des cours de Pierre Courcelle, tant à l'École pratique des hautes études qu'au Collège de France, lesquels figurent dans les Annuaires respectifs ;
2) de ses nombreux comptes rendus parus dans diverses revues.

REA : *Revue des études anciennes.*
REL : *Revue des études latines.*
L'astérisque désigne les volumes.

1935
1. « Boèce et l'école d'Alexandrie », *Mélanges de l'École française de Rome*, t. LII, p. 185-223.

1936
2. « Une seconde campagne de fouilles à Ksar-el-Kelb », *ibid.*, t. LIII, p. 166-197.

1938
3. « Le site du monastère de Cassiodore », *ibid.*, t. LV, p. 259-307.

1939
4. « La tradition antique dans les miniatures inédites d'un Virgile de Naples », *ibid.*, t. LVI, p. 249-279.
5*. *Étude critique sur les commentaires de la « Consolation » de Boèce (IXe-XVe siècles)* (Archives d'histoire doctrinale et littéraire du Moyen Âge, t. XIV), Paris, Vrin, 140 pages, p. 5-140.

1940
6. « Paul Monceaux » (Notice nécrologique), *REL*, t. XIX, p. 61-63.

1942
7. « Histoire d'un brouillon cassiodorien », *REA*, t. XLIV, p. 65-86.

1943
8. « Vingt années d'histoire de la littérature latine chrétienne », *Mémorial des Études latines*, Paris, Les Belles Lettres, p. 241-255.

9*. *Les Lettres grecques en Occident, de Macrobe à Cassiodore*, Paris, E. de Boccard, XVI-440 pages (Bibliothèque des Écoles françaises d'Athènes et de Rome, t. CLIX).

1944

10. « Quelques symboles funéraires du néo-platonisme latin : Le vol de Dédale ; Ulysse et les Sirènes », *REA*, t. XLVI, p. 65-93.

11. « Sur les dernières paroles de saint Augustin », *REA*, t. XLVI, p. 205-207.

1945

12. « Les premières confessions de saint Augustin », *REL*, t. XXII, p. 155-174. Repris sous n. 133*, p. 269-290.

1946

13. « Commodien et les invasions du Ve siècle », *REL*, t. XXIV, p. 227-246. Repris sous n. 109*, p. 319-337.

1947

14. « Paulin de Nole et saint Jérôme », *REL*, t. XXV, p. 250-280.

15. « Un nouveau poème de Paulin de Pella », *Vigiliae christianae*, t. I, p. 101-113. Repris sous n. 109*, p. 293-302.

16. « Trois dîners chez le roi wisigoth d'Aquitaine », *REA*, t. XLIX, p. 169-177. Repris sous le n. 109*, p. 339-347.

1948

17. « Le gril de saint Laurent au mausolée de Galla Placidia », *Cahiers archéologiques*, t. III, p. 29-39.

18. « La culture antique de Remi d'Auxerre », *Latomus*, t. VII, p. 247-254.

19*. *Les Lettres grecques en Occident, de Macrobe à Cassiodore*, 2e éd. revue et augmentée, Paris, E. de Boccard, XVI-440 pages.

20*. *Histoire littéraire des grandes invasions germaniques*, Paris, Hachette, 264 pages.

21. « Clovis "auguste" à Tours », *Bulletin de la Société nationale des antiquaires de France*, 1948-1949, p. 46-57.

1949

22. « Fragments patristiques de Fleury-sur-Loire », *Mélanges dédiés à la mémoire de Félix Grat*, t. II, Paris, p. 145-157.

23. « Écrivains chrétiens et littérature de basse époque », *Actes du Congrès de l'Association Guillaume Budé, Grenoble, 21-25 septembre 1948*, Paris, Les Belles Lettres, p. 89-115.

1950

24. « Plotin et saint Ambroise », *Revue de philologie*, t. LXXVI, p. 29-56.

25*. *Recherches sur les* Confessions *de saint Augustin*, Paris, E. de Boccard, 299 pages.

1951

26. « La littérature latine d'époque patristique, directions de recherches », *Actes du premier Congrès de la Fédération internationale des associations d'études classiques, à Paris, 28 août-2 septembre 1950*, Paris, Klincksieck, p. 287-307.

26 bis. « Recherches sur la scène du jardin de Milan (*Conf.* VIII) », *ibid.*, p. 318. Résumé du n. 25*, *supra*, p. 188-210.

27. « Fragments historiques de Paulin de Nole conservés par Grégoire de Tours », *Mélanges d'histoire du Moyen Âge dédiés à la mémoire de Louis Halphen*, Paris, Presses Universitaires de France, p. 145-153. Repris sous n. 109*, p. 283-291.

28. « Philostrate et Grégoire de Tours », *Mélanges Joseph de Ghellinck, S.J.*, t. I (Museum Lessianum – Section historique n° 13), Gembloux, J. Duculot, p. 311-319.

29. « Possidius et les *Confessions* de saint Augustin, emprunts et compléments », *Recherches de science religieuse*, t. XXXIX (*Mélanges Jules Lebreton*, vol. I), p. 428-442. Repris sous n. 95*, app. 4, p. 609-621.

30. « Les lacunes de la correspondance entre saint Augustin et Paulin de Nole », *REA*, t. LIII, p. 253-300. Repris sous n. 95*, app. 4, p. 609-621.

31. « Note sur le "Tolle, lege" », *L'Année théologique*, n° 39, p. 253-260.

32. « L'oracle d'Apis et l'oracle du jardin de Milan (Augustin, *Conf.*.VIII, 11, 29) », *Revue de l'histoire des religions*, t. CXXXIX, p. 216-231. Repris sous n. 95*, p. 137-141.

33. « Sur un passage énigmatique des *Confessions* de saint Augustin (VIII, 2, 3) : Harpocrate et Anubis », *REL*, t. XXIX, p. 295-307. Repris sous n. 95*, p. 75-97.

1952

34. « Les "voix" dans les *Confessions* de saint Augustin », *Hermès*, t. LXXX, p. 31-46. Repris sous n. 133*, app. 3, p. 291-310.

35. « Source chrétienne et allusions païennes de l'épisode du "Tolle, lege" », *Revue d'histoire et de philosophie religieuses*, t. XXXII, p. 171-200.

36. *Leçon inaugurale faite le mercredi 3 décembre 1952* (Collège de France – Leçons inaugurales, 16 – Chaire de littérature latine), Paris, Collège de France, 37 pages.

1953

37. « Saint Augustin lecteur des *Satires* de Perse », *Revue des sciences religieuses*, t. XXVII, p. 40-46. Repris sous n. 95*, p. 111-117.

38. « Sur quelques textes littéraires relatifs aux grandes invasions germaniques », *Revue belge de philologie et d'histoire*, t. XXXI, p. 23-37.

39. « L'enfant et les "sorts bibliques" », *Vigiliae christianae*, t. VII, p. 194-220. Repris sous n. 95*, p. 143-154.

40. « Les Sages de Porphyre et les *viri novi* d'Arnobe », *REL*, t. XXXI, p. 257-271. Repris sous n. 187*, p. 625-638.

1954

41. « Saint Augustin "photinien" à Milan (*Conf.* VII, 19, 25) », *Ricerche di storia religiosa*, t. I, p. 63-71. Repris sous n. 95*, p. 33-42.

42. « Travaux néo-platoniciens », *Actes du Congrès de l'Association Guillaume Budé, Tours et Poitiers, 3-9 septembre 1953*, Paris, Les Belles Lettres, p. 227-254.

43. « Litiges sur la lecture des *libri Platonicorum* par saint Augustin », *Augustiniana*, t. IV, p. 225-239.

44. « La première expérience augustinienne de l'extase », *Augustinus Magister, Congrès international augustinien, Paris, 21-24 septembre 1954*, vol. I, Paris, Études augustiniennes, p. 53-57.

45. « Saint Augustin manichéen à Milan ? », *Orpheus*, t. I, p. 81-85. Repris sous n. 95*, p. 17-20.

46. « Un nouveau traité d'Eutrope, prêtre aquitain vers l'an 400 », *REA*, t. LVI, p. 377-390. Repris sous n. 109*, p. 303-317.

47. « Date, source et genèse des "Consultationes Zacchaei et Apollonii" », *Revue de l'histoire des religions*, t. CXLVI, p. 174-193. Repris sous n. 109*, p. 261-275.

48. « De la "Regula Magistri" au corpus vivarien des "Chroniques" », *REA*, t. LVI, p. 424-428.

49. « Fragments non identifiés de Fleury-sur-Loire (II) », *REL*, t. XXXII, p. 92-97.

1955

50. « Sur quelques fragments non identifiés du fonds latin de la Bibliothèque nationale », *Recueil de travaux offert à M. Clovis Brunel*, t. I, Paris, Société de l'École des chartes, p. 311-321.

51. « Pages inédites de Grillius sur le *De inuentione* », *Revue de Philologie*, t. LXXXI, p. 34-38.

52. « Le "maître" Augustin », *Augustinus Magister*, vol. III, Actes, Paris, Études augustiniennes, p. 9-11.

53*. *História literária das grandes invasões Germânicas*, edição ampliada e corrigida, tradução por Frei E.P. Arns O.F.M., Petropolis (Brésil), Vozes, 350 pages.

54. « Les Pères de l'Église devant les enfers virgiliens », *Archives d'histoire doctrinale et littéraire du Moyen Âge*, t. XXII, p 5-74. Repris sous n. 185*, p. 437-501.

55. « Histoire du cliché virgilien des cent bouches (*Georg.* II, 42-44 = *Aen.* VI, 625-627) », *REL*, t. XXXIII, p. 231-240.

56. « Interprétations néo-platonisantes du livre VI de l'*Énéide* », *Recherches sur la tradition platonicienne, Entretiens sur l'antiquité classique* (Fondation Hardt), t. III, Vandœuvres-Genève, 12-20 août 1955, p. 93-136.

1956

57. « Fragments non identifiés de Fleury-sur-Loire (III) », *Revue des études augustiniennes*, t. II (Mémorial G. Bardy), p. 447-455.

58. « Nouveaux aspects du platonisme chez saint Ambroise », *REL*, t. XXXIV, p. 220-239. Repris sous n. 133*, app. 4, p. 312-319 et 336-354.

1957

59. « Divinatio », *Reallexikon für Antike und Christentum*, Bd. III, Lieferung 24, col. 1235-1251.

60. « Nouvelles recherches sur le monastère de Cassiodore », *Actes du cinquième congrès international d'archéologie chrétienne, Aix-en-Provence, 13-19 septembre 1954 (Studi di antichità cristiana pubblicati per cura del Pontificio Istituto di archeologia cristiana*, t. XXII), Città del Vaticano et Paris, 1957, p. 511-528.

61. « Les exégèses chrétiennes de la quatrième Églogue », *REA*, t. LIX, p. 294-319.

62. « Antécédents autobiographiques des *Confessions* de saint Augustin », *Revue de Philologie*, t. LXXXIII, p. 23-51. Repris sous n. 95*, p. 91-102 et 120-136.

63. « Ailred de Rievaulx à l'école des *Confessions* », *Revue des études augustiniennes*, t. III, p. 163-174. Repris sous n. 95*, p. 291-305.

64. « Tradition néo-platonicienne et traditions chrétiennes de la "région de dissemblance" (Platon, *Politique*, 273d) », *Archives d'histoire doctrinale et littéraire du Moyen Âge*, t. XXIV, p. 5-33. Repris sous n. 133*, app. 7, p. 415-428.

65. « Pythagorisme et christianisme », *REA*, t. LIX, p. 108-118.

66. « À propos d'un livre nouveau sur la conversion de saint Augustin (C.R. F. Bolgiani, *La conversione di S. Agostino e l'VIII° libro delle «Confessioni»*, Torino, 1956) », *REA*, t. LIX, p. 377-380.

1958

67. « Trois récits de conversion au VIᵉ siècle, dans la lignée des *Confessions* de saint Augustin », *Historisches Jahrbuch*, t. LXXVII (Theologie aus dem Geist der Geschichte, Festschrift für Berthold Altaner), p. 451-458. Repris sous n. 95*, p. 211-213.

68. « Propos antichrétiens rapportés par saint Augustin », *Recherches augustiniennes*, t. I, Paris, Études augustiniennes, p. 149-186.

69. « La colle et le clou de l'âme dans la tradition néo-platonicienne et chrétienne (*Phédon* 82e; 83d) », *Revue belge de philologie et d'histoire*, t. XXXVI, p. 72-95. Repris sous n. 185*, p. 325-345.

70. « Une source imprévue de la "Prière sur l'acropole" : les *Confessions* de saint Augustin », *Revue de l'histoire des religions*, t. CLIII, p. 215-234. Repris sous n. 95*, p. 516-532.

71. « La postérité chrétienne du "Songe de Scipion" », *REL*, t. XXXVI, p. 205-234. Repris sous n. 187*, p. 535-562.

1959

72. « *Trames Veritatis*, la forme patristique d'une métaphore platonicienne (*Phédon*, 66b) », *Mélanges offerts à Étienne Gilson*, Toronto, Pontifical Institute of Mediaeval Studies – Paris, J. Vrin, p. 203-210. Repris sous n. 187*, p. 638-644.

73. « Pétrarque lecteur des *Confessions* », *Rivista di cultura classica e medioevale*, t. I, p. 26-43. Repris sous n. 95*, p. 329-351.

74. « Luther interprète des *Confessions* de saint Augustin », *Revue d'histoire et de philosophie religieuses*, t. XXXIX, p. 235-250. Repris sous n. 95*, p. 353-370.

75. « Le souvenir d'Archimède en Occident chrétien », *Convivium Dominicum*, Centro di Studi sull'Antico Cristianesimo, Catania, p. 289-296.

76. « Critiques exégétiques et arguments antichrétiens rapportés par Ambrosiaster », *Vigiliae christianae*, t. XIII, p. 133-169.

77. « Isidore de Séville auteur antique et médiéval », *REA*, t. LXI, p. 419-423.

1960

78. « "Escae malorum" (*Timée* 69d) », *Hommages à Léon Herrmann* (Collection Latomus, XLIV), Bruxelles, p. 244-252. Repris sous n. 185*, p. 429-436.

79*. *L'« Entretien » de Pascal et Sacy, ses sources et ses énigmes*, Paris, J. Vrin, 183 pages.

80. « Le thème du regret: "Sero te amavi, pulchritudo..." », *REL*, t. XXXVIII, p. 264-265. Repris sous n. 133*, app. 8, p. 441-478.

81. « Témoins nouveaux de la "région de dissemblance" (Platon, *Politique* 273d) », *Bibliothèque de l'École des chartes*, t. CXVIII, p. 20-36.

1961

82. « Pétrarque entre saint Augustin et les Augustins du XIVᵉ siècle, "Petrarca e il Petrarchismo" », *Atti del terzo Congresso dell'Associazione internazionale per gli studi di lingua e letteratura italiana, Aix-en-Provence e Marsiglia, 31 marzo-5 aprile 1959* (Studi Petrarcheschi, t. VII), Bologna, Libreria editrice « Minerva », p. 51-71.

83. « Les sources patristiques de Sacy dans l'"Entretien" avec Pascal », *Studia Patristica IV, Papers presented to the thirt international Conference on patristic Studies held at Christ Church, Oxford, September 1959* (Texte und Untersuchungen, t. LXXIX),, Berlin, Akademie-Verlag p. 373-405.

84. « De Platon à saint Ambroise par Apulée. Parallèles textuels entre le *De excessu fratris* et le *De Platone* », *Revue de philologie*, t. LXXXVII, p. 15-28.

85. « Saint Augustin a-t-il lu Philon d'Alexandrie ? », *REA*, t. LXIII, p. 78-85.

86. « Les lectures augustiniennes de Sainte-Beuve et la conversion de Guttinguer », *Revue d'histoire littéraire de la France*, t. LXI, p. 359-388. Repris sous n. 95*, p. 497-509.

1962

87. « L'humanisme chrétien de saint Ambroise », *Orpheus*, t. IX, p. 21-34.

88. « "Nosce teipsum" du Bas-Empire au Haut Moyen-Âge. L'héritage profane et les développements chrétiens », *Settimane di studio del Centro italiano di studi sull'alto Medioevo*, t. IX, Spoleto, 6-12 aprile 1961, Il passaggio dall'Antichità al Medioevo in Occidente, Spoleto, p. 265-295.

89. « Du nouveau sur la vie et les œuvres de Marius Victorinus », *REA*, t. LXIV, p. 127-135. Repris sous n. 95*, p. 69-74.

90. « Die Entdeckung des christlichen Neuplatonismus (= *Recherches sur les* Confessions *de saint Augustin*, Paris, 1950, p. 93-138, übersetzt von C. Andresen) », *Zum Augustin-Gespräch der Gegenwart*, Darmstadt, Wissenschaftliche Buchgesellschaft (*Wege der Forschung*, Bd. V), p. 125-181.

91. « Réflexions d'Isidore de Séville sur la vie du jeune Augustin », *Latomus*, t. XXI, p. 520-541. Repris sous n. 95*, p. 235-254.

92. « La pensée de Maître Eckhart sur les *Confessions* de saint Augustin », *Augustinianum*, t. II, p. 351-355. Repris sous n. 95*, p. 316-320.

93. « Saint François de Sales, ami des *Confessions* augustiniennes », *Revue d'histoire de l'Église de France*, t. XLVIII, p. 5-15. Repris sous n. 95*, p. 383-393.

1963

94. *Anti-christian Arguments and Christian Platonism: From Arnobius to Saint Ambrose, The Conflict between Paganism and Christianity in the Fourth Century*. Essays edited by A. Momigliano, Oxford, Clarendon Press, p. 151-192. Voir aussi *infra* n. 135.

95*. *Les* Confessions *de saint Augustin dans la tradition littéraire. Antécédents et postérité*, Paris, Études augustiniennes, 746 pages, 62 planches.

96. « Glosas inéditas del siglo VI sobre las *Confesiones* de San Agustin », *Augustinus*, t. VIII, p. 93-95.

97. « Éducation et culture à l'époque précarolingienne », *REA*, t. LXV, p. 127-132.

98. « De saint Augustin à Pascal par Sacy », *Pascal présent*, 2e éd., Clermont-Ferrand, de Bussac, p. 131-146. Repris sous n. 95*, p. 404-431.

99. « Variations sur le "clou de l'âme" (Platon, *Phédon* 83d) », *Mélanges offerts à Melle Christine Mohrmann*, Utrecht-Anvers, Spectrum, p. 38-40. Repris sous n. 185*, p. 335-338.

100. « Un vers d'Epiménide dans le *Discours sur l'Aréopage* », *Revue des études grecques*, t. LXXVI, p. 404-413.

1964

101. « L'immanence dans les *Confessions* augustiniennes », *Hommages à Jean Bayet* (Collection Latomus, LXX), Bruxelles, p. 161-171. Repris sous n. 133*, app. 6, p. 393-404 et sous n. 180*, p. 134-144.

102. « Quelques illustrations du *Contra Faustum* de saint Augustin », *OIKOUMENE, Studi paleo-*

cristiani pubblicati in onore del Concilio ecumenico Vaticano II, Centro di Studi sull'Antico Cristianesimo, Catania, p. 1-9, et 6 planches (en collaboration avec Jeanne Courcelle).

103. « Points de vue patristiques sur le stoïcisme romain », *Actes du VIIe Congrès de l'Association Guillaume Budé, Aix-en-Provence, 1-6 avril 1963*, Paris, Les Belles Lettres, p. 256-258.

104. « Virgile et l'immanence divine chez Minucius Felix », *Mullus. Jahrbuch für Antike und Christentum*, Ergänzungsband I (Festschrift Theodor Klauser), Münster, Aschendorff, p. 34-42.

105. « Scènes anciennes de l'iconographie augustinienne », *Revue des études augustiniennes*, t. X, p. 51-96, et 24 planches (en collaboration avec Jeanne Courcelle).

106*. *Vita sancti Augustini imaginibus adornata (Manuscrit de Boston, Public Library, n°1483, s. XV, inédit), édition critique et commentaire iconographique*, Paris, Études augustiniennes, 256 pages, 109 planches dont une en couleurs (en collaboration avec Jeanne Courcelle).

107. « Sonnets de Pétrarque et *Confessions* augustiniennes », *Latomus*, t. XXIII, p. 345-347. Repris sous n. 133*, app. 9, p. 479-482.

108. « Nouvelles illustrations des *Confessions* augustiniennes », *Revue des études augustiniennes*, t. X, p. 343-364, 14 planches (en collaboration avec Jeanne Courcelle).

109*. *Histoire littéraire des grandes invasions germaniques*, 3e éd. augmentée et illustrée, Paris, 436 pages et 71 planches, dont une en couleurs.

110. « Boèce », *Dictionnaire des Lettres françaises, Le Moyen Âge*, Paris, A. Fayard, p. 139-141.

111. « Deux grands courants de pensée dans la littérature latine tardive : stoïcisme et néoplatonisme », *REL*, t. XLII, p. 122-140.

1965

112. « L'âme en cage », *Parusia, Studien zur Philosophie Platons und zur Problemgeschichte des Platonismus. Festgabe für Johannes Hirschberger*, Frankfurt am Main, Minerva, p. 103-116. Repris sous n. 185*, p. 381-393.

113. « Quodvultdeus redivivus », *REA*, t. LXVII, p. 165-170.

114*. *Iconographie de saint Augustin, Les cycles du XIVe siècle*, Paris, Études augustiniennes, 253 pages et 110 planches dont une en couleurs (en collaboration avec Jeanne Courcelle).

115. « Tradition platonicienne et traditions chrétiennes du corps-prison (*Phédon* 62b; *Cratyle* 400c) », *REL*, t. XLIII, p. 406-443. Repris sous n. 185*, p. 345-380.

1966

116. « Jules Marouzeau (Notice nécrologique) », *Annuaire de l'École pratique des Hautes-Études*, 4e section, t. XCVIII, 1965-1966, p. 43-47.

117. « Le serpent à face humaine dans la numismatique impériale du Ve siècle », *Mélanges d'archéologie et d'histoire offerts à André Piganiol*, t. I, Paris, S.E.V.P.E.N., p. 343-353.

118. « Parietes faciunt christianos ? », *Mélanges d'archéologie, d'épigraphie et d'histoire offerts à Jérôme Carcopino*, Paris, Hachette, p. 241-248. Repris sous n. 133*, app. 5, p. 383-391.

119. « Le "Tolle lege" de George Sand », *Revue des études augustiniennes*, t. XII, p. 1-7, et une planche en couleurs (en collaboration avec Jeanne Courcelle).

120. « Le corps-tombeau (Platon, *Gorgias* 493a, *Cratyle* 400c, *Phèdre* 250c) », *REA*, t. LXVIII, p. 101-122. Repris sous n. 185*, p. 394-414.

121. « Scènes anciennes de l'iconographie augustinienne », II, *Recherches augustiniennes*, t. IV, p. 37-47, et 12 planches (en collaboration avec Jeanne Courcelle).

122. « Les sources antiques du prologue d'Alcuin sur les disciplines », *Philologus*, t. CX, p. 293-305. Repris sous n. 123*, p. 33-47.

1967

123*. *La* Consolation de Philosophie *dans la tradition littéraire. Antécédents et postérité de Boèce*, Paris, Études augustiniennes, 450 pages et 133 planches dont une en couleurs.

124. «Grégoire le Grand à l'école de Juvénal», *Studi e materiali di storia delle religioni*, t. XXXVIII (Studi in onore di Alberto Pincherle, vol. I), p. 170-174.

125. «La vision cosmique de S. Benoît», *Revue des études augustiniennes*, t. XIII, p. 97-117 et trois planches. Repris sous n. 123*, p. 355-372.

126. «"Habitare secum" selon Perse et selon Grégoire le Grand», *REA*, t. LXIX, p. 266-279. Repris sous n. 180*, p. 57-59 et 217-229.

127. «Grégoire de Nysse lecteur de Porphyre», *Revue des études grecques*, t. LXXX, p. 402-406.

128. «Saint Benoît, le merle et le buisson d'épines», *Journal des savants*, juillet-sept. 1967, p. 154-161 et une planche.

1968

129. «Complément au répertoire des textes relatifs à la "région de dissemblance"», *Augustinus*, t. XIII (Strenas Augustinianas P. Victorino Capánaga oblatas curavit edendas Iosephus Oroz-Reta, vol. II), p. 135-140.

130. «Le "Tolle lege" de Philippe de Champaigne», *Recherches augustiniennes*, t. V, p. 3-6 et deux planches dont une en couleurs (en collaboration avec Jeanne Courcelle).

131. «Le hennissement de concupiscence», *Miscellanea Patristica, La Ciudad de Dios*, t. CLXXXI, (Homenaje al P. Angel C. Vega, O.S.A., p. 111-116), p. 529-534.

132. «La figure de Philosophie (Augustin, *Contra Academicos*, II, 5-7)», *Comptes rendus de l'Académie des Inscriptions et Belles-Lettres*, avril-juin 1968, p. 141-143. Repris sous n. 187*, p. 660-669.

132 bis. «Le visage de Philosophie», *REA*, t. LXX, p. 110-120.

133*. *Recherches sur les* Confessions *de S. Augustin*, 2ᵉ éd. augmentée et illustrée, Paris, E. de Boccard, 615 pages et 24 planches.

134. «Nouveaux aspects de la culture lérinienne», *REL*, t. XLVI, p. 379-409.

135. «Polemiche anticristiane e platonismo cristiano: da Arnobio a sant'Ambrogio», *Il conflitto tra paganesimo e cristianesimo nel secolo IV*, Torino, Einaudi, p. 165-197. Voir aussi *supra* n. 94.

136. «Saint Augustin et Boèce, la survie de leurs deux chefs d'œuvre», Lecture faite dans la séance publique annuelle du 22 novembre 1968 à l'Académie des Inscriptions et Belles-Lettres, Paris, 11 pages (= *Comptes rendus de l'Académie des Inscriptions et Belles-Lettres*, 1968, p. 526-534).

1969

137. «Deux nouvelles miniatures de la *Consolation* de Boèce», *Hommages à Marcel Renard*, t. I (Collection Latomus, vol. CI), Bruxelles, p. 256-259 et planches X-XIII.

138. «Neuplatonisches in der *Consolatio Philosophiae* des Boethius» (= *Les Lettres grecques en Occident, de Macrobe à Cassiodore*, Paris, 1948, p. 278-300, übersetzt von H. Froesch), *Platonismus in der Philosophie des Mittelalters* (*Wege der Forschung*, Bd. CXCVII), Darmstadt, Wissenschaftliche Buchgesellschaft, p. 73-108.

139*. *Iconographie de S. Augustin. Les cycles du XVᵉ siècle*, Paris, Études augustiniennes, 369 pages et 138 planches, dont sept en couleur (en collaboration avec Jeanne Courcelle).

140*. *Late Latin Writers and their Greek Sources*, translated by Harry E. Wedeck, Cambridge, Massachussets, Harvard University Press, 467 pages.

141. «Flügel (Flug) der Seele», I, *Reallexikon für Antike und Christentum*, Bd. VIII, Lieferung 57, col. 29-65 (übers. I. Opelt).

142. «La Plaine de Vérité (Platon, *Phèdre* 248b)», *Museum Helveticum*, t. XXVI, 4 (*Platonica et Aristotelica Willy Theiler septuagenario ... oblata*), p. 199-203. Repris sous n. 187*, p. 655-660.

143. «Cicéron et le précepte delphique», *Giornale Italiano di Filologia*, t. XXI (*In memoriam Entii V. Marmorale*, vol. II), p. 109-120. Repris sous n. 180*, p. 27-38.

144. «Boezio», *Dizionario biografico degli Italiani*, t. XI, p. 157-165. Voir aussi *infra* n. 155.

145. «Jugements de Rufin et de S. Augustin sur les empereurs du IVe siècle et la défaite suprême du paganisme», *REA*, t. LXXI, p. 100-130.

146. «Les sources de S. Ambroise sur Denys le Tyran», *Revue de philologie*, t. XCV, p. 204-210.

147. «Une *teichoskopia* chez Grégoire de Tours», *REL*, t. XLVIIbis (Mélanges Marcel Durry), p. 209-213.

1970

148. «Sidoine philosophe», *Forschungen zur römischen Literatur, Festschrift zum 60. Geburtstag von Karl Büchner*, t. I, Wiesbaden, F. Steiner, p. 46-59. Repris sous n. 180*, p. 182-195.

149. «Le personnage de Philosophie dans la littérature latine», *Journal des savants*, oct.-déc. 1970, p. 209-252. Repris sous n. 187*, p. 669-707.

150. «Adelard de Bath et la *Consolation* de Boèce», *Kyriakon, Festschrift Johannes Quasten*, Münster, Aschendorff, t. II, p. 575-575.

151. «Sulpice Sévère et Martin de Tours» (C.R. Sulpice Sévère, *Vie de S. Martin*, 3 tomes, éd. J. Fontaine, Paris, 1967, 1969), *Journal des savants*, janv.-mars 1970, p. 53-58.

152. «Treize textes nouveaux sur la "région de la dissemblance" (Platon, *Politique* 273d)», *Revue des études augustiniennes*, t. XVI, p. 271-281. Repris sous n. 185*, p. 519-530.

153. «Le ressentiment profane et chrétien d'un vers d'Ennius», *REL*, t. XLVIII, p. 107-112. Repris sous n. 187*, p. 531-535.

154. «Allocution présidentielle à l'Assemblée générale de l'Association pour l'encouragement des études grecques (25.VI.1970)», *Revue des études grecques*, t. LXXXIII, p. XXIX-XXXVIII.

155. «Severino Boezio» (en collaboration avec C. Leonardi, L. Minio-Paluello et U. Pizziani), Roma, Istituto della Enciclopedia Italiana, 28 p. Voir aussi *supra* n. 144.

1971

156. «Philon d'Alexandrie et le précepte delphique», *Philomathes, Studies and Essays in the Humanities in Memory of Philip Merlan* edited by R.B. Palmer and R. Hamerton-Kelly, The Hague, M. Nijhoff, p. 245-250. Repris sous n. 180*, p. 39-43.

157. «La survie comparée des *Confessions* augustiniennes et de la *Consolation* boécienne», *Classical Influences on European Culture A. D. 500-1500 : Proceedings of an International Conference held at King's College, Cambridge, April 1969*, Cambridge, At the University Press, p. 131-142.

158. «Le "Connais-toi toi-même" chez les néo-platoniciens grecs», *Colloques internationaux du C.N.R.S., Sciences humaines*, Royaumont, 9-13 juin 1969, Paris, C.N.R.S., 1971, p. 153-166.

159. «Le jeune Augustin, second Catilina», *REA*, t. LXXIII, p. 141-150.

160. «Collections grecques de miracles» (C.R. *Sainte Thècle, saints Côme et Damien, saints Cyr et Jean, saint Georges*, traduction de A.-J. Festugière, Paris, 1971), *Journal des savants*, oct.-déc. 1971, p. 233-240.

1972

161. « Verissima philosophia », *EPEKTASIS, Mélanges patristiques offerts au cardinal Jean Daniélou*, Paris, Beauchesne, p. 653-659. Repris sous n. 187*, p. 707-718.

162. « La culture antique d'Absalon de Saint-Victor », *Journal des savants*, oct.-déc. 1972, p. 270-291.

163*. *Iconographie de S. Augustin. Les cycles du XVIe et du XVIIe siècle*, Paris, Études augustiniennes, 360 pages et 158 planches dont trois en couleurs (en collaboration avec Jeanne Courcelle).

164. « L'illustration symbolique des *Confessions* augustiniennes dans les *Flammulae amoris* », *Recherches augustiniennes*, t. VIII, p. 7-24 et 13 planches.

165. « Ambroise de Milan "professeur de philosophie" », *Revue de l'histoire des religions*, t. CLXXXI, p. 147-155. Repris sous n. 169*, p. 9-16.

166. « Ambroise de Milan face aux Comiques latins », *REL*, t. L, p. 223-231. Repris sous n. 169*, p. 41-48.

167. « Verus homo », *Studi classici in onore di Quintino Cataudella*, Università di Catania, Facoltà di lettere e filosofia, t. II, p. 517-527.

1973

168. « Gefängnis der Seele », *Reallexikon für Antike und Christentum*, Bd. IX, Lieferung 66, col. 294-318 (übers. H.-J. Horn).

169*. *Recherches sur S. Ambroise. 'Vies' anciennes, culture, iconographie*, Paris, Études augustiniennes, 373 pages et 92 planches dont quatre en couleurs.

170. « Ambroise de Milan et Calcidius », *Romanitas et Christianitas. Studia J.-H. Waszink ... oblata*, Amsterdam-London, North Holland Publishing Company, p. 45-53. Repris sous n. 169*, p. 17-24.

171. Allocution présidentielle, Institut de France, Hommage à Louis Pasteur, Paris, 7. V. 1973, p. 3-4.

172. « Le thème littéraire du bourbier dans la littérature latine », *Comptes rendus de l'Académie des Inscriptions et Belles-Lettres*, avril-juin 1973, p. 273-289. Repris sous n. 187*, p. 502-519.

173. Allocution présidentielle, Institut de France, séance solennelle en l'honneur de M. Giovanni Leone, 2. IX. 1973, p. 5-10.

174. Discours présidentiel à la séance publique annuelle des cinq Académies, 25. X. 1973, 33 pages.

175. Discours présidentiel à la séance publique annuelle de l'Académie des Inscriptions et Belles-Lettres, 30. XI. 1973, 13 pages (= *Comptes rendus de l'Académie des Inscriptions et Belles-Lettres*, nov.-déc. 1973, p. 577-587).

1974

176. « Tradition néo-platonicienne et tradition chrétienne des "ailes de l'âme" », *Atti del Convegno internazionale sul tema : Plotino e il Neoplatonismo in Oriente e in Occidente, 5-9 ottobre 1970* (Anno CCCLXXI, 1974. *Problemi attuali di scienza e di cultura. Accademia nazionale dei Lincei*, Quaderno, n. 198), Roma, 1974, p. 265-325.

177. « Intempesta nocte », *Mélanges d'histoire ancienne offerts à William Seston* (Publications de la Sorbonne. Série « Études », t. 9), Paris, E. de Boccard, 1974, p. 127-134.

178. « L'âme au tombeau », *Mélanges d'histoire des religions offerts à Henri-Charles Puech*, Paris, Presses Universitaires de France, 1974, p. 331-336. Repris sous n. 169*, p. 35-40.

179. «"Mille nocendi artes" (Virgile, *Aen.* VII, 338)», *Mélanges de philosophie, de littérature et d'histoire ancienne offerts à Pierre Boyancé* (Collection de l'École française de Rome, 22), Rome, École française de Rome, 1974, p. 219-227.

180*. *«Connais-toi toi-même» de Socrate à S. Bernard*, t. I, Paris, Études augustiniennes, 291 pages.

181*. *Histoire littéraire des grandes invasions germaniques*, 4e éd. (en japonais; trad. Keitaro Shoju), Tokyo, Tokai University Press, 437 pages et 31 planches dont une en couleurs.

182. «Ambroise de Milan dévot de la Monade», *Revue des études grecques*, t. LXXXVII, p. 144-154. Repris sous n. 169*, p. 25-33.

183. «Le précepte delphique dans le *De contemplatione* issu de Saint-Victor de Paris, Études de civilisation médiévale (IXe-XIIe s.)», *Mélanges offerts à Edmont-René Labande*, Poitiers, Centre d'études supérieures de civilisation médiévale, p. 169-174. Repris sous n. 180*, p. 247-253.

1975

184. «S. Ambroise devant le précepte delphique», *Forma futuri, Studi in onore del cardinale Michele Pellegrino*, Torino, Bottega d'Erasmo, p. 179-188.

185*. *«Connais-toi toi-même» de Socrate à S. Bernard*, t. II, Paris, Études augustiniennes, p. 293-530.

186. «Le typhus, maladie de l'âme, d'après Philon et d'après S. Augustin», *Corona gratiarum, Miscellanea patristica, historica et liturgica Eligio Dekkers O.S.B. XII lustra complenti oblata*, t. I (Instrumenta patristica, 10), Brugge, S. Pietersabdij, Den Hage, M. Nijhoff, p. 245-288.

187*. *«Connais-toi toi-même» de Socrate à S. Bernard*, t. III, Paris, Études augustiniennes, p. 531-790.

188. «L'interprétation evhémériste des Sirènes-courtisanes jusqu'au XIIe siècle», *Gesellschaft-Kultur-Literatur. Rezeption und Originalität im Wachsen einer europäischen Literatur und Geistigkeit. Beiträge Luitpold Wallach gewidmet* (Monographien zur Geschichte des Mittelalters, 11), Stuttgart, A. Hiersemann, p. 33-48.

189*. *Huit rôles des tailles inédits de Sully-sur-Loire (1440-1484)*, Mémoires de l'Institut national de France, Académie des Inscriptions et Belles-Lettres, t. XLV, p. 1-55.

1976

190. «Les lecteurs de l'*Énéide* devant les grandes invasions germaniques», *Romanobarbarica*, t. I, p. 25-26.

191. «Des sources antiques à l'iconographie médiévale de S. Ambroise», *Ambrosius episcopus. Atti del Congresso internazionale di studi ambrosiani nel XVI centenario della elevazione di S. Ambrogio alla cattedra episcopale, Milano, 2-7 dicembre 1974*, t. I (Studia patristica mediolanensia, 6), Milano, Vita e pensiero, p. 171-199.

192. «Quelques témoins du précepte delphique au XVe siècle et leurs sources», *Images of Man in Ancient and Medieval Thought. Studia Gerardo Verbeke ab amicis et collegis dicata* (Symbolae. Séries A. Vol. 1), Leuven, Leuven University Press, p. 353-356.

193. «Auri sacra fames (*Aen.*, III, 57)», *Siculorum Gymnasium*, n. s., t. XIX, p. 151-161.

1977

194. «Le banquet de Didon à Carthage et son retentissement littéraire», *Mélanges offerts à Léopold Sédar Senghor. Langues, littérature, histoire anciennes*, Dakar, Les Nouvelles Éditions africaines, p. 95-106.

195. «In memoriam. Pierre Boyancé (1900-1976)», *REA*, t. 78-79, 1976-1977, p. 7-10.

196. « Grégoire le Grand devant la "conversion" de Marius Victorinus, Augustin et Paulin de Nole », *Latomus*, t. XXXVI, p. 942-950.

1978

197. « Étienne Gilson (13 juin 1884-19 septembre 1978) » (notice nécrologique), *Annuaire du Collège de France*, 79, 1978-79, p. 51-52.

198*. *Nouveaux documents inédits de Sully-sur-Loire (1364-1500)* (Mémoires de l'Académie des Inscriptions et Belles-*Lettres*, n. s., t. III), Paris, E. de Boccard, 1978, 85 pages.

1979

199. « Gymnases et philosophes dans la littérature latine », *Revue de philologie*, t. LIII, p. 215-226.

200. « Les lecteurs chrétiens de l'épisode des Cyclopes (*Aen*., III, 593-718) », *Paradoxos Politeia, Studi patristici in onore di Giuseppe Lazzati* (Studia patristica mediolanensia, 10), Milano, Vita e pensiero, 1979, p. 477-484.

1980

201. « La figure du philosophe d'après les écrivains latins de l'Antiquité », *Journal des savants*, janv.-juin 1980, p. 85-101.

202. « Le tyran et le philosophe d'après la *Consolation* de Boèce », *Atti del Convegno Internazionale dell'Accademia Nazionale dei Lincei, 45, sul tema: Passagio dal mondo antico al Medio Evo da Teodosio a San Gregorio Magno (Roma, 25-28 maggio 1977)*, Roma, Accademia nazionale dei Lincei, 1980, p. 195-224.

203*. *Iconographie de S. Augustin. Les cycles du XVIIIe siècle : I. L'Allemagne*, Paris, Études augustiniennes, 217 pages et 82 planches dont une en couleurs (en collaboration avec Jeanne Courcelle).

1982

204. « Grab der Seele », *Reallexikon für Antike und Christentum*, Bd. XII, Lieferung 91, col. 455-467 (übers. A. Kehl).

1984

205*. *Opuscula selecta. Bibliographie et recueil d'articles publiés entre 1938 et 1980*, Paris, Études augustiniennes, 455 pages.

206*. *Lecteurs païens et chrétiens de l'*Énéide, Vol. 1. *Les témoignages littéraires* (Mémoires de l'Académie des Inscriptions et Belles-Lettres, Nouvelle Série, t. IV), Paris, E. de Boccard, 759 pages.

207*. *Lecteurs païens et chrétiens de l'*Énéide, Vol. 2. *Les manuscrits illustrés de l'*Énéide *du XIe au XVe siècle* (Mémoires de l'Académie des Inscriptions et Belles-Lettres, Nouvelle Série, t. IV), Paris, E. de Boccard, 265 pages et 169 planches en noir et en couleurs (en collaboration avec Jeanne Courcelle).

1989

207*. *Saint Ortaire : sa vie, son culte, son iconographie*, Paris, Société parisienne d'histoire et d'archéologie normandes, 52 pages (en collaboration avec Jean Fournée).

1991

208*. *Iconographie de S. Augustin. Les cycles du XVIIe siècle (2e partie) et du XVIIIe siècle*, Paris, Études augustiniennes, 206 pages dont 94 planches (en collaboration avec Jeanne Courcelle).

1998

209. «Käfig der Seele», *Reallexikon für Antike und Christentum*, Bd. XIX, Lieferung 146, col. 914-919 (übers. K. Schneider).

2013

210. «Nagel der Seele», *Reallexikon für Antike und Christentum*, Bd. XXV, col. 721-729 (übers. G. Rexin).

Pierre Courcelle lecteur de Boèce : mérites et limites d'une méthode

Je n'ai hélas connu Pierre Courcelle qu'au terme de sa carrière, lorsque, à la fin des années 1970, jeune chercheur tout frais émoulu de l'agrégation des lettres, j'ai suivi les séminaires qu'il donnait à l'École pratique des Hautes Études. Ils portaient alors sur la survie de l'œuvre de Virgile, et l'on ne pouvait qu'être admiratif devant l'étendue prodigieuse des lectures qu'une telle entreprise supposait, à une époque où l'informatique ne mettait pas à notre disposition, en l'espace de quelques fractions de secondes, des brassées de références plus ou moins pertinentes. Si la mort ne l'avait pas brutalement surpris, il aurait été à coup sûr l'hôte d'honneur du colloque que Georges Vallet m'avait demandé d'organiser à Rome à l'occasion du bimillénaire de la mort de Virgile, et où il a été représenté par sa veuve, Jeanne Courcelle-Ladmirant – les actes de cette rencontre ont d'ailleurs été publiés sous un titre, *Lectures médiévales de Virgile*, voisin de celui de la somme virgilienne des époux Courcelle[1]. Toutes raisons pour lesquelles je me serais peut-être senti une vague compétence pour présenter le travail réalisé par eux sur la réception de l'œuvre du poète de Mantoue. Mais Francine Mora était bien sûr beaucoup plus qualifiée que moi pour le faire.

Cela pour dire que c'est avec circonspection, voire timidité, que je vais entreprendre de définir et d'évaluer, comme on me l'a demandé, la contribution de Pierre Courcelle à l'histoire de la critique boécienne. C'est que tout ce que je sais de Boèce, et en particulier de la *Consolation de Philosophie*, je le tiens, ou peu s'en faut, de son œuvre, vis-à-vis de laquelle je manque donc de distance de perspective. Aussi bien est-ce avec parfois trop de confiance naïve, ou au contraire, à l'occasion, des réticences exagérées, que je vais successivement retracer le long cheminement de Pierre Courcelle aux côtés de Boèce et m'efforcer d'en mesurer la portée.

---

1. P. COURCELLE – J. COURCELLE, *Lecteurs païens et lecteurs chrétiens de l'Énéide*, 2 vol., Paris, 1984.

I. – LE BOÈCE DE PIERRE COURCELLE

Les tout premiers travaux scientifiques de Courcelle, dont la précocité est notoire, sont ainsi consacrés à Boèce : la thèse d'École des chartes qu'il soutient à l'âge de 22 ans et qui, retravaillée et amplifiée, sera publiée dans les *Archives d'histoire doctrinale et littéraire du Moyen Âge*, la revue d'Étienne Gilson, est consacrée à « La *Consolation* de Boèce, ses sources et son interprétation par les commentateurs latins du IXe au XIIIe siècle »[2]. L'année suivante, membre de première année de l'École française de Rome, il donne aux *Mélanges d'archéologie et d'histoire* un article fort savant intitulé « Boèce et l'école d'Alexandrie »[3]. Sont donc déjà jetées les fondations de deux des trois piliers – le troisième étant l'iconographie, explorée sous l'impulsion et avec l'aide de Jeanne Courcelle – du grand livre sur *La Consolation de Philosophie dans la tradition littéraire*, à paraître trente ans plus tard. Pour faire bonne mesure, rappelons que c'est également au cours de son séjour romain que Courcelle, joignant le talent d'observation de l'archéologue à ses compétences avérées de philologue et d'historien des idées, identifie le site du monastère de Vivarium, où Cassiodore, l'ami un peu équivoque de Boèce, entreprend de sauver la culture antique[4].

Si l'on se borne à envisager ce long compagnonnage avec l'auteur romain au fil des livres publiés par Courcelle[5], on peut être étonné (j'avoue que je l'ai été) par la place plutôt mince que tient Boèce dans l'*Histoire littéraire des grandes invasions germaniques* de 1948[6]. On sait en effet le poids dont pèsent les événements récents, l'histoire tourmentée de l'Europe et de la France, sur cet ouvrage subdivisé en trois parties, respectivement intitulés « L'invasion », « L'occupation » et « La libération » – termes lourdement connotés à l'époque. Contre des écrivains désignés en termes explicites comme « collaborateurs »[7], on aurait pu s'attendre à

---

2. *Positions des thèses soutenues par les élèves de la promotion de 1934 pour obtenir le diplôme d'archiviste-paléographe*, Paris, 1934, p. 43-47 ; l'article des *Archives d'histoire doctrinale et littéraire du Moyen Âge*, 14, 1939, p. 5-140, élargissant vers l'aval la perspective chronologique, s'intitule « Étude critique sur les commentaires de la 'Consolation' de Boèce (IXe-XVe siècles) ».

3. P. COURCELLE, « Boèce et l'école d'Alexandrie », *Mélanges d'archéologie et d'histoire*, 52, 1935, p. 185-223.

4. P. COURCELLE, « Le site du monastère de Cassiodore », *Mélanges d'archéologie et d'histoire*, 55, 1938, p. 259-307.

5. Moins consciencieux que Camille Gerzaguet (voir sa contribution ci-dessous, p. 121-134), je n'ai pas établi la bibliographie détaillée de tous les travaux, ouvrages et articles, que Pierre Courcelle a consacrés, en tout ou en partie, à la personne et à l'œuvre de Boèce.

6. P. COURCELLE, *Histoire littéraire des grandes invasions germaniques*, Paris, 1948, p. 176-179.

7. COURCELLE, *Histoire littéraire* …, p. 209. L'auteur s'attache en particulier au cas de Salvien de Marseille, qualifié de « traître », avec un point d'interrogation à peine dubitatif (p. 119-127) :

ce que le « dernier des Romains » assume la figure du résistant, un Jean Cavaillès ou un Dietrich Bonhöffer avant l'heure. Il n'en est rien : décrit comme un semi-intrigant, victime des circonstances plutôt que de son courage, Boèce emprisonné « *gémit* sur ce revers de fortune... Se consol[ant] par un retour sur soi-même, il rappelle à son esprit les arguments favorables à l'existence d'un dieu providentiel, foncièrement bon. Cette dialectique, *issue* des derniers commentateurs néo-platoniciens d'Aristote, alterne avec des élans lyriques vers la divinité, où se discerne *parfois* la ferveur chrétienne du poète. Boèce devine le sort qui l'attend, et il ne se gêne *plus* pour déclamer fièrement contre les tyrans[8] ». Telle est la façon un peu courte peut-être et désinvolte dont est résumée la *Consolation*. Comme s'il était fait grief au haut fonctionnaire destitué d'avoir attendu de n'avoir plus rien à perdre pour « déclamer contre les tyrans ».

Dans la perspective qui est celle de l'*Histoire littéraire des grandes invasions...*, Courcelle ne prend en compte ici que l'action publique de Boèce, que l'on peut en effet juger comme ayant parfois manqué de tranchant ou de lisibilité. Mais c'est en fait que ce qui l'intéresse, c'est la place occupée par le philosophe antique dans l'histoire des doctrines et des idées. Rééditée à la même date (1948)[9], la thèse de doctorat, *Les Lettres grecques en Occident de Macrobe à Cassiodore*, consacre un long chapitre, de plus de cinquante pages placées à l'enseigne de « l'hellénisme sous les ostrogoths », aux sources de la pensée de Boèce[10]. Il y reprend et approfondit l'article des *Mélanges d'archéologie et d'histoire*, en soulignant en particulier la dépendance de cette pensée vis-à-vis de celle d'Ammonios d'Alexandrie. Il le met en évidence à l'aide de parallèles textuels, présentés sous la forme de ces colonnes affrontées qui vont devenir la marque de fabrique typographique de l'œuvre de Pierre Courcelle[11]. L'hypothèse d'une influence directe et exclusive de l'œuvre philosophique d'Ammonios sur celle de Boèce est aujourd'hui discutée[12] ; je n'ai pas capacité pour trancher sur le fond et me borne pour le moment à constater que

---

il était sans doute assez difficile, dans les années 1940, d'entendre avec sympathie le propos d'un homme qui exalte l'innocente brutalité des envahisseurs germains contre la décadence latine. Cf., dans le même esprit, A. LOYEN, « Résistants et collaborateurs en Gaule à l'époque des Grandes Invasions », *Bulletin de l'Association Guillaume Budé*, 1963, p. 437-450. On trouvera une appréciation plus riche, plus précise et plus nuancée du rapport à l'actualité de l'ouvrage de Pierre Courcelle dans l'article de Jean-Denis Berger, p. 51-66.

8. COURCELLE, *Histoire littéraire* ..., p. 176-177. Les italiques sont de moi.

9. Sans le moindre changement par rapport à l'édition originale (Paris, 1943), assez difficile d'accès.

10. P. COURCELLE, *Les Lettres grecques en Occident, de Macrobe à Cassiodore*, Paris, 1948[2], p. 257-312.

11. Dans le chapitre mentionné à la note précédente, on en trouve des exemples aux pages 266, 267-268, 270, 271, 274, 276, 277, 282, 285, 286, 289, 292, 293, 294 et 298.

12. Voir, par exemple, S. EBBESEN, « The Aristotelian commentator », dans *The Cambridge Companion to Boethius*, J. Marenbon éd., Cambridge, 2009, p. 34-55 (p. 43).

ces questions d'identification des sources soulèvent un problème méthodologique intéressant, auquel je reviendrai.

À ce stade de l'œuvre de Courcelle, la personne de Boèce – conseiller passablement veule de Théodoric, trop tard révolté, ou bien élève doué, mais peu inventif, de son beau-père Symmaque, qui se voit crédité du mérite d'avoir été le principal introducteur à Rome d'un programme d'éducation hellénisé[13] – me paraît assez peu valorisée. Les choses changent avec la parution en 1964 de la troisième édition de l'*Histoire littéraire des grandes invasions...* Elle est sensiblement augmentée, et en particulier de dossiers d'images dont «la série la plus riche et la plus émouvante», selon les propres mots de notre auteur[14], concerne la captivité de Boèce. Cela constitue à mes yeux l'un des apports les plus neufs et les plus durables de Pierre Courcelle aux études sur l'auteur de la *Consolation*. Neuf non seulement en ce qu'il comporte beaucoup d'inédits, mais aussi en raison de la méthode même mise en œuvre. Deux décennies avant que les études médiévales ne soient submergées par les travaux interrogeant, en particulier à propos des manuscrits enluminés, les «rapports-entre-texte-et-image[15]», le commentaire de Courcelle montre que celle-ci ne se borne pas à illustrer celui-là, mais qu'elle l'interprète, le complète, dialogue avec lui selon une logique qui lui est propre. Voici que le philosophe commence à prendre chair à travers cette approche visuelle.

Il est temps désormais que toutes ces démarches que l'on pourrait qualifier de préliminaires convergent dans le grand livre de 1967, *La Consolation de Philosophie dans la tradition littéraire. Antécédents et postérité de Boèce*[16]. Ces deux pôles ne sont pas parcourus exactement au même rythme. L'étude de la postérité enchaîne de façon assez classique la présentation dans l'ordre chronologique de quarante-trois commentaires, de Remi d'Auxerre à l'imprimeur humaniste Josse Bade. Ils sont regroupés par périodes, ce qui permet de constater que certaines d'entre elles pratiquent une lecture plus intense, essentiellement l'époque carolingienne et la renaissance du XIIe siècle dans sa version «chartraine», qu'incarne de façon privilégiée Guillaume de Conches, et de mettre en évidence la nature et l'enjeu des débats doctrinaux que suscite la pensée boécienne, autour de quelques nœuds controversiaux qui font douter de sa stricte orthodoxie, et d'une

---

13. COURCELLE, *Les Lettres grecques...*, p. 304-311.

14. P. COURCELLE, *Histoire littéraire des grandes invasions germaniques*. Troisième édition, augmentée et illustrée, Paris, 1964, p. 365-378 et pl. 37b – 51c.

15. Notre orthographe signale ici le caractère assez mécanique qu'a parfois pris naguère cette démarche, aujourd'hui problématisée sur nouveaux frais par la livraison de 2017 (tome 38) de la revue en ligne *Perspectives médiévales*, «Texte et image au Moyen Âge. Perspectives critiques», sous la direction de S. Douchet et M. Pérez-Simon (URL: http://journals.openedition.org/peme/13330, consulté le 31 octobre 2018).

16. P. COURCELLE, *La Consolation de Philosophie dans la tradition littéraire. Antécédents et postérité de Boèce*, Paris, 1967.

question récurrente qui pourrait se formuler « Vtrum platonicus fuerit Boethius an christianus ».

L'étude des antécédents est plus diffuse et adopte une forme en apparence plus discontinue. C'est qu'elle obéit aux suggestions du texte lui-même, dont elle suit le cours parfois capricieux. Le plan en quatre parties qu'y découvre et découpe Courcelle – à savoir: le personnage de Philosophie (p. 15-99), Fortune et ses biens transitoires (p. 101-158), le souverain Bien et le mal (p. 159-199), Dieu, le monde et la liberté (p. 201-238) –, même si l'on peut en imaginer quelques variantes[17], rend compte de façon adéquate du mouvement de l'œuvre. Mais il n'est pas suivi de façon linéaire et pédestre, comme le ferait un commentaire perpétuel, tel celui, au demeurant indispensable, de Joachim Gruber[18]. Selon une démarche plus complexe et plus éclairante, Courcelle identifie, au sein de chacune des parties ainsi définies, un thème dominant, au sens presque musical du terme, un noyau qui irradie en direction de son contexte, et il part de là pour recueillir l'écho des traditions dont bruisse la *Consolation*.

(1) C'est d'abord Philosophie, non pas abstraction, fantasme ou double fictionnel de l'auteur, mais une « apparition réelle », si l'on peut oser l'oxymore, un *personnage*, selon le mot de Pierre Courcelle qui se pense fondé à partir de là à rattacher l'œuvre au genre apocalyptique, celui de la révélation; et assurément, au témoignage de ses illustrations médiévales, c'est bien ainsi que l'ont comprise ses lecteurs. (2) C'est également le commentaire d'une image appelée à une immense célébrité, celle de Fortune avec sa roue, qui permet d'explorer les sources et les implications du développement éthique du livre 2 et du début du livre 3 sur l'humiliation des justes et le triomphe illusoire des méchants[19]. (3) Selon l'angle d'analyse choisi par notre auteur, le cœur de la troisième partie, qui voit se déployer la théologie de Boèce, n'est plus une représentation figurée, mais un texte poétique, la célèbre prière de Philosophie, « O qui perpetua mundum ratione gubernas » (liv. 3, m. 9), si passionnément et si diversement commentée par les savants carolingiens[20]. (4) C'est lorsqu'il revient à son ancienne manière, la recherche des sources de la pensée discursive, en accordant moins de place aux

---

17. S. VAN DER MEEREN, *Lectures de Boèce. La Consolation de Philosophie*, Rennes, 2012, p. 92-103.

18. J. GRUBER, *Kommentar zu Boethius De Consolatione Philosophiae*, Berlin – New York, 1978.

19. Voir, sur cette image, qui a suscité quantité d'études depuis l'ouvrage fondateur d'Howard R. PATCH (*The Goddess Fortuna in Mediaeval Literature*, Cambridge [Mass.], 1927) les travaux d'Olga VASSILIEVA-CODOGNET, et en particulier sa thèse sur l'*Iconographie de Fortune au Moyen Âge et à la Renaissance (XIe-XVIe s.)*, dont on espère la publication prochaine (positions de thèse à l'adresse: http://www.theses.fr/2017EHES0048).

20. COURCELLE, *La Consolation de Philosophie…*, 5e partie, ch. 2, « Les diverses interprétations carolingiennes » (p. 275-300).

images et à la poésie, à propos du développement difficile des livres 4 et 5 sur providence, destin et liberté, que Courcelle, à qui il arrive de trouver l'argumentation sur ces points «obscure et embrouillée[21]», me semble un peu moins inspiré.

Fruit d'une longue maturation (presque trente ans!), *La Consolation de Philosophie dans la tradition littéraire* parvient donc, jusqu'à un certain point en tous cas, à embrasser l'objet textuel singulier qu'est le chef d'œuvre de Boèce dans sa complexité. Il le fait en dépassant les vues traditionnelles qu'avait développées à son sujet la philologie savante et dont notre auteur, au début de sa carrière, participait encore, consistant à considérer l'œuvre à la fois comme un témoignage parmi d'autres du néoplatonisme alexandrin et comme le premier monument de la pensée scolastique. Il y parvient en s'appuyant sur la façon dont ses lecteurs, j'entends par là les illustrateurs aussi bien que les commentateurs, l'ont comprise et interprétée. Tant il est vrai que le sens d'un livre, *a fortiori* d'un grand livre, est construit au moins autant par ceux qui le lisent que par celui qui l'a écrit.

II. – BOÈCE APRÈS COURCELLE

L'ouvrage de Pierre Courcelle sur *La Consolation de Philosophie dans la tradition littéraire*… me paraît donc représenter un tournant dans les études boéciennes qui, sous son impulsion sans doute, se sont développées avec vigueur au fil du dernier demi-siècle. Mais les plus solides synthèses, justement parce qu'elles sont inspirantes, sont destinées à être dépassées. Aussi voudrais-je, dans un second temps, esquisser trois pistes de recherche que d'autres savants ont avant moi explorées, qui tendent à approfondir, plutôt qu'à contredire, l'ouvrage dont je viens de rendre compte. Elles regardent tour à tour les antécédents de la *Consolation*, sa postérité, enfin cette œuvre en tant que telle.

A. *Antécédents*

Avec juste raison, Pierre Courcelle déplore à diverses reprises la «dissection» que fait subir au traité de Boèce la philologie allemande, telle qu'elle s'incarne notamment dans l'œuvre d'Hermann Usener, en le couchant sur le lit de Procuste de la *Quellenforschung*[22]. Selon cette dernière, la *Consolation* se serait bornée à rabouter assez maladroitement une évocation autobiographique et les traductions latines du *Protreptique* perdu d'Aristote et d'un traité néoplatonicien sur la providence. Outre qu'une telle analyse ne rend pas justice à l'originalité de la forme, elle est vicieuse du point de vue logique, puisque le postulat sur lequel elle repose est celui de l'existence de sources introuvables, donc invérifiables. Est-on sûr que Pierre Courcelle procède toujours différemment, notamment quand il suggère après Klingner que Boèce a pu s'inspirer d'un commentaire d'Ammonios

---

21. *Ibid.*, p. 214.
22. *Ibid.*, p. 7-8 et 114-117.

au *Gorgias* de Platon dont l'existence même est douteuse[23]? Même lorsque l'on compare des extraits d'œuvres mieux attestées d'Ammonios (dont, soit dit en passant, la recherche historique semble bien établir aujourd'hui qu'il n'est guère probable que Boèce ait suivi ses leçons à Alexandrie[24]) avec des passages de la *Consolation*, la méthode des parallèles textuels révèle ses limites, surtout quand elle met en regard textes grecs et latins. La dépendance de la pensée de Boèce à celle de l'école néoplatonicienne d'Alexandrie et à ses commentaires aristotéliciens est certaine. Faut-il pour autant lui assigner une base textuelle précise, et n'est-il pas plus économique, ou plus prudent, d'envisager que l'auteur romain puise à un corps de doctrine cohérent et bien constitué progressivement élaboré dans la succession de Proclus par divers philosophes de cette école ?

Je n'ai certainement pas la compétence philosophique pour répondre à cette question. Mais je me borne à un constat de fait. On sait par Procope que les conditions de détention de Boèce sont fort dures. Il est certain entre autres qu'il n'a pas accès à sa bibliothèque. Certes, l'enseignement antique passe par l'exercice assidu de la mémoire, et le texte de la *Consolation* manifeste la maîtrise impressionnante par son auteur de quantités de références grecques et latines. Mais n'est-il pas excessif d'exiger de sa part la fidélité littérale à des sources que mettraient en relief les colonnes parallèles du commentateur d'aujourd'hui ? Mon scepticisme, peut-être exagéré, s'appuie également sur deux raisons de fond, qui sont peut-être des pétitions de principe. (1) L'ambition de Boèce est, je crois, non pas tant de répéter sur le mode du psittacisme les leçons d'Alexandrie que de recoudre la robe de Philosophie déchirée entre les diverses « sectes » qui ont chacune tenté de s'en approprier un pan[25]; d'offrir en somme une synthèse non pas molle, mais dynamique et généreuse, de la pensée antique. Son allégeance première au néoplatonisme est avérée. Mais n'est-il pas assez libre pour s'incorporer d'autres doctrines, quand elles l'aident à penser le monde ? Le poème de Parménide, s'il a pu le connaître, est lui aussi le récit de la révélation par une déesse de l'ordre du cosmos. Et la difficile discussion sur providence et liberté des livres 4 et 5 peut sans doute aussi s'appuyer sur la pensée des stoïciens, adeptes des raisonnements compliqués et premiers formulateurs du problème des « futurs contingents »[26]. Après tout, Philosophie déclare Boèce nourri de l'étude « des Académiques et des

---

23. F. KLINGNER, *De Boethii Consolatione Philosophiae*, Berlin, 1921 ; COURCELLE, *La Consolation de Philosophie...*, p. 173-176. L'existence d'un commentaire au *Gorgias* publié par Ammonios repose sur le témoignage vague et incertain d'Olympiodore (R. BEUTLER, « Die Gorgiasscholien und Olympiodor », *Hermes*, 73, 1938, p. 380-390 [p. 389]).

24. Dans l'introduction à son édition de l'*Institutio arithmetica*, Jean-Yves Guillaumin montre que le séjour égyptien de Boèce, pour autant qu'il ait eu lieu, s'est achevé à une date où notre auteur était trop jeune pour suivre les leçons des philosophes d'Alexandrie (BOÈCE, *Institution arithmétique*, J.-Y. Guillaumin éd., p. XXII-XXIII).

25. BOÈCE, *Consolation de Philosophie* I, *pr*. 1, 5 ; *pr*. 3, 7-8.

26. J. VUILLEMIN, *Nécessité ou contingence. L'aporie de Diodore et les systèmes philosophiques*, Paris, 1984, fournit un exposé très complet de cette question fort ardue.

Éléates[27] », et la forme de la diatribe que prend le livre 2 est un mode habituel de la communication des stoïciens. (2) Enfin, il y a peut-être quelque anachronisme à considérer la philosophie essentiellement comme un corps de doctrine, ainsi que nous le faisons aujourd'hui. Dans l'Antiquité, c'est d'abord, a montré Pierre Hadot, une façon de vivre ou de s'exercer à vivre[28]. Évitons de trop intellectualiser la *Consolation*... J'y reviendrai en conclusion.

B. *Postérité*

Mais envisageons d'abord la question de la postérité de Boèce. Sur ce point, il me semble que l'apport vraiment considérable de Courcelle peut encore être enrichi de deux façons.

D'abord, en précisant l'histoire de la tradition textuelle. Pierre Courcelle a examiné quantité de manuscrits. Mais il l'a fait en philologue et en iconographe, non en codicologue. Et pour cause. À l'époque où il étudie les témoins de la *Consolation* et de ses commentaires, la science de l'analyse matérielle des manuscrits est encore dans les limbes. Or c'est à partir des indices qu'elle fournit que l'on peut fonder scientifiquement l'histoire précoce du texte de Boèce. Qui pose en effet question : compte tenu des circonstances tragiques de son élaboration, qui l'a recueilli, qui l'a diffusé, et où a-t-il été reçu ? Si l'on y songe (et il est intrigant que la science ne se soit pas interrogée à ce sujet), on ne peut guère attendre d'un gouvernement tyrannique qu'il s'emploie à diffuser un écrit qui dénonce sa propre forfaiture tout en illustrant la grandeur de son auteur. Désormais, à proprement parler, cette étude n'est plus à faire : Fabio Troncarelli, dans deux ouvrages fondamentaux qui s'inscrivent explicitement dans la continuité du grand livre de Pierre Courcelle, *Tradizioni perdute...* et *Boethiana aetas*, ainsi qu'à travers de nombreux articles, a établi de façon selon moi définitive, sur la base d'une étude très méticuleuse des manuscrits anciens, de leur agencement, de leur apparence, comment Cassiodore a pris en charge, d'abord plus ou moins clandestinement, la survie de l'œuvre de son ami persécuté, et par quelles voies cette œuvre a pris ultérieurement le chemin des îles britanniques, d'où Alcuin la rapportera sur le continent[29]. Peut-être y a-t-il encore moyen d'affiner l'histoire de la circulation du texte durant les « âges obscurs » – mais Troncarelli continue de s'y employer, de même qu'Adrian Papahagi, qui défend des hypothèses assez différentes[30]. Pour

---

27. BOÈCE, *Consolation de Philosophie* I, *pr.* 1, 10.

28. P. HADOT, *Qu'est-ce que la philosophie antique ?*, Paris, 1995, p. 91-352.

29. F. TRONCARELLI, *Tradizioni perdute. La « Consolatio Philosophiae » nell'alto medioevo*, Padova, 1981, 206 p.; ID., *Boethiana aetas. Modelli grafici e fortuna manoscritta della « Consolatio Philosophiae » tra IX et XII secolo*, Alessandria, 1987 ; ID., *L'Antica fiamma. Boezio e la memoria del sapere antico nell'alto medioevo*, Roma, 2017 [recueil d'articles].

30. A. PAPAHAGI, *Boethiana mediaevalia. A Collection of Studies on the Early Medieval Fortune of Boethius' Consolation of Philosophy*, Bucarest, 2010. Pour cet auteur, c'est l'abbaye de Fleury (Saint-Benoît-sur-Loire), et non l'école anglo-saxonne de Bède, Aldhelm et Alcuin, qui

les siècles qui suivent, sa popularité est tellement universelle, comme en témoigne le fait que la *Consolation* est le premier texte de contenu non strictement religieux à être traduit dans une langue vulgaire au Moyen Âge[31], que sa diffusion n'a plus à être suivie pas à pas. Quant à sa réception, elle est jalonnée par les commentaires dont Courcelle a établi un inventaire si soigneux que, selon Rosalind Love, qui reprend la question dans sa contribution au *Companion to Boethius in the Middle Ages* de 2012, il n'y a que peu à y ajouter[32].

Il est en revanche un autre champ de recherche qui mérite encore, selon moi, d'être défriché. Je viens de faire allusion à la traduction de la *Consolation* en vieil-anglais attribuée au roi Alfred le Grand, à la fin du IXe siècle. Elle apporte la preuve que Boèce n'est pas destiné à la lecture des seuls philosophes. Dans le compte rendu sévère, trop sévère sans doute, de l'ouvrage de Pierre Courcelle que Peter Dronke donne à *Speculum*, il fait grief à notre auteur de n'avoir pas tenu les promesses de son titre, et de ne rien dire ou presque de la tradition *littéraire* issue de la *Consolation*[33]. Il y a sans doute un malentendu sur la signification, ici, de l'adjectif «littéraire». Pour Courcelle, il est à comprendre au sens qui est le sien dans le titre de la revue de Gilson «Archives d'histoire doctrinale et *littéraire*…», c'est-à-dire référant aux écrits – par opposition aux *idées* elles-mêmes – qui transmettent les doctrines philosophiques et scientifiques du Moyen Âge; Dronke le rapporte à cette catégorie bien particulière d'écrits qui composent ce que nous désignons aujourd'hui comme *littérature*, les œuvres d'imagination et/ou celles qu'habite une certaine visée esthétique. Et à ce titre, il a en effet raison de déplorer que le savant français s'abstienne de toute référence au *Convivio* de Dante, au *Secretum* de Pétrarque, au *Filostrato* de Boccace et au *Troylus and Cryseyde* de Chaucer, profondément innervés par la lecture du prosimètre antique. On pourrait d'ailleurs copieusement accroître cette liste, en signalant par exemple que, si Courcelle fait un sort à la traduction par Jean de Meun de la *Consolation*, il n'a pas un mot pour le *Roman de la Rose* du même auteur, où elle est si présente, pas plus qu'il ne considère son influence sur les œuvres d'auteurs contemporains des temps troublés de la Guerre de cent ans, comme Alain Chartier et son *Livre de l'Espérance*, Christine de Pizan et son *Avision*, dont la mise en scène est pourtant exactement modelée sur celle de l'ouvrage de Boèce. Contrairement à l'approche

---

est à la racine de la diffusion du texte dans l'Europe carolingienne.

31. C'est la traduction en vieil-anglais, de la fin du IXe siècle ou du début du Xe (*Old English Boethius*) attribuée au roi Alfred le Grand (*The Old English Boethiuswith Verse Prologues and Epilogues Associated with King Alfred*, S. Irvine et M. Godden éd. et trad., Cambridge [Mass.], 2012). Cette attribution est aujourd'hui contestée (M. GODDEN, «Did King Alfred write anything?», *Medium Aevum*, 76, 2007, p. 1-23).

32. R. LOVE, «The Latin Commentaries on Boethius' *De Consolatione philosophiae* from the 9th to the 11th Centuries», dans *A Companion to Boethius in the Middle Ages*, N.H. Kaylor Jr et P.E. Phillips éd., Leiden, 2012, p. 75-133 (p. 107).

33. P. DRONKE, c. r. de Courcelle, *La Consolation de Philosophie…*, *Speculum*, 44, 1969, p. 123-128.

si élégante et féconde que notre auteur réserve à la postérité proprement littéraire des *Confessions* d'Augustin[34], il manifeste ici un désintérêt complet ou une étrange cécité envers cet aspect, pourtant décisif aux yeux du médiéviste, de la survie du philosophe antique. Mais l'on ne peut pas non plus tout faire, et l'on sent parfois Pierre Courcelle un peu mal à l'aise vis-à-vis des sources qui l'éloignent par trop de ses bases chronologiques[35].

Il y a donc là un champ d'étude encore en grande partie vierge, et que l'on pourrait sans doute élargir : dans la belle préface qu'il donne à la traduction française par Colette Lazam de la *Consolation*, Marc Fumaroli signale sa présence, en effet évidente, à l'horizon des *Pensées* de Pascal et son inscription souterraine dans l'œuvre des mémorialistes, Retz, Saint-Simon et même Chateaubriand[36]. On pourrait étendre l'enquête, qu'il ne me déplairait pas de mener un jour, jusqu'au grand roman, profond et sarcastique, de John Kennedy Toole, *A Confederacy of Dunces*[37], dont le héros grandiose et pitoyable, Ignatius J. Reilly, est un lecteur passionné de la *Consolation*.

C. *Le projet de Boèce*

J'en viens donc enfin au texte de Boèce, dont il n'est peut-être pas inutile de rappeler qu'il est littéraire autant qu'il est philosophique. La critique savante s'en est si rarement avisée que le titre du bel article posthume de Thomas Curley III, « The Consolation of Philosophy as a Work of Literature »[38], sonne presque à ses yeux comme une provocation. Le fait que l'œuvre soit écrite sous forme de prosimètre, ce qui n'est quand même pas si banal pour un traité philosophique, suscite, il faut le reconnaître, assez peu de commentaires de la part de Pierre Courcelle (voir son allusion un peu condescendante aux « élans lyriques[39] »). Sur le sens et l'intention du projet *littéraire* de Boèce – projet paradoxal, puisque Philosophie congédie les Muses dès son entrée en scène –, j'ai essayé ailleurs, après ou avec quelques autres, Thomas Curley, Peter Dronke, Sophie van der Meeren, de formuler quelques hypothèses[40].

---

34. Voir ci-dessous, p. 77-90, la belle communication que Pierre Descotes consacre à ce sujet.

35. Comme le note Peter Dronke avec juste raison (*loc. cit.*, p. 124), ce qu'il écrit sur la réception de la *Consolation* par des auteurs comme Bernard Silvestre et Alain de Lille est assez approximatif.

36. M. FUMAROLI, « Préface », dans *Boèce. Consolation de la Philosophie*. Traduit du latin par C. Lazam, Paris, 1989, p. 7-41 (p. 38-39).

37. J.K. TOOLE, *A Confederacy of Dunces*, Bâton Rouge, 1980 (trad. fr. J.-P. Carasso, *La Conjuration des imbéciles*, Paris, 1981).

38. T.F. CURLEY III, « The *Consolation of Philosophy* as a Work of Literature », *The American Journal of Philology*, 108, 1987, p. 343-367.

39. *Supra*, n. 8.

40. J.-Y. TILLIETTE, « Introduction : de Dame Philosophie à la philosophie », dans *Boèce. La*

Plutôt que d'y revenir – ce qui me paraît «hors sujet» dans la mesure où Pierre Courcelle s'est abstenu de faire un sort à cet aspect de l'œuvre –, j'aimerais terminer en reprenant la question, pas tout à fait sans rapport avec celle-ci, du «christianisme de Boèce», qui, elle, est constamment à l'horizon d'attente de la recherche de Courcelle, puisqu'il reprend mot pour mot dans la conclusion de sa monographie sur la *Consolation* les pages qu'il avait dédiées vingt ans plus tôt à ce sujet dans sa thèse sur *Les Lettres grecques en Occident*[41]. La question n'était pas neuve : depuis Alcuin, elle tourmente tous les commentateurs chrétiens de l'œuvre, dans la lignée desquels Pierre Courcelle, en homme de foi, s'inscrit naturellement. Pour justifier, au sens fort du terme, son auteur, il part du double constat d'évidence que celui-ci est chrétien et qu'il ne se réfère pas une seule fois au texte sacré pour rapporter son attitude à ce que sera celle de Thomas d'Aquin – disons plutôt, en réalité, celle des néothomistes[42] –, qui consiste « à ne pas confondre les deux domaines de la raison et de la foi[43] ».

Ce point de vue qui confine à l'apologétique me semble un peu daté. C'est peut-être sur cette question que l'interprétation de la *Consolation* s'est le plus approfondie depuis 1967, même si c'est pour ouvrir à des questionnements insolubles. L'historien de la philosophie médiévale John Marenbon a repéré des failles logiques dans l'argumentation serrée que développe Philosophie au livre 5 pour concilier prescience divine et liberté humaine[44]. Serait-ce à dire qu'au bout du compte, ses efforts consolatoires ont été vains ? Certains n'ont pas hésité à l'affirmer, suggérant même que Boèce, en fervent chrétien, n'a rien cherché à faire d'autre que de disqualifier sournoisement la pensée philosophique antique, dont les insuffisances et les contradictions seraient ainsi ironiquement mises en lumière[45]. Je ne crois pas à cette lecture paradoxale, démentie par le contexte[46] et

---

Consolation de Philosophie. Édition de C. Moreschini. Traduction et notes de É. Vanpeteghem, Paris, 2005, p. 9-42. Cf. CURLEY, « The *Consolation*… » ; P. DRONKE, *Verse with Prose. From Petronius to Dante. The Art and Scope of the Mixed Form*, Cambridge (Mass.) – London, 1994, p. 38-52 et *passim* ; VAN DER MEEREN, *Lectures de Boèce*…, p. 11-15 et 187-195.

41. Les pages 340-343 de *La Consolation de Philosophie*… recopient à la virgule près les pages 301 à 304 des *Lettres grecques*… L'absurde délit d'«auto-plagiat» (!) n'était pas réprimé à l'époque. En revanche, on peut s'interroger sur la fixité d'une pensée qui n'a pas évolué en un quart de siècle. C'est probablement que l'on touche là à un point qui, chez Pierre Courcelle, était plus encore du ressort de la conviction morale que de la connaissance scientifique.

42. A. DE LIBÉRA, *Raison et foi. Archéologie d'une crise d'Albert le Grand à Jean-Paul II*, Paris, 2003, p. 7-34 et 231-241.

43. COURCELLE, *La Consolation de Philosophie*…, p. 342.

44. J. MARENBON, *Boethius*, Oxford, 2003, p. 143-145.

45. J.C. RELIHAN, *Ancient Menippean Satire*, Baltimore – London, 1993, p. 187-194 ; ID., *The Prisoner's Philosophy. Life and Death in Boethius' Consolation*, Notre Dame (IN.), 2006.

46. Le cachot et la torture ne constituent pas précisément des circonstances propices à l'exercice de l'ironie…

inaperçue depuis quinze siècles de commentaires. Je la qualifierais volontiers de « post-moderne », donc elle aussi datée ou vouée bien vite à dater[47].

Reste que l'œuvre s'achève sur un silence peu conclusif, qui a tourmenté les commentateurs au point que certains d'entre eux se sont imaginé qu'elle était inachevée. J'aurais quant à moi la tentation de le comprendre non à la lumière de la séparation entre le domaine de la raison et celui de la foi, mais de la distinction entre l'ordre du monde, que l'ouvrage se donne pour objectif d'expliquer et de justifier, et l'ordre du moi, qui relève du secret d'une conscience. N'oublions pas les circonstances dans lesquelles la *Consolation* a été écrite. Elle renvoie à mes yeux des résonances profondément existentielles – même si (contraintes formelles exigent) elle les masque souvent –, que manque peut-être à entendre Courcelle, faute justement de s'être intéressé au rayonnement proprement littéraire de l'œuvre[48].

Ainsi, Philosophie, après avoir fait taire, lors de son entrée en scène, les criailleries des Muses, se retire à son tour, arrivée au seuil du dicible. La justesse des desseins divins étant établie, reste à Boèce à affronter tout seul l'horreur de son destin. Mais « son âme, écrit Marc Fumaroli, n'a plus besoin de paroles pour entrer dans le paysage stellaire que le dialogue avec Philosophie lui a ouvert et rendu[49] ».Celle-ci, au moment de faire silence, avait néanmoins formulé une ultime injonction, « humiles preces in excelsa porrigite » (5, 6, 47) – ce sont presque les derniers mots du texte. Le silence, celui de Boèce cette fois, confronté à l'imminence de l'ultime supplice, ne serait-il pas, selon la belle intuition de Sophie van der Meeren, celui de la prière du cœur[50] ? Nul ne le saura jamais, mais on aimerait à le croire.

Jean-Yves TILLIETTE
Université de Genève / Institut de France

---

47. Dans le sens opposé, l'hypothèse de Danuta SHANZER (« Interpreting the *Consolation* », dans *The Cambridge Companion*..., cit., p. 228-254), selon qui Boèce confronté à l'épreuve finale se serait dépris de la foi chrétienne pour ne faire fond que sur ses croyances philosophiques me paraît tout aussi faible, puisqu'elle est invérifiable.

48. Dans son important ouvrage en trois volumes, *"Connais-toi toi-même", de Socrate à saint Bernard* (Paris, 1975), Pierre Courcelle, soucieux de faire de Boèce un pur platonicien, peu attentif aux accidents individuels, n'évoque la *Consolation de Philosophie* qu'à deux reprises : d'abord pour rappeler que l'âme doit se ressouvenir d'elle-même, et non se complaire à un oubli léthargique morose, pour espérer d'accéder à la contemplation des vérités éternelles (p. 199-203) ; puis, de façon plus anecdotique, à propos de l'interprétation allégorique du mythe des sirènes (p. 422-424).

49. FUMAROLI, *loc. cit.*, p. 38.

50. VAN DER MEEREN, *Lectures de Boèce*..., p. 197-203.

Les lettres grecques en Occident : Cassiodore

I. – P. Courcelle, *Les lettres grecques en Occident*

En 1943, à l'âge de 31 ans, Pierre Courcelle soutenait sa thèse (456 pages particulièrement denses) sur *Les lettres grecques en Occident. De Macrobe à Cassiodore*. Il s'agit d'une thèse magistrale, tant par l'ampleur de sa visée globale, – la réception de l'hellénisme chez les auteurs latins du IVe au VIe siècle –, que par la masse et la précision des données érudites et des analyses qu'elle renferme. L'ouvrage reçut un excellent accueil, comme le montrent sa publication en 1948, les comptes rendus élogieux qui en ont été faits, et surtout, sa traduction en langue anglaise, en 1969, pour les éditions américaines d'Harvard, sous un intitulé modifié (« Les auteurs latins tardifs et leurs sources grecques »)[1], plus explicite, mais plus banal, et il a toujours beaucoup à apporter aux chercheurs contemporains. Cette ambitieuse synthèse, conçue en trois étapes, intègre cinq monographies, nécessairement sélectives, sur les figures emblématiques qui ont marqué la vie intellectuelle et spirituelle de cette période de transition : Macrobe et Jérôme pour le IVe siècle, Augustin pour le Ve, Boèce et Cassiodore pour le VIe.

Nous avons choisi de nous intéresser à l'italien Cassiodore[2], qui a occupé de hautes fonctions à la cour du roi ostrogoth Théodoric avant de devoir s'exiler à Constantinople, de se convertir au christianisme et de revenir fonder en Italie du Sud, à la fin de sa vie, un monastère à Vivarium. Il y a réuni une importante bibliothèque, et il y a conçu pour ses moines un programme de lectures et d'études, ainsi

---

1. P. Courcelle, *Les lettres grecques en Occident. De Macrobe à Cassiodore* (BEFAR, 159), Paris, 1943 (1948²). Id., *Late Latin Writers and their Greek sources*, translated by H.E. Wedeck, Cambridge, Massachusetts, 1969. Nos références à l'ouvrage de P. Courcelle renvoient à cette réédition en langue anglaise.

2. P. Courcelle lui consacre les deux derniers chapitres de son ouvrage, dans la troisième partie (« La renaissance de l'hellénisme sous les Ostrogoths ») : « L'hellénisme au service de la culture monastique : Cassiodore » (chap. 7, p. 331-360) et « Les moines au service de l'hellénisme : Vivarium et le Latran » (chap. 8, p. 361-409).

qu'un petit manuel des connaissances fondamentales dans les arts libéraux, qui ont joué un rôle essentiel dans la transmission de la culture latine au Moyen Âge occidental. Nous nous référerons avant tout à ses *Institutions*[3], mais aussi à son traité orthographique (réédité en 2010 par Patrizia Stoppacci)[4] et, accessoirement, à ses lettres, *Variae* (sc. *Epistulae*)[5].

Le titre original de l'ouvrage de Pierre Courcelle, avec ses trois mots, « lettres », « grecques » et « Occident », est porteur d'ambiguïtés, dont les problématiques, ainsi que l'arrière-plan historique et linguistique, n'ont sans doute pas été suffisamment définies au préalable, même si elles se dégagent au cours de la lecture (qui se doit d'être soutenue). Les « Lettres » ne sont pas la « littérature » classique, au sens où l'on étudie les auteurs grecs antiques (Homère, Démosthène, Euripide ou autres) dans les cursus scolaires antiques et modernes. Il s'agit d'une histoire de la pensée et de la culture de langue grecque des premiers siècles du christianisme, avant tout centrée, d'une part, sur les savoirs spéculatifs, philosophie (les néoplatoniciens) et dialectique (les commentateurs d'Aristote) et, d'autre part, sur la chrétienté, ses fondements spirituels, ses controverses, son fonctionnement : en premier lieu la Bible et ses commentaires, les écrits des théoriciens et des historiens de l'Église, mais aussi les homélies, la correspondance, ou encore les actes des conciles.

Comme c'est souvent le cas, « le » grec est conçu comme une entité, un artefact linguistique, comme s'il n'avait pas évolué depuis Platon et Aristote, et comme s'il n'était pas, en dehors de ses implications culturelles et religieuses, une langue moderne de communication, employée dans l'Empire byzantin. La question des langues n'est pas abordée de front[6], alors que ce qu'il est convenu d'appeler le "bilinguisme" gréco-latin (culturel ou linguistique) s'inscrit généralement dans un trilinguisme, dont Cassiodore nous offre, à propos de Cyprien, un dignitaire de la cour de Théodoric, un néologisme révélateur, *trifariis linguis*. Cyprien n'était pas un érudit, instruit dans les lettres grecques et latines, mais il parlait, outre le latin et le gothique, le grec, ce qui le servait dans les relations diplomatiques avec Byzance[7].

Le cas de la reine ostrogothique Amalasonte est plus complexe, car le portrait linguistique qu'en donne Cassiodore s'inscrit dans une tradition encomiastique d'éloge de reines polyglottes, initiée par Cléopâtre et Zénobie. D'après Cassiodore, Amalasonte maîtrisait parfaitement *(doctissima, excellit)* le grec *(Atticae facundiae)*, le latin *(Romani eloquii)* et sa langue maternelle, le gothique *(natiui*

---

3. *Cassiodori senatoris Institutiones*, edited by R.A.B. Mynors, Oxford, 1937 (1961²).

4. GL 7, 143-210. CASSIODORO, *De orthographia: tradizione manoscritta, fortuna, edizione critica*, a cura di P. Stoppacci, Firenze, 2010.

5. *Cassiodori senatoris Variae*, edidit T. Mommsen, *M.G.H.*, *Auctores antiquissimi*, tome 12, Berlin, 1894 (Munich, 1981).

6. Cf. G. BARDY, *La question des langues dans l'Église ancienne*, Paris, 1948.

7. *Var.* 5, 40, 5: « instructus … trifariis linguis ». P. COURCELLE, p. 275, note 16.

sermonis, uernaculam linguam), qu'elle parlait sans faire de fautes *(inoffensa exercitatione)*, toutes langues dont elle avait une compétence à la fois passive *(auditur*, elle comprenait) et active *(responsione componitur*, elle répondait) – trop beau pour être vrai... Elle pouvait donc se passer d'interprètes, tant dans ses relations avec les royaumes barbares voisins qu'avec l'empire byzantin. Elle était aussi cultivée *(notitia litterarum)*, mais il est difficile de dire jusqu'où allait cette culture et si elle était bilingue[8].

Il n'y a pas que dans la communication courante que le grec doit compter avec les autres langues, et perdre ainsi de son hégémonie. Cassiodore revient à plusieurs reprises sur la traduction latine que Jérôme a faite de l'Ancien Testament, directement à partir de l'hébreu *(auctoritati Hebraicae, Hebraeo fonte)*, ce qui lui a permis de corriger *(correxisse)* des erreurs des traductions grecques *(diuersorum translationes)*[9].

Quant au troisième terme du titre, «Occident», il fait référence à la partition de l'Empire romain, en 395, qui a institutionnalisé une opposition entre un empire d'Occident latinophone et un empire d'Orient (dit "byzantin") hellénophone. Mais l'objet même de l'ouvrage de Pierre Courcelle, avec les déplacements des individus et la diffusion des livres et des idées qu'il met en scène, montre à quel point les deux parties de l'Empire étaient perméables l'une à l'autre, ce qui entraîne une dilution des concepts de "romanité" et d'"hellénisme"[10]. Une personnalité comme celle du moine Denys le Petit *(Dionysius Exiguus)*, contemporain de Cassiodore, est particulièrement révélatrice : il était scythe *(Scytha natione)*, donc originaire d'une région hellénophone (passée toutefois sous le contrôle de Rome), mais il était parfaitement romanisé *(moribus omnino Romanus)* et, surtout, il possédait

---

8. *Var.* 11, 1, 6-8 (Amalasuntha): «Qua enim lingua non probatur esse doctissima? Atticae facundiae claritate diserta est, Romani eloquii pompa resplendet, natiui sermonis ubertate gloriatur. Excellit cunctos in propriis, cum sit aequaliter ubique mirabilis. Nam si uernaculam linguam bene nosse prudentis est, quid de tali sapientia poterit aestimari, quae tot genera eloquii inoffensa exercitatione custodit? ... nullus eget interprete ... uterque et genuinis uerbis auditur et patriotica responsione componitur. Iungitur his rebus quasi diadema eximium inpretiabilis notitia litterarum, per quam, dum ueterum prudentia discitur, regalis dignitas semper augetur.» P. COURCELLE, p. 274, note 13. Sur les questions de bilinguisme et de multilinguisme, cf. F. BIVILLE, «Le bilinguisme gréco-latin», dans *LALIES. Actes des sessions de linguistique et de littérature*, 37 (Évian-les-Bains, 22-26 août 2016), D. Petit (éd.), Paris, 2017, p. 45-105; F. BIVILLE, «Multilingualism in the Roman World», *Oxford Handbooks Online* (10.1093/oxfordhb/9780199935390.013.101), 2018.

9. *Inst.* 1, 12, 2: «Sciendum est plane sanctum Hieronymum ideo diuersorum translationes legisse atque correxisse, eo quod auctoritati Hebraicae nequaquam eas perspiceret consonare. Vnde factum est ut omnes libros *Veteris Testamenti* diligenti cura in Latinum sermonem de Hebraeo fonte transfunderet.»

10. Il y aurait beaucoup à dire sur l'histoire de ces concepts. Sur le sens "païen" attaché au terme "hellénisme", cf. P. COURCELLE, p. 1 et note 5.

une remarquable culture gréco-latine *(in utraque lingua ualde doctissimus)*[11]. Nous pouvons aussi évoquer la personnalité complexe du grammairien Priscien, lui aussi contemporain de Cassiodore, qui le désigne comme un *modernus auctor*[12] : originaire de Mauritanie, enseignant la langue latine à l'université de Constantinople à des latinophones et à des hellénophones, et auteur d'une grammaire revivifiée par l'apport des grammairiens grecs Apollonios et Hérodien, qui peut être, à certains égards, assimilée à une grammaire comparée du grec et du latin[13]. Il n'est pas étonnant, dans ces conditions, que Cassiodore, dans une première version de ses *Institutions*, l'ait considéré comme un auteur de langue grecque *(Attico sermone)*[14].

II. – L'ACCULTURATION DE L'OCCIDENT PAR L'ORIENT

Ce que Pierre Courcelle décrit, c'est une acculturation de l'Occident par l'Orient, comme il y a eu jadis une acculturation de Rome par la Grèce, institutionnalisée sous le label *utraque lingua eruditus*, « instruit dans les deux langues ». La description des arts libéraux que fait Cassiodore au second livre de ses *Institutions* s'inscrit dans cette tradition *(a maioribus traditum)*[15] qui place le grec dans une situation d'antériorité et de supériorité par rapport au latin *(antistare)*[16], et qui inonde la langue latine de concepts grecs que les Latins ont bien du mal à rendre dans des formules autonymiques bilingues, comme ceux de la substance *(usiodes/ substantialis)* et de l'être *(onta/existentia)*[17], une tradition qui instaure un système de comparaison et de complémentarité entre les deux langues *(in utraque lingua, tam graecis quam latinis)*[18].

---

11. *Inst.* 1, 23, 2 : « nostris temporibus ... Dionisius monachus, Scytha natione sed moribus omnino Romanus, in utraque lingua ualde doctissimus ... tanta latinitatis et graecitatis peritia fungebatur... ». P. COURCELLE, p. 331, note 1.

12. *Orth.*, GL 7, 147, 15 : « Ex Prisciano moderno auctore decerpta sunt. »

13. *Ars Prisciani*, GL, volumes II et III. Groupe *Ars Grammatica*, Priscien, *Grammaire*. Texte latin, traduction introduite et annotée, Paris. Sont parus : *Livres XI, XII, XIII – Les hybrides* (2020) ; *Livres XIV, XV, XVI – Les invariables* (2013) ; *Livre XVII – Syntaxe, 1* (2010) ; *Livre XVIII – Syntaxe, 2* (2017).

14. *Inst.* 2, 1, 1 : « Helenus et Priscianus subtiliter *Attico* sermone locuti sunt (ω = 1re éd.), graece Helenus, *latine* Priscianus suptiliter tractauerunt (Ω). » P. COURCELLE, p. 345 et note 32.

15. *Inst.* 2, 5, 4 : « Nunc de musicae partibus, sicut est a maioribus traditum. »

16. *Inst.* 2, 3, 19 : « ad earum diuisiones opinatissimas accedamus, unde Graecia Latinae linguae non immerito putatur antistare ».

17. *Inst.* 2, 3, 14 : « *usiodes* [οὐσιώδης], id est *substantialis* ; *existentium*, quae Graeci *onta* [ὄντα] appellant ».

18. *Inst.* 2, Praef. 4 : « '*poeta*' dictus intellegitur apud Graecos *Homerus*, apud Latinos *Vergilius*, ... quamuis multi poetae ... in utraque lingua esse doceantur ». *Inst.* 2, Praef. 5 : « auctoribus tam graecis quam latinis ».

Mais les circonstances historiques, culturelles et religieuses, ne sont plus les mêmes. Les invasions ont eu raison de l'empire romain en Occident : il s'est fragmenté en différents royaumes barbares que l'empire byzantin cherche à reconquérir. La transmission de la culture latine est menacée par la destruction des bibliothèques et la dégradation des conditions d'enseignement. Il faut se procurer le plus de manuscrits possible et les recopier pour en assurer la diffusion. Mais il s'agit aussi d'être pragmatique et efficace, et de ne garder de l'enseignement transmis par les Anciens *(ab antiquis tradita)* que ce qui peut être directement utile *(utilitas)* pour l'époque *(modernae consuetudine, praesenti saeculo)* et pour l'usage courant *(usui celeberrimo)*[19]. Cela implique de rédiger des abrégés *(breuitas)* et de procéder à des compilations *(comprehendere)*, pour permettre à tous, en particulier aux gens "simples" *(simplices)*, ceux qui n'ont pas pu bénéficier d'un enseignement, d'avoir un accès direct et facile au savoir. C'est ce que réalise Cassiodore en rédigeant ses *Institutions divines et humaines*, une somme de références bibliographiques *(fontes copiosissimos)*, en deux livres, des savoirs religieux *(litterae diuinae)* et profanes *(litterae humanae, saeculariae)*[20], des auteurs anciens *(prisci doctores)* et de leurs commentateurs modernes *(moderni expositores)*[21]. Dans l'un et l'autre cas, les ouvrages fondamentaux, et fondateurs, sont la plupart du temps rédigés en grec. Quelle est la place du grec dans ce programme culturel et pédagogique ?

III. – LA PLACE DE LA LANGUE GRECQUE

Dans l'inventaire qu'il fait de sa bibliothèque de Vivarium, Cassiodore signale l'existence d'une armoire, la huitième *(octauo armario)*, spécialement réservée aux livres grecs *(Graeci codices congregati)*. Ceux-ci n'étaient manifestement pas destinés à être utilisés couramment, mais ils laissaient la porte ouverte à d'éventuelles traductions *(transferatur)*, quand on ne disposait pas des commentaires latins correspondants *(Latina latiora commenta)*[22]. Ils permettaient aussi de vérifier la bonne leçon *(salubriter tractata)* lorsque les commentaires latins se révélaient fautifs *(neglegenter dictum)*, à condition bien sûr de connaître le

---

19. *Orth.*, Praef. 145, 14-23 : « Erit itaque propositum nostrum quae competenter modernae consuetudini ab antiquis tradita sunt quasi in unam coronam redigere et usui celeberrimo deputare. Illa uero quae antiquitati magis conueniunt, expedit sine dubitatione relinquere, ne labor adsumatur incongruus, qui praesenti saeculo uidetur inutilis. »

20. *Inst.* 1, 27, 2 : « opus ... necessarium, sed considerata difficultate perarduum : in duobus libris comprehendere uelle diuinarum et humanarum fontes copiosissimos litterarum ».

21. *Inst.* 1, 8, 16.

22. *Inst.* 1, 8, 15 : « epistulas a Iohanne Chrysostomo expositas Attico sermone in suprascripto octauo armario dereliqui, ubi sunt Graeci codices congregati ; ut si Latina non potuerint latiora commenta procurari, de istis subinde transferatur quod plenissimam poterit praestare notitiam ». P. COURCELLE, p. 337.

grec *(quibus lingua nota est)*[23], ce qui n'était pas le cas de tous *(si non fuerit Graecarum litterarum nota facundia)*[24]. Il ne semble pas qu'on ait, à Vivarium, copié des manuscrits grecs.

Une connaissance poussée des savoirs grecs *(Cecropii dogmatis)*, « nourrie de miel attique » *(Attico se melle saginauit)*, comme celle du consul Félix dans le domaine des sciences naturelles[25], n'implique pas nécessairement une connaissance approfondie de la langue grecque, pas plus qu'il n'est nécessaire de connaître le grec pour maîtriser toute la nomenclature d'origine grecque qui caractérise chacun des arts libéraux[26], par exemple, dans le domaine de la musique, les noms des différents tons: *hypodorius, hypoiastius, hypophrygius*, etc.[27]. Il n'est pas non plus nécessaire de connaître le grec pour comprendre les nombreuses étymologies "par le grec", qui émaillent le discours scientifique latin, et que l'on pouvait aisément trouver dans les recueils des lexicographes, comme celle du latin *ars*, donné comme venant du grec *aretê*, "vertu" *(apo tês aretês, id est a uirtute)*, ou encore celle du nom des Muses[28]. La glose latine fournit au lecteur toutes les informations utiles à la compréhension des données.

Par contre, pour avoir accès au contenu des livres grecs, il était nécessaire, si l'on n'était pas soi-même hellénophone, de recourir à des traductions *(transferre in Latinum)*. Cassiodore était en relation avec une équipe de traducteurs latinophones experts en grec, à qui il commandait des traductions (Bellator, Denys le Petit, Épiphane, Mucien)[29]. Il ne manque pas de rendre hommage au rôle de "passeurs du savoir" qu'ils ont accompli, en citant leurs noms dans les bibliographies qu'il compile[30]. Denys le Petit était particulièrement doué, et parfaitement bilingue:

---

23. *Inst.* 1, Praef. 3 : « Quod si aliquid in eisdem [sc. Latinis expositoribus] neglegenter dictum reperit, tunc quibus lingua nota est a Graecis explanatoribus quae sunt salubriter tractata perquirant. »

24. *Inst.* 1, 31, 2 : « Quod si uobis non fuerit Graecarum litterarum nota facundia, in primis habetis *Herbarium* Dioscoridis, qui herbas agrorum mirabili proprietate disseruit atque depinxit. »

25. *Var.* 2, 3, 4 : « rerum quoque naturalium causas subtilissime perscrutatus, Cecropii dogmatis Attico se melle saginauit ». P. COURCELLE, p. 275, note 16.

26. Sur la tradition, à Rome, des sept "arts libéraux" et leur division médiévale, introduite par Cassiodore, en *triuium* (études littéraires) et *quadriuium* (études scientifiques), cf. P. COURCELLE, p. 339-354 (« Hellénisme païen à Vivarium »).

27. *Inst.* 2, 5, 8 : « Toni vero sunt quindecim: hypodorius hypoiastius hypophrygius hypoaeolius hypolydius dorius iastius phrygius aeolius lydius hyperdorius hyperiastius hyperphrygius hyperaeolius hyperlydius. »

28. *Inst.* 2, Praef. 4 ("*ars*") : « alii dicunt a Graecis hoc tractum esse uocabulum, *apo tes aretes* [ἀπὸ τῆς ἀρετῆς], id est a uirtute doctrinae ». *Var.* 4, 51, 8 : « '*Musae*' vero Eoa lingua quasi *homousae* [ὁμοῦ οὖσαι] dicuntur, quod… ».

29. P. COURCELLE, p. 338 et note 40.

30. *Inst.* 2, 3, 18 : « Illud autem competens iudicauimus recapitulare breuiter, quorum labore in Latinum eloquium res istae peruenerint. »

il pouvait traduire à vue («en mains», *in manibus*, dit le latin), en traduction simultanée *(transcurreret, uelocitate)*, n'importe quel texte grec ou latin dans l'un ou l'autre sens, et cela, sans commettre la moindre erreur *(sine offensione, inoffensa)*[31]. Mucien était également très compétent *(uir disertissimus)* et la qualité de ses traductions *(operis qualitas)* témoignait de son intelligence *(ingenium eius)*[32]. Mais tous les traducteurs étaient loin d'avoir cette envergure, et les bons traducteurs étaient difficiles à trouver. C'est toute la problématique de la traduction dans l'Antiquité qui se trouve ici impliquée.

C'est donc *en latin* que les œuvres *grecques* étaient lues. On ne lisait pas, par exemple, le *De musica* de Gaudentius dans sa langue originale, le grec, mais dans la traduction latine qu'en avait faite Mucien. L'œuvre devenait alors un livre latin, le "*Gaudentium latinum*"[33]. D'où il ressort que les lettres grecques en Occident sont des lettres *latines*...

IV. – LE LATIN DES LETTRES GRECQUES

A. *Le choix du* patrius sermo

Cassiodore ne manque jamais d'afficher sa préférence pour les livres en langue latine et d'en recommander la lecture à ses moines. Il n'ignore pas *(ferunt,* «on dit que») les travaux réputés des Pères grecs sur l'Ancien et le Nouveau Testament *(studiosissimos uiros quos Graecia facunda concelebrat)*, ceux de Clément d'Alexandrie, Cyrille, Jean Chrysostome, Grégoire, Basile[34]. Mais, d'un point de vue pragmatique, il lui paraît préférable *(potius, commodissime)* de recourir aux commentaires latins *(Latinos scriptores, Romanos expositores)* qui en ont été faits, étant donné qu'il s'adresse à des "Italiens" *(Italis)*, des latinophones, ce qu'il justifie par un aphorisme : *dulcius enim ab unoquoque suscipitur quod patrio sermone narratur*, «tout ce qui est énoncé dans sa propre langue *(patrio sermone,* la langue maternelle, la langue nationale) paraît plus agréable *(dulcius)*»[35].

---

31. *Inst.* 1, 23, 2 : «qui tanta latinitatis et graecitatis peritia fungebatur, ut quoscumque libros Graecos in manibus acciperet, Latine sine offensione transcurreret, iterumque Latinos Attico sermone relegeret, ut crederes hoc esse conscriptum quod os eius inoffensa uelocitate fundebat». P. COURCELLE, p. 331, note 1.

32. *Inst.* 1, 8, 3 : «Mutianum uirum disertissimum transferre fecimus in Latinum...» – 2, 5, 1 : «Gaudentius ..., de musica scribens, ... dicit [...] Quam uir disertissimus Mutianus transtulit in Latinum, ut ingenium eius assumpti operis qualitas indicaret».

33. *Inst.* 2, 5, 10 : «habetis hic Gaudentium Mutiani latinum».

34. *Inst.*, Praef. 4 : «Ferunt itaque Scripturas diuinas *Veteris nouique Testamenti* ab ipso principio usque ad finem Graeco sermone declarasse Clementem Alexandrinum ... et Cyrillum ... et Iohannem Chrysostomum, Gregorium et Basilium, necnon et alios studiosissimos uiros quos Graecia facunda concelebrat.»

35. *Inst.*, Praef. 4 : «Sed nos potius Latinos scriptores Domino iuuante sectamur, ut quoniam Italis scribimus, Romanos quoque expositores commodissime indicasse uideamur. Dulcius enim

B. *La* latinitas

Si les textes grecs deviennent latins du fait de leur traduction, et qu'ils peuvent être copiés en tant que textes latins, ils entrent alors dans la problématique, tout autant grammaticale que rhétorique, de la *Latinitas*, la clarté et la correction de l'expression. Or celle-ci est loin d'être acquise. Les fautes peuvent intervenir aux différentes étapes de la production des textes: de l'auteur et du traducteur-interprète *(explanator)* qui conçoivent le texte et n'utilisent pas les bons mots *(neglegenter dictum, uerba uitiosa)*[36]; du copiste *(librarius)* et du correcteur *(emendator)*, qui interviennent sur le texte pour en corriger les erreurs *(uitia corrigenda)*, sans avoir toujours les compétences requises *(ineruditus, grammaticae artis expertes)*[37]. Il en résulte un état de confusion *(confusio, permixtio)* préjudiciable à la compréhension du texte. La faute la plus courante (1, 15, 8-9) porte sur l'emploi de la lettre –*m* en finale, qui normalement permet de différencier l'accusatif de l'ablatif: « si on l'ajoute ou si on la supprime de manière inconsidérée *(inconuenienter)*, c'est l'ensemble de l'énoncé qui devient incompréhensible *(dictio tota confusa est)*[38] ».

Ce qui est en jeu, c'est la maîtrise de la lecture et de l'écriture, de l'écart grandissant entre l'oral et l'écrit, lié à l'évolution de la langue, qu'illustre par exemple la confusion entre *B* et *V* "consonne" (*bibere*, "boire" / *uiuere*, "vivre"), connue sous le nom de "bétacisme"[39]. On peut s'interroger sur le niveau culturel des moines de Vivarium, tout au moins de certains d'entre eux. C'est la raison qui a poussé Cassiodore à rédiger, à la fin de sa vie, un traité *De orthographia*, dont la préface offre une scène pittoresque de révolte monacale: « Soudain mes moines se mirent à hurler: "À quoi nous servent les connaissances des Anciens et tout ce que, dans votre sagesse, vous prenez soin de nous apporter, si on ne sait pas comment ça s'écrit, et si on n'est pas capable de rendre à l'oral ce qu'on est incapable de saisir à l'écrit[40]?" » La question n'est pas nouvelle: Jérôme avait

---

ab unoquoque suscipitur quod patrio sermone narratur, unde fieri potest ut per magistros agatur antiquos quod impleri non potuit per nouellos.» P. COURCELLE, p. 336.

36. *Inst.*, Praef. 3: «Quod si aliquid ... neglegenter dictum reperit, tunc quibus lingua nota est a Graecis explanatoribus quae sunt salubriter tractata perquirant.»

37. *Inst.* 1, 30, 2: «Sed ne tanto bono mutatis litteris scriptores uerba uitiosa permisceant aut ineruditus emendator nesciat errata corrigere, orthographos antiquos legant.»

38. *Inst.* 1, 15, 8-9: «in quibus litteris sunt librariorum uitia corrigenda. In uerbis quae accusatiuis et ablatiuis praepositionibus seruiunt, situm motumque diligenter obserua, quoniam librarii grammaticae artis expertes ibi maxime probantur errare. Nam si –*m* litteram inconuenienter addas aut demas, dictio tota confusa est».

39. Adamantii siue Martyrii, *De B muta et V uocali*, ap. CASSIODORE, *De orthographia* (GL 7, 165-199).

40. *Orth.*, GL 7, 143, 2-6: «monachi mei subito clamare cœperunt: "Quid prodest cognoscere nos uel quae antiqui fecerunt uel ea quae sagacitas uestra addenda curauit nosse diligenter, si quem

déjà accompagné l'une de ses traductions de signes diacritiques d'aide à la lecture *(distinctiones)*, pour que ceux qui n'avaient pas suivi d'études puissent lire (à voix haute, bien sûr) la parole divine sans l'altérer *(inculpabiliter)*[41] : de la maîtrise du langage *(uox articulata)*, de l'écriture et de la lecture, comme instruments de salut et de dignité, qui distinguent l'homme de l'animal *(a pecoribus)* et l'homme instruit des ignorants *(ab imperitis)*[42].

Il faut noter que, dans cette recherche de la *latinitas*, de la correction grammaticale, la traduction des Saintes Écritures, parole révélée, peut venir perturber le jeu des règles grammaticales usuelles telles qu'elles sont exposées dans les grammaires latines (les *artes*), et créer un conflit d'*auctoritas*[43]. À l'usage commun *(communis usus)*, s'opposent les *idiomata* propres à la loi divine[44]. Certains mots sont intouchables *(non tegenda, incorrupta)* et échappent à l'usage commun, ce qui entraîne une réinterprétation linguistique des concepts de pureté et d'intégrité[45].

C. *L'appropriation du grec par le latin*

Par le processus de la traduction, on assiste donc à une appropriation littéraire du grec par le latin, et ce transfert de langue prend une dimension idéologique. Les traductions, tout comme les compilations par regroupements d'œuvres, deviennent des œuvres latines originales, issues d'un travail d'élaboration *(labor)*

---

ad modum ea scribere debeamus omnimodis *ignoremus, nec* in uoce nostra *possumus* reddere quod in scriptura comprehendere *non ualemus* ?" » Cf. F. BIVILLE, « Normes orthographiques et oralité dans la latinité tardive. Le latin du *De orthographia* de Cassiodore », dans *Latin vulgaire - Latin tardif VIII*, R. Wright (éd.), Hildesheim, 2008, p. 381-391.

41. CASS., *Inst*. 1, 12, 4 : « Hieronymum omnem translationem suam in auctoritate diuina, sicut ipse testatur, propter simplicitatem fratrum colis et commatibus ordinasse ; ut qui distinctiones saecularium litterarum comprehendere minime potuerunt, hoc remedio suffulti inculpabiliter pronuntiarent sacratissimas lectiones. »

42. *Orth*. 145, 6-10 : « Gloriosum profecto studium ... quod loqui debeas competenter scribere et quae scripta sunt sine aliqua erroris ambiguitate proferre. Vox enim articulata a pecoribus nos sequestrat, scribendi, uero ratio ab imperitis diuidit et confusis ». 210, 3-5 : « Quatenus sicut et ego uos ab imperitorum numero sequestratos esse uolui, ita nos uirtus diuina non patiatur cum nequissimis pœnali societate coniungi. » Cf. F. BIVILLE, « Normes orthographiques et oralité... », art. cit.

43. *Inst*. 2, 1, 2 : « auctorum exemplis et maxime legis diuinae auctoritate ». *Inst*. 1, 15 : « Sub qua cautela relegi debeat caelestis auctoritas ». *Inst*. 1, 15, 7 : « Regulas igitur elocutionum Latinorum, id est quadrigam Messii, omnimodis non sequaris. »

44. *Inst*. 1, 15, 2 : « Idiomata legis diuinae dicuntur propriae locutiones quas communis usus non habere cognoscitur » (1, 15, 5 : « contra artem humanam »). *Orth*. 7, 145, 20 : « idiomata legis diuinae communi usui repugnantia ».

45. *Inst*. 1, 15, 2 : « ne ... aelestium uerborum puritas dissipetur ». 5 : « Nec illa uerba tangenda sunt... Corrumpi siquidem nequeunt quae inspirante Domino dicta noscuntur. » 7 : « Maneat ubique incorrupta locutio quae Deo placuisse cognoscitur, ita ut fulgore suo niteat. » Cf. encore 1, 26, 2.

qui fait la célébrité de leurs auteurs *(auctoribus gloria)*[46]. Il ne s'agit plus d'opposer des œuvres grecques à des œuvres latines *(tam graecis quam latinis)*, mais de faire que des œuvres grecques deviennent des œuvres latines, comme le montre admirablement, dans les *Variae*, l'éloge de Boèce, contemporain de Cassiodore, grand érudit *utraque lingua* et grand traducteur, qui a considérablement enrichi le patrimoine culturel latin[47] : grâce à lui, les disciplines grecques sont devenues romaines *(Graecorum dogmata doctrinam feceris esse Romanam)*, et par la multitude de ses traductions il a, en lui seul *(te uno auctore)*, dans la langue nationale *(patrio sermone)*, celle de Rome, fait converger la diversité des auteurs grecs qui avaient écrit, individuellement, sur chaque discipline *(per singulos uiros)* :

> *Var.* 1, 45, 3-4 (uir magnificus Boethius) : « Hoc te multa eruditione saginatum ita nosse didicimus ut artes quas exercent uulgariter nescientes, in ipso disciplinarum fonte potaueris. Sic enim Atheniensium scholas longe positus introisti, sic palliatorum choris miscuisti togam, ut Graecorum dogmata doctrinam feceris esse Romanam. Didicisti enim qua profunditate cum suis partibus speculatiua cogitetur, qua ratione actiua cum sua diuisione discatur : deducens ad Romuleos senatores quicquid Cecropidae mundo fecerant singulare. Translationibus enim tuis Pythagoras musicus, Ptolemaeus astronomus leguntur Itali ; Nicomachus arithmeticus, geometricus Euclides audiuntur Ausonii ; Plato theologus, Aristoteles logicus Quirinali uoce disceptant ; mechanicum etiam Archimedem Latialem Siculis reddidisti. Et quascumque disciplinas uel artes facunda Graecia per singulos uiros edidit, te uno auctore patrio sermone Roma suscepit. »

À la même époque, en Orient, à Constantinople, alors que l'empereur Justinien se lance à la reconquête de l'Occident pour recréer l'unité de l'Empire romain, le grammairien Priscien défend une idéologie voisine, celle d'un *temperamentum*, d'une synthèse entre les apports grecs et latins, et de l'émergence d'une nouvelle entité issue de la fusion des cultures grecque et latine, le *tertium ex utroque*, une « troisième à partir des deux »[48] :

---

46. *Inst.* 2, 3, 18 : « quorum labore in Latinum eloquium res istae peruenerint, ut nec auctoribus gloria sua pereat et nobis plenissime rei ueritas innotescat ».

47. P. COURCELLE, p. 275-277. Sur la tradition littéraire de "l'éloge de Rome" dans la latinité tardive, cf. F. PASCHOUD, Roma aeterna. *Études sur le patriotisme romain dans l'Occident latin à l'époque des grandes invasions*, Rome, 1967 ; L. PERNOT, *Éloges grecs de Rome*, Paris, 1997 ; V. ZARINI, « Trois éloges comparés de Rome : Ammien Marcellin, Claudien, Rutilius Namatianus », *Camenae*, 2, juin 2007, p. 1-15.

48. Cf. F. BIVILLE « Les *Institutions* de Priscien, une grammaire et une culture bilingues », dans *Des formes et des mots chez les Anciens. Mélanges offerts à Danièle Conso*, C. Brunet (éd.), Besançon, 2008, p. 31-50 ; ID., « Le latin expliqué par le grec : les *Institutions* de Priscien », dans *Traduire, transposer, transmettre dans l'Antiquité*, B. Bortolussi, M. Keller, S. Minon et L. Sznajder (éd.), Paris, 2009, p. 47-60 ; ID., « *Tertium ex utroque* (G.L. II.2.29). Le bilinguisme de Priscien », dans *Language, Grammar, and Erudition: From Antiquity to Modern Times. A collection of papers in honour of Alfons Wouters*, P. Swiggers (éd.), Leuven – Paris – Bristol, CT, 2018, p. 203-218.

> Priscien, GL 2, 2, 3-8 : « Supra nominatorum praecepta uirorum, quae congrua sunt uisa, in Latinum transferre sermonem, collectis etiam omnibus fere quaecumque necessaria nostrorum quoque inueniuntur artium commentariis grammaticorum, quod gratum fore credidi temperamentum, si ex utriusque linguae moderatoribus elegantiora in unum coeant corpus meo labore faciente. »
>
> 2, 2, 29-31 : « Te[49] tertium ex utroque compositum esse confirmans, quippe non minus Graecorum quam Latinorum in omni doctrinae genere praefulgentem. »

Le latin retrouve son hégémonie, et la romanité, une nouvelle identité culturelle. Nous avons là une autre manière de revoir le rapport de force entre les lettres grecques et les lettres latines, et une dimension linguistique et idéologique qui n'entrait pas dans les perspectives de Pierre Courcelle.

Frédérique BIVILLE
Université Lumière Lyon 2

---

49. Priscien s'adresse à Julianus, consul et patrice, dédicataire de son *Ars Grammatica*.

L'*Histoire littéraire des grandes invasions germaniques*, ouvrage d'actualité

Il n'est sans doute pas d'ouvrage de Pierre Courcelle où l'histoire récente de la France et de l'Europe ait eu plus d'écho que dans l'*Histoire littéraire des grandes invasions germaniques*, publiée en 1948[1]. On ne peut en effet, en ces années-là, parler d'invasions germaniques sans penser à la Seconde Guerre mondiale, en France et dans les divers pays envahis et occupés par l'Allemagne nazie, puis libérés par les Alliés. Or *Invasion, Occupation, Libération* sont précisément les titres des trois parties de l'*HL*. Ainsi donc, aucun hasard dans le choix du titre de l'œuvre et des titres de ses grandes parties. Ce n'est pas non plus un hasard si Pierre Courcelle limite son étude aux invasions *germaniques*, en éliminant de son propos celles des Huns, qui, pourtant, entraient dans la fourchette chronologique de l'ouvrage, mais ne sont évoquées qu'indirectement[2].

L'*HL* connut trois éditions: la première parut en 1948 chez Hachette; la deuxième, que Pierre Courcelle nomme «édition brésilienne» dans la préface à la 3e édition, semble être une traduction pure et simple en portugais. Elle paraît à Petropolis en 1955[3]. Nous ne l'avons pas eue en main. La troisième, en 1964, dans la *Collection des Études augustiniennes*, est une édition revue et largement augmentée, notamment d'appendices et d'un vaste ensemble iconographique. C'est elle que nous citerons le plus souvent. La première édition fut publiée au début de la carrière universitaire de Pierre Courcelle: en 1943, à l'âge de 31 ans, il publie sa thèse d'État, *Les Lettres grecques en Occident, de Macrobe à Casiodore*; en 1944, il devient à la fois professeur à la Sorbonne, où il succède à Pierre de Labriolle, et directeur d'études à l'École pratique des hautes études (IVe section). Quand il publie la troisième édition, en 1964, il est, depuis 1952, professeur au Collège de France. En 1965, il sera élu à l'Académie des Inscriptions et Belles-Lettres.

---

1. Ci-après abrégée en *HL*.
2. Voir surtout p. 159-165.
3. Voir la bibliographie de la 3e éd., p. 393.

Nous considérerons d'abord la première édition et ses trois parties, aux titres si particuliers, et les allusions à l'actualité historique (avant tout à l'histoire franco-allemande depuis 1870), qui ne sont pas séparables des partis pris critiques de l'auteur, surtout à l'égard de la "science allemande". Nous nous intéresserons ensuite aux jugements de valeur portés par Pierre Courcelle sur les écrivains qu'il utilise. Précisons, à ce propos, que ce qui sera dit de la première édition demeure valable pour la troisième, puisque le corps du texte change très peu de l'une à l'autre. Nous traiterons ensuite de cette troisième édition, des quelques modifications apportées au texte principal, de celles, beaucoup plus nombreuses, apportées aux notes, et des grandes nouveautés de cette édition – les appendices, l'appareil iconographique et son commentaire.

On ne peut non plus passer sous silence l'accueil que réserva la critique aux deuxième et troisième éditions: si celui-ci est dans l'ensemble très positif, les critiques négatives ne sont pas absentes des comptes rendus de ces deux éditions.

I. – L'OBJET DE LA PREMIÈRE ÉDITION ET LES ALLUSIONS À L'ACTUALITÉ RÉCENTE

A. *Histoire d'un titre*

Le titre donne une bonne idée du "genre" auquel appartient l'ouvrage: non pas une histoire de la littérature à l'époque des invasions, ni une étude historique de la période, mais une histoire littéraire de celle-ci, c'est-à-dire l'époque des invasions telle que l'ont vécue tous ceux dont nous est parvenu un témoignage écrit (sans sélectionner les textes en fonction de leur qualité littéraire, l'auteur ne se prive pas de porter des jugements sur celle-ci)[4]. Si cet ouvrage est nouveau dans sa conception, Pierre Courcelle, dans son avant-propos[5], donne quelques précisions sur ceux qui ont pu l'inspirer, ou lui donner l'idée de l'écrire. Mais ces précisions apparaissent sur un mode négatif: « ni Monceaux pour l'Afrique, ni Jullian pour la Gaule, n'ont poussé leurs recherches jusqu'au Ve s.[6] ». Dans la phrase de l'auteur, la forme négative concerne la périodisation des deux ouvrages auxquels il fait allusion: l'*Histoire littéraire de l'Afrique chrétienne depuis les origines jusqu'à l'invasion arabe*, de Paul Monceaux[7], et l'*Histoire de la Gaule*,

---

4. Sur le sens que Pierre Courcelle donne à l'adjectif "littéraire", voir *supra*, J.-Y. TILLIETTE, p. 35: «Pour Courcelle, il (l'adjectif "littéraire") est à comprendre au sens qui est le sien dans le titre de la revue de Gilson *Archives d'histoire doctrinale et littéraire*..., c'est-à-dire se référant aux écrits – par opposition aux idées elles-mêmes – qui transmettent les doctrines philosophiques et scientifiques du Moyen Âge », et non au sens de ce que «nous désignons aujourd'hui comme littérature, les œuvres d'imagination et/ou celles qu'habite une certaine visée esthétique».

5. *HL*, 3e éd., p. 11 (la pagination que nous utilisons ci-après est celle de l'édition de 1964), sauf indication contraire.

6. *HL*, p. 11.

7. Paris, 1901-1923.

de Camille Jullian[8]. L'ouvrage de Monceaux est inachevé : il s'arrête à l'époque d'Augustin. Jullian s'arrête volontairement au début du IVe s.[9]. Son œuvre ne pourrait être qualifiée d'"histoire littéraire" : elle est purement historique. Bien que les témoignages littéraires y abondent, l'archéologie et l'épigraphie y tiennent une place de choix, à la différence de l'*HL*[10]. En revanche le titre du *magnum opus* de Monceaux inspire directement le titre de celui qui nous occupe ici. Pourtant, malgré la proximité des titres, l'esprit de l'ouvrage de Pierre Courcelle diffère profondément de celui de Monceaux : ce dernier écrit une histoire de la littérature latine chrétienne d'Afrique du Nord, en traitant systématiquement des auteurs et des grandes questions dogmatiques, dans l'ordre chronologique, sous des aspects très divers, et de manière très détaillée : ainsi le vol. 7 est-il consacré spécialement à saint Augustin face au donatisme[11]. L'ouvrage de Pierre Courcelle, quant à lui, n'est pas systématique : il n'analyse que les témoignages païens et chrétiens qui portent sur les invasions. Bien d'autres ouvrages, sûrement connus de Pierre Courcelle, s'intitulent « histoire littéraire... ». On rappellera en particulier l'*Histoire littéraire du sentiment religieux* d'Henri Brémond, publiée de 1916 à 1933.

Quant à la deuxième partie du titre, « grandes invasions germaniques », on peut dire que ce sujet est relativement nouveau dans les travaux de Courcelle avant 1948. Il s'est jusqu'alors peu intéressé au phénomène historique des invasions. On notera tout de même un article sur « Commodien et les invasions du Ve s. », repris dans un appendice de la troisième édition. Le titre indique déjà la datation de Commodien proposée par l'auteur, qu'il maintiendra dans son *HL* en traitant de ce poète[12]. Un article, paru en 1947 et intitulé : « Trois dîners chez le roi wisigoth d'Aquitaine », sera également repris dans la troisième édition[13]. Enfin, l'entrée de Clovis à Tours fait l'objet d'un article paru l'année même de la première édition de l'*HL*[14] : il en sera aussi question dans cette dernière[15]. Ces articles sont centrés

---

8. Paris, [7]1920-1926.

9. Tomes 7 et 8 : *Les empereurs de Trèves*.

10. L'épigraphie est partout utilisée, voir vol. 1, Paris, [7]1920, p. 97, n. 5, p. 108, n. 3 et 4, et *passim* (de même dans les volumes suivants) ; pour l'archéologie et la topographie, *ibid.*, p. 208-210, en part. p. 210 n. 1 ; vol. 8, Paris, [7]1926 : lire, par ex., à propos de « la vie dans une villa », p. 183, la note 2, où voisinent témoignages littéraires et études topographiques et archéologiques. Même chose pour la note 3.

11. Cependant, dans l'ensemble de l'ouvrage, l'aspect purement stylistique de la littérature latine d'Afrique est traité de manière succincte. Ainsi, dans le tome 1, sur les 284 pages consacrées à Tertullien, seules 22 le sont à « l'écrivain ».

12. *Revue des études latines*, 24, 1946, p. 227-246 = *HL*, 3e éd. p. 319-337. Sur Commodien, voir aussi *ibid.*, p. 156-158.

13. *Revue des études anciennes*, 49, 1947, p. 169-177 = 3^e éd., p. 339-347. Seul le titre y est modifié : s'y ajoute la question : « Histoire ou cliché hagiographique ? ».

14. *Bulletin de la Société nationale des antiquaires de France*, 1948-1949, p. 46-47.

15. *HL*, p. 242-252.

sur le Ve s. en Gaule, comme le sera une bonne partie de l'*HL*. On peut donc dire que l'ouvrage de Pierre Courcelle ne répond qu'imparfaitement à son titre: en gros, il s'agit bien des invasions germaniques, mais uniquement de la de la fin du IVe s. à la fin du Ve s., jusqu'au règne de Clovis. Pour les invasions antérieures au Ve s., l'auteur se contente d'un simple rappel[16], et il n'y a rien sur les invasions postérieures au Ve s., lombardes, par exemple. Le VIe s. est surtout traité sous l'angle de la reconquête de Justinien. La période traitée par Pierre Courcelle est donc limitée: et pourtant les invasions du IIIe s. sont surtout le fait de peuples germaniques (Francs, Goths...). Même l'appendice de la troisième édition, sur Commodien, et les pages qu'il y consacre précédemment[17], ne concernent pas le IIIe s. puisque l'auteur situe le poète au Ve s., contrairement à la *communis opinio* actuelle[18]. On est donc très loin du "temps long" de l'époque des grandes invasions, que l'on étend souvent du IIe ou du IIIe s. jusqu'au IXe s. (et parfois après)[19].

B. *Les trois parties: leurs avantages et leurs inconvénients*

Invasion, occupation, libération: l'allusion à la France de 1940 à 1944 est évidente. Cette tripartition a l'avantage de la simplicité, et elle a aussi une justification: montrer, contre certains historiens allemands et contre Fustel de Coulanges, que les invasions ont été vécues comme un drame, mis à part quelques exceptions, et que l'installation des conquérants germaniques ne s'est pas faite en douceur[20]. Mais les titres de ces trois parties ont pour inconvénient principal une certaine rigidité de l'analyse et une appréciation parfois très orientée: ainsi, les difficultés de la reconquête de l'Italie, la résistance ostrogothique, les destructions occasionnées et la ruine économique montrent que les Romains d'Orient n'ont pas été considérés partout comme des libérateurs. Inversement, le jugement positif sur le règne de Théodoric[21] contredit quelque peu la notion d'occupation barbare de l'Italie. La bande qui entourait l'ouvrage, en 1948, et qui a disparu aujourd'hui, est sans équivoque. Elle portait ces mots: «occupants et occupés au Ve s.»[22]. Mais

---

16. Introduction, p. 15-28.

17. Voir *supra*.

18. Voir *infra*.

19. L. Musset, *Les Invasions. Le second assaut contre l'Europe chrétienne (VIIe-XIe siècles)*, Paris, 1965. L'historien s'arrête à la conquête de la Grande-Bretagne par les Normands. Aujourd'hui, on étudie plutôt les invasions sous le rapport des questions d'identité ou d'économie: voir par exemple W. Pohl, *Die Völkerwanderung: Eroberung und Integration*, Stuttgart, 2002 ou P. Heather, *The Fall of the Roman Empire: A New History*, Macmillan, 2005; trad. fr. (J. Dalarun): *Rome et les Barbares. Histoire nouvelle de la chute de l'empire*, Paris, 2017, en part. p. 89-125.

20. *HL*, p. 13: selon ces historiens allemands, Fustel de Coulanges et C. Courtois, cette occupation germanique «aurait passé presque inaperçue».

21. *HL*, p. 205 sqq. et *passim*.

22. Noté par A. Ernout dans son compte rendu de l'*HL*: *Revue de philologie, de littérature et*

le corps du texte, lui aussi, fourmille d'allusions à l'histoire des XIXe et XXe s. : les allusions à la Seconde Guerre mondiale sont les plus nombreuses, mais l'ouvrage est habité par le souvenir de la Première, et même de celle de 1870-1871. On n'en donnera ici que quelques exemples :

- « occupation, trahison, résistance » (p. 12) : des mots dont « l'anachronisme n'est qu'apparent », car ils « appartiennent à tous les temps ».
- on trouve à la p. 80 une allusion à un corps de l'armée prussienne à propos des Haries, peuple germanique que Tacite « décrivait comme une sorte de hussards de la mort ».
- le tableau des destructions dressé par Prosper d'Aquitaine (réf n. 1) est « d'une actualité brûlante » : « véhicules réquisitionnés », « rationnement », etc. (p. 86).
- des « mercantis, qui (…) ont affamé le peuple en faisant monter le coût de la vie » (p. 132) : mercanti est un terme très utilisé en France dans la première moitié du XXe s.[23].
- lors de l'invasion vandale de l'Afrique, les sénateurs sont « conduits en un camp de concentration » (p. 134, mais le terme est utilisé plusieurs fois : voir p. 158).
- Pierre Courcelle porte un jugement de valeur sévère sur Salvien, selon lequel les « Vandals ont fait régner la vertu » (p. 153) : « peut-être a-t-il subi des influences germaniques dans sa jeunesse ». Il se livre à « une propagande favorable aux barbares » (p. 130). C'est là, sans doute, une allusion à la collaboration avec l'Allemagne nazie de certains intellectuels, écrivains et artistes[24].

Un autre trait de l'époque à laquelle écrivait Pierre Courcelle est la critique des historiens allemands, cette critique étant parfois marquée par une ironie discrète, parfois plus acerbe : il convient toutefois de replacer les remarques de Pierre Courcelle dans leur contexte. De 1870 à la Seconde Guerre mondiale, on discerne, chez nombre d'intellectuels français, un mélange de fascination et de répulsion, ou du moins de distance critique et ironique à l'égard de la science allemande. Mais l'admiration pour le système universitaire allemand et ses réussites intellectuelles l'emporte, au point que l'on peut parfois parler le « germanomanie[25] ».

---

d'histoire anciennes, 3, 24, 1950, p. 124.

23. Le mot apparaît en français en 1906 : voir le *Larousse des noms communs*, Paris, 2008.

24. Sur le jugement que porte Pierre Courcelle sur Salvien, voir *infra* et J.-Y. TILLIETTE, p. 28, n. 7.

25. Le mot est de J. FONTAINE, « L'accueil des ouvrages allemands sur l'Antiquité chrétienne entre 1870 et 1930 d'après quelques recensions de revues en langue française », dans *Patristique et Antiquité tardive en Allemagne et en France de 1870 à 1930*, Paris, 1993, p. 277 ; sur l'intensité des débats, voir aussi p. 281 : « le débat passionné que peuvent continuer de susciter (i.e. au début du XXe siècle), chez les lecteurs français, les travaux allemands ». Cette « germanomanie »

Ce n'est pas vraiment le cas de Pierre Courcelle, qui généralise parfois ses critiques à l'ensemble de la science allemande : ainsi les historiens allemands (non nommés) sont-ils accusés d'être très partiaux en faveur de Stilichon (p. 30, n. 1). Pierre Courcelle parle encore « des historiens allemands » à la p. 71. Ici encore, la généralisation est surprenante, puisque notre auteur ne cite que L. Schmidt, *Die Ostgermanen*, p. 50 n. 3. La critique peut aussi se faire acerbe, comme c'est le cas à propos de l'historien allemand H. Grisar (p. 186, n. 1), dont on peut dire qu'il serait, *mutatis mutandis*, un émule de Salvien : à propos des Vandales, Grisar prétend en effet que Genséric voulait « fonder un État civilisé ». Cette critique, présente dans la première édition, est conservée dans la troisième. On peut pourtant avancer qu'il n'est plus très utile, en 1964, d'évoquer cet ouvrage du début du siècle, sauf dans le cadre d'une histoire des sciences, ce qui n'est pas l'intention de Pierre Courcelle.

C. *Analyse des trois parties*

Pierre Courcelle opère une véritable mise en récit des invasions germaniques, avec une intrigue digne des meilleurs romans et même des meilleurs romans d'aventures, antiques ou modernes – soit dit *cum grano salis* – : l'*invasion* serait le nœud du récit – on peut penser, dans certaines œuvres, à l'enlèvement du héros ou de l'héroïne –, l'*occupation* correspondrait à leur captivité, la *libération* à leur délivrance[26]. L'introduction revient sur les relations entre Romains et Germains jusqu'en 375, donc jusqu'au passage du Danube par les Goths, prélude au désastre d'Andrinople : les invasions du IIIe s. sont traitées en moins d'une page[27]. Il est surtout question de la présence des Goths « au sein de l'empire romain », d'Andrinople au début du Ve s.[28].

La structure de la *première partie* est chronologique, mais les événements sont traités en volets successifs, ce qui nécessite des retours en arrière. Le chap. 1 traite de la « chute de la ville éternelle », jusqu'en 410, le chap. 2 des « grands raids en Gaule » : cela contraint Courcelle à revenir aux premières années du siècle (les raids vandales). Le chapitre se clôt sur les espoirs de l'an 417 (Athaulf et Galla Placidia). Le déroulement des invasions permet à l'auteur de ne pas revenir en arrière pour traiter ensuite de l'invasion vandale en Afrique (chap. 3), qui clôt cette partie dans une atmosphère « apocalyptique »[29].

---

règne alors dans d'autres domaines que l'historiographie. Que l'on pense au wagnérisme de Madame Verdurin, chez Proust...

26. On pense ici aux *Éthiopiques* d'Héliodore, mais on pourrait trouver bien d'autres exemples dans le roman européen (comme dans *Les Fiancés* de A. Manzoni).

27. *HL*, p. 19.

28. Les autres peuples germaniques ne sont que brièvement évoqués (p. 19).

29. *HL*, p. 133.

Comme l'indique le titre de la *deuxième partie* («l'occupation»), on s'installe ici dans une période plus statique, avec l'installation des Wisigoths en Aquitaine (chap. 4), leur «hégémonie» (p. 143); avec la «tyrannie vandale» (p. 182) au chap. 5; avec le «gouvernement de Théodoric» au chap. 6 – on notera le soin apporté au choix des termes, qui sont déjà des jugements de valeur, et indiquent un degré dans la barbarie ou au contraire dans la romanisation des trois peuples choisis. Ici comme dans l'introduction à l'ouvrage, il est très peu question d'autres peuples germaniques connus à cette époque, comme les Suèves; les Burgondes sont un peu mieux traités[30]. Mais on aura toujours en mémoire que ces différences de traitement viennent avant tout de l'abondance ou de la rareté des témoignages littéraires.

Dans la *troisième partie*, la «reconquête par l'empire byzantin» (chap. 7) est traitée chronologiquement: d'abord la guerre contre l'Afrique vandale, puis contre l'Italie ostrogothique. Ce sont les difficultés de cette dernière reconquête qui rendent le titre de cette partie (la «libération») quelque peu discutable. Pierre Courcelle s'intéresse ensuite à la Gaule (chap. 8). Aux yeux des populations occupées par les Wisigoths, ces derniers, malgré leur arianisme, présentent l'avantage de protéger le pays contre les Saxons, un ennemi infiniment plus sauvage que les Goths. Malgré tout, la population catholique se rallie facilement à la domination de Clovis, une fois que celui-ci s'est converti. La ville de Tours et le sanctuaire de saint Martin revêtent alors une importance particulière: d'abord comme lieu où Clovis s'engage à se faire baptiser catholique, puis, après Vouillé, comme cité où le Franc revêt les insignes du consulat honoraire[31]. L'assimilation entre Gallo-Romains et Francs est en marche. Elle s'achèvera avec le couronnement impérial de Charlemagne (p. 251 sq.).

---

30. Voir, par exemple, p 168-172; p. 210-212.

31. Discussion argumentée sur le sens de cette cérémonie (GRÉGOIRE DE TOURS, *Hist. Franc.* 2, 28, 38), p. 242-250. Après avoir énuméré les principales interprétations qui en ont été données depuis le XVIIIe s., Pierre Courcelle émet l'hypothèse que «la prétention impériale ne pouvait s'exprimer (et l'historicité du passage de Grégoire se justifier) que si Clovis était encouragé par les Gallo-Romains de Tours» (p. 247). Or le clergé tourangeau, très attaché à Clovis en raison de ses victoires sur les Wisigoths ariens, pouvait très bien avoir poussé le peuple à l'acclamer comme Auguste. L'auteur ajoute que la «scène doit être interprétée comme un sursaut d'indépendance à l'égard de l'empereur Anastase» (p. 249). Des études postérieures à l'*HL* n'infirment pas cette hypothèse, mais s'intéressent plutôt à la cérémonie elle-même, «chargée, et même surchargée de couleurs romaines» (L. PIETRI, *La ville de Tours du IVe au VIe s. Naissance d'une cité chrétienne*, Rome, 1983, p. 168), et l'interprètent comme une «victoire de la Romanité sur la barbarie» (*ibid.*), qui fait de Clovis «l'héritier d'un pouvoir exercé au nom de Rome d'abord par les consuls annuels, puis par la succession des Augustes» (p. 169), bien que le roi des Francs ne se soit pas «paré du titre de consul ou de celui d'Auguste». Comme Pierre Courcelle, Luce Pietri pense que le cérémonial a sans doute été inspiré par le clergé de Tours *(ibid.)*. Michel Rouche précise que le diadème que le roi pose sur sa tête est celui du patriciat, que le titre donné à Clovis est «simplement» celui de consul honoraire, que les emblèmes et les vêtements qu'il revêt sont ceux d'un triomphe (*Clovis*, Paris, 1996, p. 315).

D. *Les jugements de Pierre Courcelle sur les auteurs et les textes :*
Boèce et Salvien

Pierre Courcelle ne se prive pas de porter, sur les auteurs et les textes qu'il traite, des jugements de valeur parfois sévères : J.-Y. Tilliette revient sur ceux-ci dans le présent ouvrage, à propos de Boèce[32]. Il faut en dire un mot, car ces jugements de valeur ont parfois été relevés par les auteurs de comptes rendus de l'*HL*[33]. On peut prendre, comme J.-Y. Tilliette, l'exemple de l'auteur de la *Consolation*, et préciser ce qu'il dit de Salvien. D'après lui, on se serait attendu à ce que Boèce, dans l'*HL*, fît figure de « résistant », tel un « Jean Cavaillès ou un Dietrich Bonhöffer avant l'heure » (Pierre Courcelle aurait donc pu, une fois de plus, faire ainsi allusion à l'actualité récente). Or « il n'en est rien ». Boèce est « décrit comme un semi-intrigant, victime des circonstances plutôt que de son courage ». Le rôle politique de Boèce est donc largement sous-estimé par Pierre Courcelle, mais son œuvre reste tout de même "estimable". Salvien, quant à lui, est beaucoup moins bien traité, surtout parce qu'il « vante... la domination gothique[34] », en un « tableau idyllique », par rapport à la « rapacité qui désole les provinces restées romaines » (on pense à ceux qui prétendaient que les occupants allemands étaient « corrects »). Les Vandales, eux, « ont fait régner la vertu », ont « supprimé la pédérastie, la prostitution »[35]. Ces éloges du Barbare préparent « les esprits à accepter ou même à appeler de leurs vœux la domination des royaumes germaniques[36] ». Il n'est pas question de nier que le tableau de l'occupation germanique, chez Salvien, soit idyllique à l'excès, au point de devenir un défi à la réalité, mais il faut pourtant faire la part, dans sa "germanophilie", d'une certaine tradition romaine : on trouve aussi, chez Tacite, bien des jugements élogieux sur la pureté morale des Germains, sans que l'on accuse l'historien de trahison[37]. Mais, entre l'époque de Tacite et celle de Salvien, les temps ont bien changé : l'empire à son apogée pouvait admettre le pessimisme d'un Tacite et la critique des mœurs romaines qu'on lit derrière l'éloge de la pureté germanique. Il n'en est plus de même au Ve s. Comme le dit Pierre Courcelle[38], « l'audace d'un Salvien est de reprendre ce thème au lendemain des invasions, en dépit des saccages récents ». Toujours selon notre historien, cette audace conduit Salvien à donner une vision très optimiste de la « domination gothique », ce qu'attestent les textes qu'il cite à

---

32. Voir p. 29-30.

33. Voir *infra*.

34. *HL*, p. 150, avec référence à SALVIEN, 5, 8, 36.

35. *HL*, p. 153, avec référence à SALVIEN, 7, 22, 94-97.

36. *HL*, p. 155 (lire en particulier la note 5).

37. *Germania*, 18-20 et *passim*. Voir *HL*, p. 17-18 et 148.

38. *HL*, p. 148.

l'appui[39]. À l'opposé de l'austérité germanique, la mollesse, la richesse et les raffinements ont conduit les Romains à mener une « vie dissolue[40] ». Mais ce tableau contrasté des raffinements de la civilisation et de la sévérité barbare – traditionnel et même banal à Rome[41] – est présenté comme choquant par Pierre Courcelle, parce que, à l'époque de Salvien, les Barbares l'ont emporté, du moins en Gaule. Salvien, bien conscient de ce qu'il écrit, devance d'ailleurs les critiques de ses futurs lecteurs : « Je sais, le plus grand nombre estime intolérable qu'on nous dise pire ou même qu'on ne nous juge pas de beaucoup supérieurs aux Barbares... Vous vous irritez peut-être, vous qui me lisez, et vous condamnez ce que vous lisez ; mais je ne recule point devant votre censure[42]. » Toutefois, cette phrase de Salvien n'est-elle pas simplement une *captatio beneuolentiae*, habile en ce qu'elle attire l'attention autant qu'elle désarme l'hostilité ?

Tout cela conduit Pierre Courcelle à juger Salvien avec sévérité : son aveuglement confine au mensonge par omission lorsqu'il dissimule à ses lecteurs la cruauté des Vandales en Afrique du Nord[43], cruauté dont il avait pourtant pu lire des témoignages. Le jugement de Pierre Courcelle est alors sans équivoque : Salvien fait le « panégyrique des Barbares alors que les Goths portent leur effort contre Arles » (restée romaine). Bref, Salvien a tout d'un traître à la 'patrie' romaine. Mais il y a pis : comme nous l'avons noté plus haut, Pierre Courcelle soupçonne Salvien, en une hypothèse bien audacieuse, d'avoir « subi des influences germaniques dans sa jeunesse[44] ». Il « participe *activement*, par sa *propagande*, à détruire son empire (i. e. celui de Rome) et sa *culture* » (c'est nous qui soulignons). Par cette dernière charge, Pierre Courcelle dit presque ouvertement ce à quoi il pense : Salvien évoque sans doute à ses yeux la collaboration idéologique de ces intellectuels français passés au nazisme, qui en étaient venus à vanter l'occupation allemande, nécessaire pour régénérer la culture française dans une « Europe nouvelle »[45]. C'est certainement ce passé récent, en 1948, qui fait que Pierre Courcelle, dans ses pages consacrées à Salvien, tient si peu compte de la tradition romaine dans laquelle il s'inscrit, celle de Tacite notamment, qu'il n'évoque que brièvement, alors que l'auteur de la *Germanie* vante abondamment la pureté germanique et critique la corruption des mœurs romaines.

---

39. *HL*, p. 150.

40. *HL*, p. 152, citant *Gubern. Dei* 7, 2, 8-12.

41. CÉSAR, *Bell. Gall.* 1, 1, 3.

42. *HL*, p. 154, citant SALVIEN, 4, 3, 60-61 et 13, 63.

43. *HL*, p. 154 sq.

44. *HL*, p. 155.

45. On pense au groupe « Collaboration, groupement des énergies françaises pour l'unité continentale » fondé par A. de Châteaubriant en 1940, auquel participa, entre autres, Drieu la Rochelle – mais on pense aussi à Déat et à bien d'autres.

II. – Les nouveautés de la troisième édition

Le texte principal et les notes ne connaissent que peu de changements. Le texte principal est plus aéré, les textes traduits mieux mis en évidence. Les notes figurent désormais en bas de page et la bibliographie a été mise à jour[46].

A. *Les changements apportés au texte principal et aux notes*

Il serait trop long, et sans doute un peu vain, d'énumérer les changements apportés au texte principal et surtout aux notes de la troisième édition. Nous nous contenterons ici de comparer les introductions et les conclusions de la première et de la troisième édition. Les paginations données ci-dessous sont donc celles de la troisième édition, sauf indication contraire.

La présentation des événements est parfois modifiée: p. 21, les notes 2 et 3 sont inversées par rapport à la 1re édition, car cela correspond dans le texte principal à l'inversion de deux séquences sur la bataille d'Andrinople: 1re éd., p. 11 et 3e éd., p. 21 sq. L'inversion aboutit à une présentation plus cohérente de la défaite romaine et de l'aide apportée par Gratien à Valens. La troisième éd. (*ibid.*, note 3) ajoute aussi une référence à Palanque (*Saint Ambroise*...) et à Faller. Il arrive aussi que Pierre Courcelle infléchisse son interprétation des textes: p. 24 n. 2 (fin), il ajoute un argument pour modérer l'idée d'une défense de l'objection de conscience par Sulpice Sévère. Le changement prouve que Pierre Courcelle fait ici preuve d'une plus grande prudence dans ses affirmations.

Mais les changements apportés par la troisième édition consistent surtout en une mise à jour des références en fonction des progrès de la science:

- une nouvelle note[47] correspond à une phrase ajoutée dans le texte principal, sur la colonne aurélienne. La note comporte une référence à un ouvrage de 1897, qui aurait pu figurer dans la première édition, et une autre à un ouvrage de 1955 sur la même colonne.

- la mention, dans la première édition[48], de l'étude promise par E. Galletier sur les panégyriques a disparu, car elle ne fut jamais publiée (voir p. 20, n. 2).

- remplacement de la *PL* (pour le *De Noe*) par le *CSEL* 32[49]. De même pour *Civ. Dei*, citée n. 2 dans le *CC*. Même mise à jour des références aux éditions dans d'autres notes, que nous ne signalerons pas. Bien entendu, cela atteste le progrès des éditions scientifiques au XXe s.

---

46. Voir la préface, qui énumère les innovations de cette 3e édition (p. 9).

47. P. 19, n. 2.

48. P. 9, n. 6.

49. P. 22 n. 3.

L'HISTOIRE LITTÉRAIRE DES GRANDES INVASIONS GERMANIQUES 61

- ajout d'une référence à B. Bischoff (1951)[50].
- ajout d'une référence au *De uirginibus*[51].
- référence nouvelle à la traduction par C. Lacombrade (1951) du *Peri basileias* de Synésius[52].
- ajout de plusieurs références, en particulier au célèbre ouvrage de Becatti, *La colonna coclide*[53]…

Le même travail de révision se poursuit dans la suite du texte : p. 93, n. 8, 1re éd. = p. 118, n. 1 de la 3e éd. Ici, la note est enrichie d'une référence à Thouvenot, qui avance l'hypothèse d'un cabotage des Vandales le long de la côte africaine, plus que d'une marche sur la terre ferme, idée soutenue par J. Le Gall (cité dans l'éd. de 1948). Tout cela montre une mise à jour sérieuse des notes de la première éd. En revanche, le texte principal n'est que rarement modifié.

La comparaison des deux conclusions montre le même travail de révision, surtout dans les notes, mais aussi une évolution des centres d'intérêt de l'auteur. Le texte de la troisième édition est identique à celui de la première jusqu'à la fin de la p. 256, mis à part quelques modifications apportées aux notes (la note 1 de la p. 208, sur les Vandales, a disparu – parce que jugée trop polémique ?). Mais p. 257 sq., Pierre Courcelle a enrichi la fin de sa conclusion à l'aide d'un texte de Léandre de Séville sur la conversion des Wisigoths, en l'occurrence celle de Reccared, texte qui « voit réalisé le vieux rêve d'Orose », c'est-à-dire la conversion des nations barbares au "catholicisme romain"[54]. Même enthousiasme chez le pape Grégoire, qui cependant déchanta vite dans son optimisme lorsque les Lombards assiégèrent Rome, après avoir causé de grandes destructions en Italie. Pierre Courcelle voit dans ces deux réactions les deux « aspects de l'opinion romaine, à cette date tardive… : d'une part, on songe au glorieux passé… ; en même temps, l'on salue le monde nouveau qui s'édifie, car celui-ci sera barbare, mais chrétien ». Le dernier paragraphe reprend celui de la première édition, en une ouverture sur l'entreprise de Charlemagne, un « Barbare » mais aussi un chrétien. On note donc l'intérêt accru que porte Pierre Courcelle aux textes du haut Moyen Âge, ce que confirment l'iconographie de l'*HL* et l'évolution des centres d'intérêt de l'historien dans la suite de son œuvre.

---

50. P. 23 n. 6.

51. P. 24 n. 7.

52. P. 28 n. 1.

53. P. 28 n. 4.

54. Sur cette question souvent traitée, voir en part. J. FONTAINE, *Handbuch der Lateinischen Literatur*, 6, éd. J. Fontaine, J.-D. Berger *et alii*, Munich, 2020, p. 740 sq. (avec bibliographie).

B. *Les appendices*

La troisième édition est pourvue de sept appendices à propos d'œuvres de l'époque des invasions, parfois très connues, parfois plus confidentielles, avec des hypothèses sur leur datation et/ou leur auteur. Avec l'appareil iconographique (les photographies et leur commentaire), c'est là l'innovation la plus frappante de cette édition. Il faut dire toutefois que ces appendices reprennent des articles parus dans diverses revues entre la première et la troisième édition, mais parfois avant la première[55], comme l'appendice 6 sur Commodien et le n° 7 («Trois dîners...»)[56]. La recherche actuelle s'accorde souvent avec les hypothèses émises par Pierre Courcelle, mais les conteste parfois.

Il en est ainsi de l'appendice 1 («Date, source et genèse des *Consultationes Zacchaei et Apollonii*»), qui traite du *Dialogue entre le païen Apollonius et le chrétien Zachée* (p. 261), pour nous anonyme, qui a été attribué à plusieurs auteurs et situé à plusieurs époques. Le *t. a. q.* en est l'an 484. Selon Pierre Courcelle, la source utilisée est la correspondance entre Augustin et Volusianus (411). Il date les *Consultationes* de 412 environ, et l'attribue à un clerc africain, peut-être Évode d'Uzalis. La recherche plus récente que la troisième édition n'a pas toujours validé cette identification[57]. J.-L. Feiertag situe l'œuvre plus tard, dans le milieu de Sulpice Sévère[58], tandis que M.-A. Claussen la place à Rome, une génération plus tôt, en particulier parce que l'auteur n'évoque pas le pélagianisme[59]. En ce cas, les troubles politiques mentionnés par l'œuvre seraient l'usurpation d'Eugène en 392-394. Mais l'auteur et l'époque précis de cet opuscule ne sont pas encore assurés. On notera que le lien avec les "grandes invasions" est ici assez ténu. Mais c'est l'appendice 6 qui fut et reste le plus discuté («Commodien et les historiographes des grandes invasions»). Commodien est situé au Ve s. dès la première éd. (p. 128). Selon Pierre Courcelle, ce poète, dans le *Carmen apologeticum*, 805-822, ne fait pas allusion à la persécution de Dèce arrêtée par l'invasion gothique[60]. La référence scripturaire est l'Apocalypse, 9, mais Pierre Courcelle croit que ce passage de Commodien s'appuie sur Orose et sur Salvien. Commodien prédirait une «invasion future», mais en utilisant les théories relatives aux Barbares «des

---

55. Voir *supra*.

56. *HL*, bibliographie, p. 392 sq.

57. Voir *Handbuch der Lateinischen Literatur*, *op. cit.*, § 644.2 (P.-L. Schmidt).

58. *Les* consultationes Zacchaei et Apollonii ..., Fribourg, 1990, p. 149-156.

59. *Journal of Ecclesiastical History*, 46, 1995, p. 589-614.

60. Dans ce passage, Commodien fait allusion à une «ruine immense» qui survient lorsque les Goths se ruent sur l'empire romain. Malgré cette ruine, Commodien semble croire, comme Orose à propos de la prise de Rome en 410, à une «fraternisation entre l'envahisseur et les Romains chrétiens» (*HL*, p. 156).

écrivains ecclésiastiques du Ve s.». Pierre Courcelle situe donc les poèmes de Commodien au milieu du Ve s., ce qui n'est pas la *communis opinio* actuelle[61].

En revanche, la recherche actuelle entérine l'attribution proposée par notre historien dans l'appendice 4 («Une prière de jeunesse de Paulin de Pella»)[62] : il y est question d'une «prière poétique à la divinité» (p. 294), en 19 hexamètres, conservée parmi les œuvres de Paulin de Nole (le *carmen* IV de l'édition Hartel). Pierre Courcelle l'attribue plutôt à Paulin de Pella, en raison de son «déisme» et de son «ton désinvolte». L'appendice 5 («Un nouveau traité d'Eutrope, prêtre aquitain vers l'an 400») présente deux lettres-traités du prêtre Eutrope qui donnent des «renseignements de valeur sur l'Aquitaine à l'aube du Ve s.» : l'*Ad Cerasiam de uera circumcisione* et le *De similitudine carnis peccati*, deux textes dont l'authenticité n'est plus mise en doute. Il en est de même de l'*Ad Cerasiam de perfecto homine* (ps.-Jérôme, Lettre 6)[63].

L'appareil iconographique et sa présentation (y compris le frontispice) constituent l'appendice 8. C'est l'innovation la plus importante et la plus féconde de cette troisième édition : 70 pages de planches, souvent avec plusieurs clichés sur une même page – quelques pages étant peut-être trop chargées. Ces planches et leurs commentaires annoncent les études ultérieures de Pierre Courcelle, à qui s'associe parfois son épouse Jeanne, en particulier sur l'iconographie de saint Augustin[64].

III. – L'ACCUEIL DE LA CRITIQUE

Il est très majoritairement positif. L'édition de 1948 fut saluée, d'après l'*Année philologique*, par une bonne vingtaine de comptes rendus[65]. Nous regroupons ci-après les principaux points sur lesquels se sont arrêtés les critiques.

---

61. COMMODIEN, *Instructions*, éd. J.-M. Poinsotte, Paris, 2009, p. XIII-XIV : la datation haute l'emporte actuellement, mais «la datation basse continue à recueillir l'adhésion de quelques savants» (Courcelle, Brisson et Waszink), p. XIV n. 14 ; p. XV : «une fourchette chronologique s'impose, en gros entre 250 et 313». Poinsotte situe certaines pièces de Commodien au début de cette période. E. Heck propose la même datation (*Handbuch der Lateinischen Literatur* 4, éd. K. Sallmann ; trad. fr. : *Nouvelle histoire de la littérature latine*, 4, Turnhout 2000, p. 694).

62. *Handbuch der Lateinischen Literatur*, *op. cit.*, § 627 (J. DIVJAK).

63. Sur cette question, *Handbuch der Lateinischen Literatur*, *op. cit.*, § 676 (H. SAVON).

64. *Recherches sur saint Ambroise. Vies anciennes, culture, iconographie*, Paris, 1973, p. 155-236 : analyse détaillée – beaucoup plus que dans l'*HL*, 3e édition –, de 91 planches photographiques, intitulée «Portraits ambrosiens». Voir surtout l'*Iconographie de saint Augustin* (avec Jeanne Courcelle), Paris, 1965 et suiv. En outre, plusieurs articles de Pierre ou de Jeanne Courcelle concernent l'iconographie d'Augustin, et ce dès 1939 pour Pierre Courcelle (*Mélanges de l'École française de Rome*, 56, 1939, p. 249-279).

65. Pour des raison liées aux circonstances, et peut-être à une certaine gêne, elle fut peu recensée par les revues allemandes : l'*Année philologique* n'indique aucun compte rendu allemand.

- *Le titre de l'ouvrage et le genre auquel il appartient :* ce n'est «pas une histoire littéraire proprement dite... mais une histoire des invasions telle qu'elle se révèle des textes... contemporains[66]».

- *Caractérisation générale et qualités :* le plan de l'ouvrage aide à se représenter «plus vivement (les) réalités» du temps. Malgré les allusions à la Deuxième Guerre mondiale, c'est une «histoire objective[67]». On y trouve des témoignages d'hommes «pleins de vie»; l'auteur a ébauché une image «vive et saisissante» de l'invasion d'Alaric[68]. Il nous donne une «information parfaite[69]». La critique note que, pour Pierre Courcelle, l'apologie des barbares, tentée par exemple par Salvien et par Commodien, est une «véritable trahison politique». Les jugements qu'il porte sur les œuvres nous changent «avantageusement des appréciations édulcorées de la plupart des auteurs de patrologies» (sic!)[70]. Les citations sont traduites avec «beaucoup de naturel[71]». Un ouvrage instruit et qui «fait penser[72]».

- Les *intentions* de Pierre Courcelle paraissent très claires aux recenseurs: «La vision que les contemporains ont eue des événements ne cadre pas avec les théories que plusieurs historiens allemands ont émises, et selon lesquelles l'occupation germanique est passée presque inaperçue.» Contre cette opinion fort optimiste, on note que «dans le monde ecclésiastique, les vues ont été claires et nettes» (cf. Synésius). Rome survit dans «l'esprit des clercs»[73].

- Les *défauts* et les *manques*: on reproche parfois à Pierre Courcelle un emploi abusif de la «terminologie née de la dernière guerre[74]». Les «préoccupations récentes» ont trop tendance à percer. Le plan semble à certains un «cadre rigide», qui limite l'étude «aux Wisigoths et aux Vandales» (ce qui est inexact, il vaudrait mieux préciser que l'ouvrage se limite pratiquement aux invasions du IVe et du Ve s.)[75]. La critique étrangère, elle aussi, est parfois sensible aux allusions à la dernière guerre. E.A. Thomson, avec un sens tout britannique de l'*understatement*, note que la dernière partie est

---

66. C. Mohrmann, *Vigiliae Christianae*, 3, 1949, p. 249 sq.
67. J. Bayet, *Revue des études latines*, 26, 1948, p. 420 sq.
68. C. Mohrmann, *Vigiliae Christianae*, 3, 1949, p. 249 sq.
69. A. Vincent, *Revue des sciences religieuses*, 23, 1949, p. 136.
70. F. Wendel, *Revue d'histoire et de philosophie religieuses*, 28-29, 1948-9, p. 334.
71. J. Bayet, *Revue des études latines*, 26, 1948, p. 420 sq.
72. A. Ernout, *Revue de philologie, de littérature et d'histoire anciennes*, 3, 24, 1950, p. 124.
73. A. Vincent, *Revue des sciences religieuses*, 23, 1949, p. 136.
74. F. Wendel, *Revue d'histoire et de philosophie religieuses*, 28-29, 1948-9, p. 334.
75. P. Hombert, *L'Antiquité classique*, 18, 1949, p. 459.

intitulée, « curiously enough », « la libération »[76]. À l'inverse de ce qui s'est passé durant la Deuxième Guerre mondiale, la résistance aux barbares, dans l'Antiquité, fut plutôt le fait des classes supérieures et cultivées, le peuple étant souvent favorable aux envahisseurs (pour des raisons fiscales?). Les pages sur Salvien paraissent les plus pauvres: Pierre Courcelle ne comprendrait pas les sympathies de Salvien pour les humbles[77]. Enfin, la datation de Commodien au Ve s. a soulevé de nombreuses critiques[78].

- Quelques *critiques de détail*: on relève des oublis[79], comme celui de telle ou telle édition nouvelle avec addenda[80]. On relève quelques manques: on ne trouve rien dans l'*HL* sur le Goth arien Maximin.

La troisième édition rencontra moins d'échos que la première dans les diverses revues, malgré les enrichissements du texte et l'appareil iconographique: nous avons trouvé une dizaine de comptes rendus. Peu d'entre eux entrent vraiment dans le détail du texte, mais cela ne diminue pas leur intérêt. J. Vogt[81] est l'auteur d'une des recensions les plus intéressantes et les plus détaillées de cette édition, recensions qui comportent peu de nouveautés par ailleurs. Vogt note que l'édition de 1948 n'a pas pu être recensée dans *Gnomon*. Il est d'emblée élogieux. Son texte comporte notamment une discussion détaillée sur la cérémonie de Tours (au centre de laquelle se trouve Clovis). L'ouvrage de Pierre Courcelle est certes « eine spannende Lektüre », mais il ne satisfait pas pleinement Vogt. Les trois parties sont discutées: il n'est pas sûr qu'elles correspondent vraiment à l'état d'esprit des contemporains. Le concept d'invasion est discutable (on note plutôt un lent accueil des Germains dans l'Empire depuis le IIe s.). De même pour le concept d'occupation. Vogt reproche à Pierre Courcelle de ne pas tenir compte des recherches historiques et archéologiques de l'après-guerre (allemandes notamment). Quant aux hypothèses émises dans les *Appendices*, elles sont mentionnées sans être critiquées. Elles méritent « eine ernste Beachtung ». Vogt est particulièrement élogieux sur l'iconographie et ses commentaires. Le compte rendu de J. Fontaine[82] est tout aussi élogieux, mais il regrette à juste titre qu'il n'y ait pas de « véritables explications des documents iconographiques, au sens d'une explication de texte ». L'iconographie déconcerte Jacques Fontaine par son « caractère disparate » (on le suivra sur ce point). L'épigraphie ancienne est quelque peu dédaignée. Le recenseur regrette la disparition du petit index biblique de la première éd.

---

76. *Journal of Roman Studies*, 41, 1951, p. 204 sq.

77. E.A. THOMSON, *ibid*.

78. H. GRÉGOIRE, *La nouvelle Clio*, 1-2, 1949-1950, p. 354-359.

79. P. HOMBERT, *L'Antiquité classique*, 18, 1949, p. 459.

80. F. LOT, C. PFISTER, F.-L. GANSHOF, *Les destinées de l'Empire en Occident de 395 à 888*, Paris, ^{2}1940 (^{1}1928-1935).

81. *Gnomon*, 37, 1965, p. 705-709.

82. *Revue des études latines*, 43, 1965, p. 640.

La richesse et le nombre des comptes rendus de la première édition laissent à eux seuls pressentir l'influence de l'*HL* sur la suite des études portant sur l'époque des invasions. Cela est d'autant plus vrai que, comme nous l'avons dit, l'ouvrage se lit comme un roman, non seulement à cause de l'élégance et de la vivacité de son style, mais aussi de son architecture – celle-là même qui a pu susciter des réserves. *Invasion, occupation, libération* sont les trois moments d'une mise en récit qui s'achève par un *happy end* (ou presque), au prix, parfois, de distorsions de la réalité historique que l'on a notées à propos de la reconquête de l'Italie par Justinien: comme celle de la France en 1944, la "libération" de l'Italie au VIe siècle s'est accompagnée de beaucoup de souffrances, que Pierre Courcelle atténue ou passe sous silence.

L'ouvrage a vieilli, surtout à cause des jugements de valeur portés sur certains auteurs, comme Salvien. Comme nous l'avons dit, la manière actuelle d'aborder les grandes invasions est aujourd'hui fort différente[83]. Il n'en reste pas moins que l'*HL* a mis en lumière des textes peu connus à l'époque, tout en en utilisant d'autres, beaucoup plus célèbres, comme la *Cité de Dieu*. Leur voisinage même est stimulant. Stimulante, l'*HL* l'a sans doute été aussi pour son auteur: en témoigne l'édition de 1964, qui porte la trace de préoccupations nouvelles qui ont émergé depuis celle de 1948: intérêt pour le haut Moyen Âge (Grégoire le Grand, Charlemagne), intérêt surtout pour l'iconographie[84], qui accompagnera Pierre Courcelle jusqu'à la fin de sa vie.

Jean-Denis BERGER
Institut d'études augustiniennes (LEM, UMR 8584)

---

83. Aujourd'hui, on étudie plutôt les questions d'identité et d'ethnogenèse (voir *supra* n. 19 et, entre autres études, H. WOLFRAM, *Histoire des Goths,* trad. fr., Paris, 1991).

84. Voir la *Vita sancti Augustini imaginibus adornata*, Paris, 1963.

Recherches augustiniennes et patristiques, 39 (2021), 67-76.

L'Entretien de Pascal et Sacy :
ses sources et ses énigmes

En 1960, Pierre Courcelle publia *L'Entretien de Pascal et Sacy : ses sources et ses énigmes*, édition critique[1] qui fut saluée comme un progrès décisif dans la connaissance et la compréhension de l'*Entretien de Pascal et Sacy*. Extrait des *Mémoires de Nicolas Fontaine*[2], cet opuscule a fait l'objet d'une première publication (détachée du reste des *Mémoires*) en 1728 par Desmolets, plus de soixante ans après la mort de Pascal, et d'une seconde dans l'édition des *Mémoires de Fontaine* par Tronchai en 1736. Depuis ces deux éditions originales un assez grand nombre de manuscrits ont été retrouvés (en 1960 on en connaissait cinq). Ces deux éditions et ces cinq manuscrits sont à divers titres fautifs. En 1902, Joseph Bédier fit à partir des éditions et manuscrits alors connus (sauf un qu'il n'a pas pris en compte) un travail de reconstitution hypothétique et éclectique d'un manuscrit non pas original mais jugé archétypique. Ce travail s'est imposé un certain temps puis il est tombé en discrédit, dans les années 1950.

L'«énigme» tient à la nature de cet écrit et au rapport qu'il peut entretenir avec un véritable entretien qui aurait factuellement réuni un jour, ou plusieurs jours, Pascal et Sacy : pour de multiples raisons, de nombreux critiques ont pu se demander si un entretien, ou des entretiens, avaient eu lieu, si Fontaine y avait assisté et si, par conséquent, on pouvait penser que cet écrit était une sorte de compte rendu de cet événement, quelle que soit sa fidélité ; on a pu imaginer aussi qu'un entretien avait eu lieu, mais que Fontaine n'y avait pas assisté et qu'il n'en était que le témoin indirect, rapportant ce que Sacy lui en aurait dit et complétant avec divers documents écrits ; ou bien encore quelques-uns ont imaginé que Fontaine n'avait rien su, voire qu'aucun entretien n'avait eu lieu, et qu'il l'avait ou reconstitué ou entièrement créé à partir d'écrits de Pascal et de Sacy qui avaient déjà par ailleurs leur existence propre…

---

1. Chez Vrin, dans la collection «Bibliothèque des textes philosophiques» dirigée par H. Gouhier,

2. Le secrétaire d'un des plus fameux solitaires de Port-Royal, Louis-Isaac Lemaistre de Sacy, prêtre et principal auteur de la traduction de la Bible en français, dite Bible de Port-Royal.

À la lecture de la bibliographie qui figure dans le recueil des *Opuscula selecta* de Pierre Courcelle, publié en 1984, il apparaît que cette édition critique forme la seule excursion véritable de Courcelle en dehors de ses territoires de « latiniste » (c'est ainsi qu'il se présente en 1962 devant une assemblée de pascaliens). Il y a bien, dans la liste de ses articles, et de ses ouvrages, d'autres études qui s'étendent aux époques médiévales et modernes, mais ce sont toujours des études de la postérité de tel ou tel, principalement d'Augustin et de ses *Confessions*.

D'une certaine façon, certes, ce livre sur l'*Entretien* peut aussi être vu comme une étude de postérité, mais de postérité inversée; ou de postérité active : ce qui s'appelle une étude de « sources », non plus donc une recherche des traces des *Confessions* (par exemple) dans l'œuvre d'un écrivain, philosophe, théologien du XVIIe siècle, mais à rebours l'étude d'une œuvre du XVIIe siècle grâce à une recherche de cette postérité. Le sujet, c'est un écrit du XVIIe siècle français, l'*Entretien de Pascal et de Sacy*, et l'objet construit par *L'Entretien [...] ses énigmes* c'est un certain rapport entre cet écrit et ses sources, qui s'y trouve patiemment, et modestement, mis en relief. Cette modestie se manifeste par exemple dans le soin pris par Courcelle de déclarer que son travail a été rendu possible par un certain état de la science et des éditions, qui permet une meilleure connaissance, plus fine, des écrits d'Épictète et d'Augustin, au moyen d'index et de glossaires[3]. Il est bien clair cependant, l'abondance des « sources » inventées le montre, que c'est avant tout dans les connaissances personnelles du savant que les rapprochements peuvent se faire.

Cette excursion se transforma en annexion d'un nouveau territoire puisque très rapidement Courcelle entra au nombre des spécialistes de Pascal, d'abord en participant aux festivités du tricentenaire de la mort de cet auteur (voir le recueil *Pascal présent*[4], publication d'une série de conférences données en 1962 par divers auteurs à la « Faculté des Lettres de Clermont ») et ensuite, et depuis, en devenant la principale référence pour les sources de cet *Entretien*, et aussi pour la découverte du fin mot de l'énigme[5].

On peut s'interroger sur les raisons d'un tel pas de côté. En 1962, dans sa conférence de Clermont, Courcelle fait le récit d'une occasion – non datée –, qu'il situe dans son travail de la postérité des *Confessions* :

---

3. P. COURCELLE, *L'Entretien de Pascal et de Sacy, ses sources et ses énigmes*, Paris, 1960, p. 87.

4. P. COURCELLE, « De saint Augustin à Pascal par Sacy », dans *Pascal Présent, 1662-1962*, p. 131-146.

5. C'est toujours vrai aujourd'hui, malgré la découverte d'un nouveau manuscrit par Pascale Mengotti-Thouvenin; voir PASCAL, *Entretien avec M. De Sacy* (Les carnets DDB), original inédit présenté par P. Mengotti et J. Mesnard, Paris, 1194; sur la valeur de cet « original », voir ci-dessous.

> « Au cours d'une lente et minutieuse étude sur ce que fut la fortune des *Confessions* de saint Augustin, de génération en génération, je fus intrigué par une note de la petite édition classique de Pascal, procurée par Léon Brunschvicg (p. 156, n. 2). Là où Sacy, dans l'*Entretien* avec Pascal, mentionne par trois fois saint Augustin, "ces textes de saint Augustin, écrit Brunschvicg, sont empruntés aux *Confessions*". Comme aucune référence n'était fournie, j'en vins à examiner de très près, non seulement ces trois passages, mais leurs contextes. Puis, comme Augustin m'avait entraîné vers Sacy, celui-ci m'entraîna vers son interlocuteur Pascal. Il me devint nécessaire de me faire une opinion personnelle sur les problèmes que pose l'*Entretien*. »

Et c'est ainsi que, de fil en aiguille, le latiniste se laisse entraîner vers Pascal et qu'une étude de l'*Entretien* s'impose à lui comme quelque chose qui ne peut pas ne pas être, et dont l'existence n'a pas à être justifiée. Cette explication demeure cependant insuffisante puisqu'elle ne donne pas les raisons qui ont pu pousser Courcelle à s'intéresser à des problèmes qui, dans le cadre d'une recherche sur les *Confessions*, demeurent parfaitement digressifs. L'une des principales déterminations de cette conversion du latiniste en pascalien, c'est-à-dire du remplacement du sujet d'étude – non plus un des écrits d'Augustin mais un écrit peut-être de Pascal –, réside dans la poursuite d'une discussion avec d'autres « latinistes », plus particulièrement avec le travail alors très actif de réflexion sur les rapports entre la littérature et la morale en France au XVIIe et le stoïcisme. Le chapitre II, « Pascal lecteur d'Épictète », s'achève par une vigoureuse mise au point sur la relation de Pascal à ses sources épictétiennes :

> « Je ne dirais pas volontiers, comme fait le meilleur spécialiste du néo-stoïcisme, que tout le XVIIe siècle, *y compris le Pascal de l''Entretien'*, a cru au monothéisme d'Épictète sans apercevoir son panthéisme foncier. Pascal souligne au contraire, comme erreur découlant "d'une superbe diabolique", le monisme panthéiste selon lequel l'âme est une portion de la substance divine, et qui aboutit à évacuer la Grâce, puisque l'homme est dit capable de se rendre parfait et compagnon de Dieu.
> Je ne saisis pas comment le P. Julien-Eymard d'Angers peut écrire [...] "Pascal n'a pas dû connaître cet ouvrage d'Arnauld qui tranche avec l'*Entretien avec M. de Sacy*, en ce qui concerne l'interprétation de la métaphysique stoïcienne". En fait Pascal condamne nettement la doctrine qui fait de l'âme humaine une parcelle de l'âme divine[6]. »

Outre ce maintien de la spécialisation dans le changement même du sujet, il ne faudrait pas négliger les signes d'un tropisme pascalien qui apparaît à deux reprises. D'une part, ce livre est marqué par la présence d'un collègue, et d'un seul, comme ami, Jean Orcibal, grand spécialiste de Port-Royal et de Pascal, dont le nom figure d'abord comme dédicace (« à mon ami Jean Orcibal ») puis un moment dans le cours du texte, vers la fin (p. 160) : « comme m'en avise amicalement Jean Orcibal ». D'autre part, il fait assez souvent référence à un ouvrage pascalien important paru en 1956 : *BLAISE PASCAL l'homme et l'œuvre*, actes de journées tenues à l'abbaye de Royaumont à l'occasion du trois-centième anniversaire de la fameuse « nuit de feu », en novembre 1954, ouvrage dans lequel Orcibal publie un

---

6. *L'Entretien [...] énigmes, op. cit.*, p. 92 puis 93 n. 18.

article intitulé « Le fragment infini rien et ses sources ». Dans ces années-là Pascal est à la mode, et pas seulement peut-être dans la perspective de ce tricentenaire ; c'est en 1955 que Lucien Goldmann publie son *Dieu caché* et ses interprétations du pari (croire c'est parier) occupent, avec leurs discussions, une grande place dans le volume des *Cahiers de Royaumont*. Cependant, si *L'Entretien [...] ses énigmes* mentionne Lucien Goldmann dans une note de bas de page, c'est seulement en tant qu'éditeur des lettres de Barcos (le neveu de St Cyran), travail philologique qui a donné à Goldmann, avant même *Le Dieu caché*, une autorité dans le monde des spécialistes de Port-Royal.

L'Entretien [...] ses énigmes se présente lui aussi comme un travail philologique ; ce sont les premiers mots de sa conclusion : « cette lente analyse philologique[7] ». En quoi ce travail est-il « philologique » ? Qu'est-ce qu'un tel « travail philologique » et quel rapport ce travail construit-il entre « philologique » et « littéraire », entre l'analyse philologique et l'« énigme littéraire de l'entretien »[8] ?

Tout d'abord, il apparaît qu'il n'est pas philologique comme l'a été celui de Bédier, ni comme le fut au même moment le travail de Jean Mesnard aboutissant en 1964 au premier volume de la nouvelle édition des *Œuvres-complètes-de-Blaise-Pascal* : pas de travail d'établissement de texte dans cet ouvrage ; pas de *stemma*, ne serait-ce que pour trouver le manuscrit, non pas archétypal, mais le plus fiable. Le problème philologique fondamental, celui de l'établissement du texte semble avoir été réglé en amont. Une seule page, « note préliminaire à l'édition », présente la totalité des manuscrits et des éditions, liste suivie de la mention des « sources », celle de Sacy (Augustin) et celles de Pascal (Épictète et Montaigne) et d'un paragraphe qui explique et justifie le principe éditorial :

> « Ces trois sources [il s'agit de celles de Sacy et de Pascal] montrent la supériorité habituelle (sauf aux lignes 146, 179) de *D*, même seul, sur **C** (lignes 135, 148, 189, 229, 295, 340, 384), et la fragilité des critères de Bédier ; l'étude qui suivra confirmera le caractère fruste et originel de *D*. Je reproduis donc, en principe, *D* tel quel, même pour l'orthographe et l'accentuation (mais non pour la ponctuation que je juge souvent erronée ou anachronique) ; les rares écarts par rapport à *D* seront signalés et justifiés dans l'apparat ; cet apparat montre en outre l'originalité de *D* par rapport à **C**, en ce qui concerne le sens. C'est seulement dans les cas les plus litigieux que l'on entrera dans plus de détail concernant les leçons des divers manuscrits[9]. »

Dans cette édition critique, donc, les « sources montrent » ; et il suffit de l'affirmer dans une note préliminaire pour en venir immédiatement ensuite à présenter le texte retenu et publié selon ces principes. *L'Entretien* est en effet donné d'emblée, et non pas à la suite de l'étude destinée à résoudre ses énigmes. Il se déroule sur les pages de droite, selon le rythme que lui imposent ses sources, en regard sur la page de gauche, si bien que souvent le texte, sur la page de droite,

---

7. *L'Entretien [...] énigmes*, *op. cit.*, p. 165.

8. *Ibid.*, p. 80, n. 45. Formule de Paul-Louis Couchoud citée dans une note par laquelle *L'Entretien [...] ses énigmes* s'autorise à déclarer que l'*Entretien* pose de « nombreux problèmes ».

9. *Ibid.*, « Note préliminaire à l'édition », n.p.

forme seulement quelques groupes de quelques lignes, espacés par des lignes de blanc[10] qui en viennent, parfois, à être majoritaires[11]. Ce n'est qu'ensuite que s'ouvre l'étude, d'abord par un chapitre qui rappelle et problématise « les énigmes de l'entretien »[12]. Contrairement à ce que le paragraphe que nous venons de citer pourrait laisser supposer, à aucun moment la partie éditoriale n'entre dans le détail ni ne fait entendre explicitement que, ici ou là, les sources montrent qu'une leçon est plus authentique qu'une autre. Ces explications sont données ailleurs, plus loin, dans des notes de bas de pages à l'étude qui occupe la suite du livre[13]. La note 5 de la page 143 peut servir d'exemple de la manière dont cette étude philologique par les sources permet d'établir un texte. Il est question, à partir de la page 142, d'aborder dans le sens d'un des importants pascaliens du XIXe siècle, Havet, qui préféra Desmolets, le jugeant « toujours "plus simple, plus obscur et plus hardi" » que Tronchai; pour ce faire, *L'Entretien [...] énigmes* effectue le relevé de « quantité d'anomalies: fautes de syntaxe, accords selon le sens, brachylogies, lapsus ». La note 5 est attachée à l'une de ces anomalies, une brachylogie qu'elle développe :

> « --- L. 145 [de l'*Entretien*] : "il ['l'homme destitué de toute révélation' selon Montaigne par Pascal] met toutes choses dans un doute universel et si général que ce doute s'emporte soi-même, *c'est-à-dire s'il doute*".
>
> Note 5 : La brachylogie peut se comprendre à la rigueur au sens de : "ce doute qui consiste à douter s'il doute"; cf. ci-dessus, p. 81, n. 49; p. 117, n. 27, et l. 202 : "étant porté avec tant d'avantage dans ce doute universel". En fonction du texte parallèle de Montaigne, l'on est autorisé à corriger "*l*'emporte" en "*s*'emporte", mais non "po*r*té" en "po*s*té"; cf. l. 415 : "La coutume *l'emporte*"[14]. »

Voici l'un de ces « textes parallèles », considérés comme les sources de ces passages de l'*Entretien* :

> « [pour la ligne 145] : --- II, 12, T. II, p. 262, II : "Je voy les philosophes Pyrrhoniens qui ne peuvent exprimer leur *generale* conception en aucune manière de parler : Car il leur faudrait un nouveau langage. Le nostre est tout formé de *propositions* affirmatives, qui leur sont du tout ennemies : de façon que, ... quand ils prononcent : 'J'ignore' ou : 'Je doubte', ils disent que *cette proposition s'emporte elle-mesme*."[15] »

---

10. *Ibid.*, p. 15, 17, 19, 21, 25, 27, 33, 35, 39, 41, 43, 47, 49, 51, 53, 63, soit 16 pages sur 30.

11. *Ibid.*, p. 15, 17, 25, 27, 35, 39, 41, 47, 49, 51, 63.

12. *Ibid.*, p. 69. Viennent ensuite : Pascal lecteur d'Épictète ; Pascal lecteur des *Essais* ; Sacy lecteur dans *Confessions* ; L'*Entretien* et les *Pensées* ; Le fil de l'entretien.

13. *Ibid.*, p. 81, n. 48 & 49, p. 118, n. 29, p. 143, n. 5 & 7 ; relevé qui n'est fort probablement pas exhaustif.

14. *Ibid.*, p. 143.

15. *Ibid.*, p. 20. Quant au texte parallèle de la ligne 202, il est trop long pour être cité dans le cadre de cet article ; il y apparaît bien clairement que cet esprit destitué de toute révélation, lorsqu'il est engagé dans une dispute, ne se tient pas dans le doute comme dans un poste mais qu'il s'y trouve porté continûment par la faiblesse des opinions manifestée par la dynamique de la dispute même.

Dans le cas de cet *Entretien*, la philologie peut se confondre avec l'étude des sources, puisque chacun des interlocuteurs se trouve en présence de l'autre pour lui apporter un pan de la culture écrite qu'il maîtrise et que son partenaire ne connaît pas. Le privilège de principe accordé traditionnellement par la philologie textuelle aux leçons les plus obscures et les plus brèves peut se justifier par la nature particulière de cet écrit, supposée retranscription au vif d'échanges oraux; et ces leçons peuvent être vérifiées et justifiées par une mise en parallèle du texte et de ses sources.

L'étude des sources, telle qu'elle est conduite dans *L'Entretien [...] énigmes*, ne se résume pas en une recherche de citation, voire de quasi-citation; elle vise à mettre en lumière un procès de « mise en œuvre » :

> « Du point de vue formel on devra retenir aussi, au terme de cet examen des sources, qu'il y a progrès constant dans la mise en œuvre, d'un bout à l'autre de l'exposé de Pascal. Ses premiers *excerpta*, ceux du *Manuel*, sont beaucoup plus littéraux que ceux des *Propos*, et ceux-ci encore plus littéraux que ceux des *Essais*. Tout se passe comme si Pascal avait eu pour dessein initial de dresser un simple répertoire d'*excerpta*, presque à l'état brut, puis s'était laissé aller progressivement à une certaine élaboration, à une certaine chaleur et à l'exposé de vues personnelles. Le fait tient sans doute à l'éloquence et à l'originalité naturelles de Pascal, mais aussi à ce qu'il possède mieux en mémoire Montaigne, a beaucoup réfléchi à son sujet et n'a plus besoin, comme pour Épictète, de se reporter continuellement au texte. »

La recherche des sources devient paradoxalement d'autant plus difficile que l'on considère qu'il y a progrès dans la mise en œuvre à mesure que l'emploi des sources s'éloigne de la littéralité. Dans une telle perspective, en effet, n'importe quel passage d'un écrit, et surtout d'un entretien comme celui-ci, peut-être relié à une source; et il est besoin d'un esprit de grande finesse de discernement pour faire le départ entre ce qui peut être considéré encore comme une source très habilement mise en œuvre, et ce qui, à l'inverse, doit être regardé comme une « vue personnelle ». Ce point de basculement, ce moment structurel où l'eau des sources cesse de s'accumuler sous la forme d'un recueil d'*excerpta* pour se déverser en vues personnelles, ne peut être aperçu et identifié que par un savant qui allie l'acuité de l'intelligence à l'ampleur de l'érudition. Un traitement numérique des textes ne peut pas comprendre ce qui relève de la mise en œuvre. Un grand savant comme Courcelle cependant, malgré tout son savoir et toute sa pénétration, ne peut répondre à l'objection à toute recherche de source qui se trouve dans l'un des célèbres et saisissants fragments autographes pascaliens qui renverse la relation entre les écrits en plaçant les vues personnelles et la mise en œuvre en amont de toute lecture : « Ce n'est pas dans Montaigne mais dans moi que je trouve tout ce que j'y vois[16]. »

Malgré cela, le travail de Courcelle est si puissant qu'il n'a pas été ébranlé par la récente découverte d'un nouveau manuscrit de l'*Entretien*; sa validité en sort même plutôt renforcée. Pascale Mengotti-Thouvenin a trouvé, dans un fonds de

---

16. *Pensées de Pascal*, édition Lafuma, n° 689.

la bibliothèque de l'Institut de France, un «manuscrit complet des *Mémoires* de Fontaine», qu'elle considère non seulement comme le plus proche de l'origine parce que «à maintes reprises, il offre un cas typique de *lectio difficilior*, que jamais un copiste disposant d'une autre leçon n'aurait pu imaginer», mais qu'elle entend de surcroît faire passer pour une mise au propre (puisqu'il a toutes les apparences d'une copie soignée) autographe. Il faut remarquer cependant que ce dernier fait n'est fondé que sur une comparaison entre l'écriture du manuscrit et celle de quelques exemplaires de la signature de Fontaine, ce qui ne peut être probant, compte tenu de la nécessaire singularité graphique des signatures; en outre, on ne peut que regretter que cette identification ne soit dans cette édition originale qu'affirmée et pas montrée à l'aide de comparaisons de fac-similé. La faiblesse de l'authentification engage à regarder avec une certaine suspicion les arguments de philologie textuelle interne donnés en faveur de ce manuscrit. Et l'on aperçoit, par exemple, que ce manuscrit présente plusieurs leçons plus longues que les autres versions, ce qui ne fait pas partie des signes traditionnellement reconnus des versions originales. L'étude de Courcelle aurait d'ailleurs pu servir à l'éditrice de ce manuscrit inédit pour montrer que sa découverte demeure digne d'intérêt, quand bien même il ne serait pas autographe, ni même plus authentique que les autres manuscrits, voire que la première édition; certaines des leçons de ce nouveau manuscrit sont en effet plus proches des sources identifiées par Courcelle que celle des autres versions: à la ligne 102 (numérotation de *L'Entretien [...] énigmes*), par exemple, là où les autres versions donnent «Ayez tous les jours sous les yeux la mort et les maux qui semblent les plus insupportables[17]», ce manuscrit donne «[...] maux qui semblent les plus terribles», ce qui répond mieux à la source inventée par *L'Entretien [...] énigmes* («Ayez tous les jours devant les yeux la mort, le bannissement et tout ce qui semble terrible[18] [...]»).

Reste donc maintenant à considérer l'énigme; comment comprendre, en effet, que l'invention des sources permette non seulement de déterminer quel est le meilleur état du texte, mais aussi de trouver une solution à l'énigme dite «littéraire», qui touche à la détermination du rôle respectif de ceux qui sont nommément impliqués dans cet entretien: Pascal, Sacy, Fontaine? Puisqu'il est impossible, pour de nombreuses raisons factuelles, de croire que Fontaine donne à lire une retranscription quasi littérale d'un entretien dont il aurait été le secrétaire, il a traditionnellement semblé qu'il fallait se demander comment il l'avait rédigé, à partir de quoi il l'avait fait et, donc, quelles furent les «sources» de l'entretien dans ce sens. En somme, aux deux niveaux de sources déjà évoqués, les sources de l'édition et les sources de l'entretien (Épictète, Montaigne, Augustin), il faut en ajouter un autre: les sources de Fontaine élaborant (pour employer un verbe assez indéterminé) l'entretien. Cette énigme trouvant sa motivation première, pour ne

---

17. PASCAL, *Entretien avec M. De Sacy*, original inédit présenté par P. Mengotti [...], *op. cit.*, p. 95.
18. *L'Entretien [...] énigmes*, *op. cit.*, p. 12.

pas dire unique, aux antipodes du célèbre «qu'importe qui parle[19]», dans l'intérêt qui va toujours croissant pour l'une des trois personnes impliquées dans l'opuscule, celle qui, dans certaines éditions, apparaît sur la première de couverture en position d'auteur. C'est le cas dans l'édition de Pascale Mengotti-Thouvenin entre autres: non pas *entretien de Pascal et Sacy*, voire *de Pascal et Sacy*, pas même *entretien de Pascal et M. de Sacy* où le patronyme employé absolument pour l'un et non pas pour l'autre marque déjà une différence, mais «Pascal, *Entretien avec M. de Sacy*».

C'est en examinant l'entretien, et son rapport aux «sources» littéraires, que *L'Entretien [...] énigmes* en vient à la conclusion assez équilibrée qu'il y a bien eu entretien, que Fontaine n'y a pas assisté ou, en tout cas, qu'il n'en a pas pris de notes quasi sténographiées, mais qu'il n'a pas créé lui-même l'entretien écrit, contrairement à d'autres entretiens présents[20] dans ses *Mémoires*, qu'il ne l'a pas rédigé à partir de documents qui seraient d'autres écrits comme les *Pensées-de-Pascal* ou des lettres de Sacy, mais qu'il s'est servi de notes rédigées spécifiquement par les véritables auteurs de l'entretien, qu'il aurait conservées. Il faut souligner la finesse et la prudence avec laquelle il est procédé à l'élaboration de cette réponse aux énigmes:

> «Il est bien clair que Sacy réplique ici en premier lieu à ce que Pascal avait énoncé en dernier lieu: l'idée d'une cloison étanche entre foi et raison; alors seulement il en vient à considérer l'idée d'un Montaigne apologiste de la vraie foi contre les hérétiques.
> Ce processus paraît beaucoup plus normal dans l'hypothèse d'un entretien oral, que dans le cas d'un échange d'idées par écrit[21].»

> «Une telle coïncidence n'est pas due au hasard.
> L'expliquera-t-on en disant que Fontaine a imaginé et fabriqué la tirade de Sacy de l'*Entretien* à l'aide de l'ouvrage célèbre d'Arnauld? Une telle hypothèse ne serait pas absurde en soi, puisqu'il a bien prêté à Sacy, dans un *Entretien* fictif de 1683, des propos qu'il tire en réalité d'une *Lettre* de Barcos de 1669.
> Mais deux observations ruinent à mes yeux cette hypothèse. D'abord, les autres citations des *Confessions*, dans le traité *De la fréquente communion*, ne coïncident en rien avec les tirades de Sacy dans l'*Entretien*. De plus, nos deux passages touchent aux idées de pénitence et de punition. Or c'est un fait connu que Sacy et son oncle maternel ont plus d'une fois collaboré[22].»

---

19. Beckett cité par Foucault dans sa conférence de 1969 «Qu'est-ce qu'un auteur?», voir D. RIBARD, *1969: Michel Foucault et la question de l'auteur, «Qu'est-ce qu'un auteur?»* (Textes critiques français), texte, présentation et commentaire, Paris, 2019, p. 29.

20. Par exemple les entretiens entre Saint-Cyran et Singlin, et entre Saint-Cyran et Le Maître, élaborés comme des devoirs de rhétorique (selon Couchoud cité par Courcelle) à partir d'extraits de lettres de Saint-Cyran. Voir sur ce point *L'Entretien [...] énigmes*, p. 77 et PASCAL, *Entretien avec M. De Sacy*, original inédit présenté par P. Mengotti [...], *op. cit.*, p. 55.

21. *L'Entretien [...] énigmes, op. cit.*, p. 151-152.

22. *Ibid.*, p. 159-160.

L'ENTRETIEN DE PASCAL ET SACY 75

Ces constructions hypothétiques se donnent donc pour ce qu'elles sont, et elles avancent toujours comme cela, hormis dans le cas d'un lapsus qu'il faudra examiner à son heure.

Ce n'est pas seulement, ni peut-être avant tout, un problème de nom d'auteur qui préoccupe *L'Entretien [...] énigmes*; ce qui est en jeu c'est la qualité même de cet *Entretien*, problème lié à celui de sa nature, voire d'une définition que l'on peut donner à l'entretien en général: entre l'oral et l'écrit[23]. La conclusion de Courcelle consiste à donner à cet entretien une sorte d'existence amphibie, comme une double vie, dans une relation dialectique complexe entre l'écrit et l'oral, puisque les entretiens oraux se fondent sur des ensemble de notes très développées et que ces colloques sont ensuite transformés en un seul entretien écrit grâce à la subsistance de ces notes:

> « Malgré les raccords factices de Fontaine, malgré la caractère écrit des deux recueils qui sont la base même de l'*entretien*, quelques indices m'empêchent de récuser comme totalement fictive la mise en scène du rédacteur [...]. Je suis disposé à croire que les deux recueils sont des notes personnelles qui servirent de canevas à leurs discussions des jours durant, les nombreuses formules du type "etc..." fournissant l'amorce d'autant de développements oraux. L'artifice de Fontaine, qui lui est d'ailleurs habituel, a consisté surtout à styliser et à nous présenter, – après ces lignes d'introduction mentionnant *plusieurs* entretiens, – un entretien *unique*. Il y eut sans doute un entretien sur Épictète. [...] Inutile d'imaginer qu'un sténographe l'ait enregistré ou que Fontaine y ait assisté, alors que lui-même ne nous dit rien de tel. Il suffit qu'il ait trouvé en marge des recueils, – et utilisé, – quelques mots ou quelques signes rappelant le déroulement des propos oraux[24] [...]. »

Quel est le résultat de ce travail et de cette élaboration d'un tel écrit, selon cette construction hypothétique? Un «reliquat d'oral» dans l'écrit, dont l'importance semble telle que c'est à lui que revient l'ultime paragraphe de la conclusion. On voit apparaître ici un type de rapport assez émouvant aux écrits du passé; non pas seulement ce qui reste d'une vie maintenant passée, et dont on pourrait retrouver quelque chose sur le mode de la connaissance, mais la mise en présence immédiate avec cette vie, chaude encore, par, non pas des restes morts, mais un reliquat de vie:

---

23. Sur ce problème du rapport entre le nom de l'auteur, la fabrication d'un dialogue et l'authenticité d'un texte, voir l'excellent article de D. RIBARD, «Nom d'auteur et effets de lecture: l'entretien de Pascal et de M. de Sacy, XVIIe-XXe s.», *XVIIe siècle*, 2003/2, n° 219, p. 259-270; partant du constat que traditionnellement «l'examen du travail de Fontaine débouche sur la certitude que le caractère fabriqué de l'*Entretien avec M. de Sacy* n'altère pas l'authenticité du texte pascalien, qui se fait lire par-delà le dialogue», cet article propose de «faire le chemin inverse et s'intéresser à cet objet tel qu'il a été fabriqué, pour ce qu'il rend visible de l'écriture dialoguée et de l'écriture de l'histoire de la philosophie, ou du moins d'un pan de cette histoire, entre XVIIe et XXe siècle [...]» (p. 259-260).

24. *L'Entretien [...] énigmes*, *op. cit.*, p. 170-171 (Conclusion).

> « Ce reliquat d'oral est assurément minime. Pourtant, de tels vestiges, joints à la profondeur de la pensée chez Pascal, et du sentiment chrétien chez Sacy, contribuent à faire de cet *Entretien* tout autre chose que les nombreux entretiens insipides des *Mémoires* de Fontaine : ils ajoutent vie, charme, chaleur humaine. »

Cette capacité à susciter de vives voix qui se sont tues, en lisant et en étudiant philologiquement une mise en représentation d'un dialogue dont on ne peut se cacher pourtant comme elle est factice, forme l'apex de toute une tradition. Un lapsus dans une des notes de bas de page fait poindre, au travers de cette étude scripturaire si posée et prudente, la puissance d'un désir de vie et de résurrection qui occupe la relation que le savant entretient avec les vestiges des morts que sont les écrits de Fontaine, de Sacy, de Pascal, de Montaigne, d'Augustin, d'Épictète :

> « L. 275 : "Enfin il examine si profondément les sciences : et la géométrie, dont il montre l'incertitude dans les axiomes et dans les termes, qu'elle ne définit point, *de centre*, de mouvement, etc…"
>
> [note de bas de page] Lapsus, selon BÉDIER, *op. cit.*, p. 31, car le *centre* est susceptible d'une définition. Je croirais que *centre* peut aussi être une faute auditive pour *temps* ou *nombre*, car cf. PASCAL, *De L'esprit géométrique*, éd. classique *Brunschvicg*, p. 172 : "Cette judicieuse science est bien éloignée de définir ces mots primitifs : espace, temps, mouvement, égalité, majorité, diminution, tout, et les autres que le monde entend de soi-même … Elle ne peut définir ni le mouvement ni les nombres ni l'espace." »

À l'explication par le lapsus est ajouté un lapsus comme complément d'explication ; l'usage de l'expression « faute auditive » paraît en effet, d'une part, si peu adaptée à ce qu'elle désigne et, de l'autre, si peu conforme à l'esprit général de l'étude de Courcelle qu'il ne peut se comprendre autrement que comme une concrétion linguistique où s'imprime la force surgissante du désir de vive oralité. Peut-on entendre « centre » là où quelqu'un dit « temps », ou « nombre » ? Et surtout, la mention d'une « faute auditive » contredit la théorie générale de cette étude selon laquelle le reliquat d'oralité provient de traces d'oralité écrites, portées dans les marges de recueils, si bien que ce que Fontaine peut avoir entendu ou ne pas avoir entendu, bien ou mal, n'a aucun rapport avec cet *Entretien* et ne peut donc pas transparaître dans une faute comme celle-ci, si faute il y a.

Il est émouvant de saisir ainsi, dans le détail d'un travail de haute philologie, un désir de vie surabondant chez ce grand savant, spécialiste des écrits qui stratifient les morts dans les bibliothèques.

Alain CANTILLON
Université de la Sorbonne nouvelle (EA 174 FIRL / GRIHL)

Un exemple surprenant
de la postérité des *Confessions* :
le *Retour de l'enfant prodigue* d'André Gide

Dans l'ouvrage monumental qu'il a consacré, en 1963, à l'influence des *Confessions* sur la tradition littéraire[1], Pierre Courcelle livre à son lecteur une véritable leçon de méthode sur un thème particulièrement délicat – la manière dont on peut parvenir à évaluer le poids qu'eut, à travers les siècles, l'ouvrage d'Augustin. Il ressort assez nettement de la lecture de ces pages que la tâche de Pierre Courcelle se fit de plus en plus ardue au fil des siècles – quoique, dès l'étude des récits de conversions des Ve et VIe siècles, il eût eu l'occasion de démontrer de manière frappante la difficulté à laquelle se trouve confronté un lecteur qui doit raisonner à partir de parallèles textuels souvent sujets à discussion, ou de références littéraires parfois discrètes[2]. Le principe directeur de son exigeante méthode est précisément de ne jamais se contenter de relever des parallèles évidents, ni à l'inverse de détecter une parenté doctrinale ou stylistique afin de conclure à une influence vague (qui, de toute manière, lorsque l'on s'intéresse à la postérité d'un auteur comme Augustin, s'exerce assez généralement sur tous les intellectuels des siècles considérés), mais de tenter d'apprécier au plus près dans quelle mesure les auteurs ont été nourris par la lecture des *Confessions*, puis ce qu'ils ont fait de cette lecture. Afin de donner une idée de l'ingéniosité critique et de l'immense culture de Courcelle, on peut renvoyer à son étude des gloses de Pétrarque, qui laissent paraître une influence augustinienne que ses ouvrages publiés « ne laissent pas soupçonner[3] », ou à l'étude de l'*Entretien de Pascal avec M. de Sacy*, qui a fait

---

[1]. P. COURCELLE, *Les Confessions de saint Augustin dans la tradition littéraire. Antécédents et postérité*, Paris, 1963.

[2]. P. COURCELLE, *Les Confessions de saint Augustin*, p. 201-234.

[3]. P. COURCELLE, *Les Confessions de saint Augustin*, p. 348.

l'objet d'une communication dans cette journée d'études[4]. L'analyse consacrée à l'«entreprise qui n'eut jamais d'exemple» de Rousseau, exacte antithèse de celle d'Augustin, est sans doute moins susceptible de surprendre le lecteur[5]; nous la mentionnons toutefois dès cette introduction, car le «défi à l'égard de la doctrine de la nature corrompue[6]» que lance Rousseau mérite d'être gardé à l'esprit pour la suite de cette étude.

On ne peut qu'être admiratif devant la connaissance intime que montre P. Courcelle non seulement d'Augustin, mais des auteurs qu'il évoque au fil des chapitres, et sa méthode permet sans cesse de mettre en valeur la richesse des œuvres qu'il parcourt. La tâche se complique toutefois indéniablement au fil des siècles: les auteurs avouent moins ouvertement leurs dettes, les parallèles se font moins sûrs. Il paraît donc naturel que l'ouvrage s'arrête à la fin du XIXe, avec une étude ingénieuse et convaincante de la *Prière sur l'Acropole*, et d'un parallèle entre le *sero te amaui* augustinien et une formule de Renan[7]. Courcelle évoque toutefois brièvement la violence des attaques anti-augustiniennes de Nietzsche, quelques «allusions sournoises» de Peyrefitte, ajoute une évocation rapide de Mauriac[8], pour conclure que l'histoire qu'il a retracée «ne s'arrête pas sur cette note, naturellement, puisque nous sommes au siècle de Claudel[9]». Il nous a semblé que la meilleure manière de rendre hommage à l'œuvre de Pierre Courcelle était de tenter, modestement, d'éprouver sa méthode sur ce XXe siècle qui ne peut prétendre, comme d'autres, au titre de siècle augustinien. C'est une autre page des *Confessions dans la tradition littéraire* qui nous fournit le point de départ de cet exposé. On ne peut en effet qu'être intrigué par une référence que l'on trouve dans le «cinquième appendice» de l'ouvrage, consacré à un «répertoire des textes relatifs à la "région de dissemblance" de Platon à Gide[10]». Le lecteur n'est évidemment guère surpris de croiser dans ces pages Platon, Pétrarque ou Jansenius; pour notre part, nous l'avons été bien davantage d'y trouver le relativement méconnu *Retour de l'enfant prodigue* d'André Gide[11]. Nous citons le texte qui a retenu l'attention de Courcelle:

---

4. P. COURCELLE, *Les Confessions de saint Augustin*, p. 403-434.

5. P. COURCELLE, *Les Confessions de saint Augustin*, p. 459-460.

6. P. COURCELLE, *Les Confessions de saint Augustin*, p. 459.

7. P. COURCELLE, *Les Confessions de saint Augustin*, p. 513-535.

8. P. COURCELLE, *Les Confessions de saint Augustin*, p. 535.

9. P. COURCELLE, *Les Confessions de saint Augustin*, p. 545.

10. P. COURCELLE, *Les Confessions de saint Augustin*, p. 625-640.

11. Pour une présentation rapide de cet ouvrage, voir la notice de J.-J .TAVET, dans A. GIDE, *Romans. Récits et soties. Œuvres lyriques* (Pléiade), Paris, 1958, p. 1539-1544.

« Je ne cherchais pas le bonheur.
– Que cherchais-tu ?
– Je cherchais... qui j'étais.
– Oh, fils de tes parents, et frère entre tes frères.
– Je ne ressemblais pas à mes frères. N'en parlons plus ; me voici de retour.
– Si ; parlons-en encore : Ne crois pas si différents de toi, tes frères.
– Mon seul soin désormais c'est de ressembler à vous tous.
– Tu dis cela comme avec résignation.
– Rien n'est plus fatigant que de *réaliser sa dissemblance. Ce voyage* à la fin m'a lassé[12]. »

Courcelle signale qu'il a identifié cette référence aux *Confessions* grâce à un article paru dans la *Revue du Moyen Âge latin* de 1948[13]. Le lecteur qui s'y reporte est quelque peu déçu de ne lire qu'une brève note, dans laquelle l'auteur a relevé avec ingéniosité que Gide, pour désigner la *regio longinqua* dans laquelle le fils prodige part dilapider son bien[14], reprend le terme augustinien de « dissemblance »[15]. La question que soulève, sans la résoudre, Lebreton, est celle de l'identification des sources de Gide : l'objet de ces pages sera précisément d'analyser cette énigmatique référence que Courcelle a jugée digne d'intérêt, afin de mettre en lumière un exemple surprenant de la postérité des *Confessions* au XXe siècle.

Rappelons tout d'abord brièvement ce qu'est le *Retour de l'enfant prodigue* : il s'agit d'un bref ouvrage, rédigé en quelques semaines avant mars 1907. Il n'est pas inutile de noter que la précédente œuvre fictionnelle de son auteur est l'*Immoraliste*, qui prend la forme d'une confession publique livrée par le narrateur à un groupe de ses amis, et qu'il est composé à une époque où Gide subit les assauts répétés, pour ne pas dire le harcèlement, d'un certain nombre de ses proches qui croient pouvoir obtenir sa conversion[16]. Gide y offre une réécriture de la parabole

---

12. A. GIDE, *Romans*, p. 484 (c'est nous qui soulignons) ; cité par P. COURCELLE, *Les Confessions de saint Augustin*, p. 640.

13. M.-M. LEBRETON, « André Gide et la 'regio dissimilitudinis' », *Revue du Moyen Âge latin*, 4, 1948, p. 66.

14. Lc 15, 11-32. Sur le traitement augustinien de cette parabole, voir A.-M. LA BONNARDIÈRE, « La parabole de l'Enfant prodigue dans les *Confessions* de saint Augustin », *Annuaire de l'École pratique des Hautes Études*, 73, 1965, p. 154-155 ; M. SMALBRUGGE, « Le fils prodigue vu par Augustin : un pas vers l'exclusivisme de la grâce », dans *« In Search of Truth » : Augustine, Manichaeism, and other Gnosticism*, J. Albert van den Berg – A. Kotzé – T. Nicklas – M. Scopello (éd.), Leiden – Boston, 2011, p. 173-188 ; A. SOLIGNAC, « 'Regio egestatis' », *BA* 13, n. c. 10, p. 664-665.

15. Pour une synthèse sur cette notion et son histoire, voir A. SOLIGNAC, « 'Regio dissimilitudinis' », *BA* 13, n. c. 26, p. 689-693 ; E. TESELLE, « 'Regio dissimilitudinis' in the Christian Tradition and its Context in Late Greek Philosophy », *Augustinian Studies*, 6, 1975, p. 153-179.

16. A. GIDE, *Romans*, p. 1539-1541.

de l'Évangile de Luc qui prend la forme d'un drame en quatre actes[17], au cours duquel le Fils est successivement confronté à son Père, à son frère aîné, à sa mère et finalement à son plus jeune frère[18]. Du vivant même de son auteur, l'œuvre a été plusieurs fois représentée au théâtre, et fut dans l'ensemble mal reçue par le lectorat chrétien de Gide – et l'on comprend aisément pourquoi.

I. – LE SENS DE LA *DISSEMBLANCE*

Nous partirons de la notion de « dissemblance » qui permet de faire le lien entre Gide et Augustin. Chez l'évêque d'Hippone, le substantif *dissimilitudo* saisit la différence ontologique qui sépare la créature de son créateur, et que l'homme perçoit lorsqu'il se tourne vers Dieu et saisit l'abîme insurmontable qui l'en éloigne[19]. Cette différence ineffaçable se trouve aggravée par les péchés – celui d'Adam comme ceux que vient quotidiennement ajouter chaque individu à son tour. Il se trouve que cette notion n'apparaît pas seulement dans la citation signalée par Courcelle. Une première occurrence de ce thème se rencontre juste avant que ne commence la réprimande du frère aîné. Le Fils prodigue, qui pressent qu'il va passer un moment désagréable et n'entend pas se laisser tancer, le « prend de haut », en lui annonçant d'emblée : « Mon grand frère, commence-t-il, nous ne nous ressemblons guère. Mon frère nous ne nous ressemblons pas[20]. »

Le ton qu'adopte le Fils prodigue signale assez que nous ne devons pas entendre là le simple constat d'une différence de caractère, mais le refus orgueilleux de se conformer au modèle familial que représente un frère soumis à la volonté paternelle. L'effacement de l'adresse affectueuse « mon grand frère », qui laisse sa place au bien froid « mon frère », manifeste que le Fils prodigue ne compte pas se laisser attendrir ou sermonner, et qu'il revendique fièrement sa volonté de se distinguer. Le drame qui se trouve au cœur du *Retour de l'enfant prodigue* est qu'au fil des entretiens, cette fierté s'évanouit progressivement, et que Gide fait le récit d'une abdication – jusqu'au coup de théâtre final.

---

17. Après quelques paragraphes décrivant les remords et le retour de l'enfant prodigue (A. GIDE, *Romans*, p. 476-477).

18. Successivement « La réprimande du père » (A. GIDE, *Romans*, p. 477-480) ; « La réprimande du frère aîné » (p. 480-483) ; « La mère » (p. 483-486) et « Dialogue avec le frère puîné » (p. 486-491).

19. Voir, en particulier, AUGUSTIN, *Confessions*, 7, 10, 16 (*BA* 13, p. 616) : « Et inueni longe me esse a te in regione dissimilitudinis » ; et le relevé des passages apparentés dans les *Confessions* effectué par K. SMALLBRUGGE, « Le fils prodigue vu par Augustin », p. 176-177.

20. A. GIDE, *Romans*, p. 480.

C'est surtout dans la discussion du Fils avec sa mère que le thème du refus de la ressemblance est martelé par Gide. Le retour en la maison du Père ne constitue, pour le Fils, ni un soulagement, ni une joie ; il se révèle au contraire un échec. Si le Fils ne repart pas, ce n'est pas que l'envie lui en manque ou qu'il soit heureux de retrouver parents et frères, mais simplement qu'il n'a plus la force de reprendre la route. Cette abdication, c'est encore l'image de la ressemblance et de la dissemblance qui la rend sensible :

«Qu'est-ce que tu vas faire à présent ?
– Je vous l'ai dit : m'occuper de ressembler à mon grand frère ; régir nos biens ; comme lui prendre femme...
– Sans doute tu penses à quelqu'un, en disant cela.
– Oh ! n'importe laquelle sera la préférée, du moment que vous l'aurez choisie. Faites comme vous avez fait pour mon frère.
– J'eusse voulu la choisir selon ton cœur.
– Qu'importe ! mon cœur avait choisi. Je résigne un orgueil qui m'avait emporté loin de vous. Guidez mon choix. Je me soumets, vous dis-je. Je soumettrai de même mes enfants ; et ma tentative ainsi ne me paraîtra pas vaine[21].»

Outre le ton, une nouvelle fois plein d'une triste résignation, on remarque la note finale assez sinistre, dans cette promesse que la ressemblance s'étendra désormais de génération en génération, comme une ombre à laquelle n'échappera aucun descendant du Fils qui fut prodigue. Nous reviendrons plus loin sur le mariage mentionné dans ce passage qui donne en tout cas, avant que nous proposions quelques parallèles avec les *Confessions*, une idée assez précise du ton adopté par le Fils prodigue de Gide, dont on voit qu'il n'a que peu de rapport avec celui de l'Évangile. Son retour, plus qu'un simple échec, est un reniement ; sa dissemblance constituait une richesse qu'il a perdue et ne retrouvera, avec envie, que dans son plus jeune frère, auquel sa mère s'effraie de le voir, précisément, ressembler[22] :

«Que voulez-vous dire, et de qui parlez-vous ?
– De ton frère cadet, qui n'avait pas dix ans quand tu partis, que tu n'as reconnu qu'à peine [...], en qui pourtant tu aurais pu te reconnaître, car il est tout pareil à ce que tu étais en partant.
– Pareil à moi ?
– À celui que tu étais, te dis-je, non pas encore hélas ! à celui que tu es devenu. [...]
– Mais qu'est-ce qui vous fait vous alarmer ainsi sur mon frère ? Peut-être simplement un rapport de traits...
– Non, non ; la ressemblance entre vous deux est plus profonde. Je m'inquiète à présent pour lui de ce qui ne m'inquiétait d'abord pas assez pour toi-même. Il lit trop, et ne préfère pas toujours les bons livres[23].»

---

21. A. GIDE, *Romans*, p. 484-485.

22. Voir aussi, A. GIDE, *Romans*, p. 488 : «Penses-tu que je haïrais à ce point notre frère si tu n'avais pas été causer et si longuement avec lui ce soir-là ? Qu'est-ce que vous avez pu vous dire ? Tu sais bien, si tu me ressembles, que tu ne peux rien avoir de commun avec lui.»

23. A. GIDE, *Romans*, p. 485.

Cette mention finale du goût trop prononcé du fils puîné pour la lecture et de ses mauvaises fréquentations littéraires ne laisse que peu de doute sur le sens que prend la «dissemblance» sous la plume de Gide, radicalement inverse de celui qu'il avait dans les *Confessions*. Chez Augustin, c'est le drame de l'homme pécheur que d'être, s'il n'est aidé par la grâce, condamné à perdre sans cesse davantage toute ressemblance avec Dieu; chez Gide, la dissemblance fait l'originalité d'un individu qui déchoit en se conformant au modèle que lui offrent des parents étouffants. Il ne faut pas pour autant abandonner le parallèle relevé par Lebreton et Courcelle; au contraire, il nous semble que l'on peut trouver dans ces pages un renversement conscient et résolu de la notion augustinienne de *dissimilitudo*, et tenter de voir si d'autres marqueurs forts de la doctrine augustinienne qui sous-tend les *Confessions* sont également inversés dans le petit ouvrage de Gide. Il s'avère assez rapidement qu'on en trouve des exemples convaincants.

II. – Un univers augustinien inversé

A. *La figure de la mère*[24]

Il n'aura pas échappé au lecteur que Gide crée de toutes pièces deux personnages afin d'enrichir la parabole – la mère et le troisième fils. C'est au premier de ces deux ajouts que nous voudrions nous intéresser d'abord. La présence de la mère dans la demeure est signalée d'emblée comme décisive, plus importante même que celle du Père. Au retour du prodigue, son père l'accueille en le relevant, donne les ordres pour fêter ce retour puis, «comme la nouvelle déjà se répand, il court; il ne veut pas laisser un autre dire: "Mère, le fils que nous pleurions nous est rendu[25]"». Pour Gide, le père ne présente au fond qu'un intérêt secondaire: sa voix propre, écrit-il, est comme brouillée par ce que lui souffle le très déplaisant Fils aîné[26], qui entend bien que son cadet soit vertement tancé. Alors que le dialogue entre le père et le fils manifeste un antagonisme sourd, sur lequel nous reviendrons, celui avec la Mère commence d'une manière bien plus apaisée, par un tableau authentiquement touchant:

> «Prodigue enfant, dont l'esprit, aux propos de ton frère, regimbe encore, laisse à présent ton cœur parler. Qu'il t'est doux, à demi couché aux pieds de ta mère assise, le front caché dans ses genoux, de sentir sa caressante main incliner ta nuque rebelle[27]!»

---

24. Sur Monique, voir L.C. SEELBACH, art. «Monnica», dans *Augustinus-Lexikon*, vol. 4, Bâle, 2012, c. 68-74 (avec une ample bibliographie).

25. A. GIDE, *Romans*, p. 477.

26. A. GIDE, *Romans*, p. 478.

27. A. GIDE, *Romans*, p. 483.

Une lecture naïve de la suite peut donner au lecteur l'impression de se trouver face à une émouvante scène de retrouvailles : on y lit les angoisses d'une mère abandonnée, qui demande à son fils de la rassurer et de lui promettre de ne jamais repartir, ses tentatives de comprendre le départ d'un enfant qu'elle a tant aimé, son effroi quand il lui raconte les souffrances endurées en son exil, un soulagement que manifestent baisers et caresses. Le détail du texte est nettement moins rassurant. Revenons d'abord brièvement sur la mention du mariage arrangé que nous avons lue plus haut. Il nous paraît difficile, pour un lecteur augustinien, de ne pas y retrouver le ton du passage consacré par l'évêque d'Hippone au projet de mariage que conçut pour lui Monique après le renvoi de sa concubine[28]. Le passage du livre VI des *Confessions* est d'une beauté terrible, qui tient à l'emploi systématique de passifs impersonnels (*instabatur*, qui encadre le paragraphe, *promittebatur* et *expectabatur*) qui cachent à peine la main de fer dont Monique[29] entendit mener l'existence de son fils, et l'abdication progressive de la volonté d'Augustin face aux instances maternelles. L'objectif, avoué, de la manœuvre était de ramener Augustin à abandonner, aurait dit Gide, sa dissemblance : « Elle espérait par là qu'une fois marié, je recevrais l'ablution salutaire du baptême[30]. » Le texte de Gide est remarquablement subtil quand il aborde cette question du mariage ; c'est en effet le prodigue qui évoque d'abord cette intention de « prendre femme » : la Mère réagit immédiatement en s'enquérant d'une éventuelle préférence de son Fils. La suite du dialogue se déroule ainsi : « J'eusse voulu la choisir selon ton cœur. – Oh, n'importe laquelle sera la préférée, du moment que vous l'aurez choisie. Faites comme vous avez fait pour mon frère. »

Plusieurs points attirent l'attention. Ainsi, le Fils ne parle pas de « sa » préférée, mais emploie un article indéfini qui manifeste un inquiétant détachement. Quant à la comparative « comme vous avez fait pour mon frère » (un frère que le lecteur a rencontré dans l'acte précédent, et qui lui a sans doute inspiré bien peu de sympathie), elle marque on ne peut plus nettement combien le Fils a d'ores et déjà abandonné toute ambition de ne plus « ressembler » aux autres membres de sa famille. À ce ton résigné, la mère répond de manière ambiguë : certes, elle regrette que son Fils n'entende pas choisir lui-même la jeune femme qu'il épousera ; mais enfin elle ne va pas jusqu'à refuser de se charger, dans ces conditions, de la sélection d'une épouse convenable – tout comme elle aimerait tant s'occuper de la sélection de livres que dévore son fils le plus jeune.

---

28. AUGUSTIN, *Confessions*, 6, 13, 23 (*BA* 13, p. 566-567) : « Et instabatur inpigre, ut ducerem uxorem. Iam petebam, iam promittebatur maxime matre dante operam, quo me iam coniugatum baptismus salutaris ablueret, quo me in dies gaudebat aptari et uota sua ac promissa tua in mea fide conpleri animaduertebat. [...] Instabatur tamen, et puella petebatur, cuius aetas ferme biennio minus quam nubilis erat, et quia ea placebat, expectabatur. »

29. Dans le passage, Monique n'apparaît jamais pas comme le sujet des insistances ni des démarches, mais uniquement dans l'ablatif absolu *maxime matre dante operam*.

30. AUGUSTIN, *Confessions*, 6, 13, 23 (*BA* 13, p. 566-567).

Plus frappant encore nous semble le passage que Gide consacre aux larmes, si aisément compréhensibles, de la Mère ; nous le citons en intégralité :

> «"Pourquoi m'as-tu laissée si longtemps ?"
> Et comme tu ne réponds que par des larmes :
> "Pourquoi pleurer à présent, mon fils ? Tu m'es rendu. Dans l'attente de toi j'ai versé toutes mes larmes.
> – M'attendiez-vous encore ?
> – Jamais je n'ai cessé de t'espérer. Avant de m'endormir, chaque soir je pensais : S'il revient cette nuit, saura-t-il bien ouvrir la porte ? et j'étais longue à m'endormir. Chaque matin, avant de m'éveiller tout à fait, je pensais : Est-ce pas aujourd'hui qu'il revient ? Puis je priais. J'ai tant prié, qu'il te fallait bien revenir.
> – Vos prières ont forcé mon retour[31]."»

Le contraste entre l'exclamative initiale et la dernière phrase est assez bouleversant. Il nous semble à nouveau qu'en ces lignes un lecteur augustinien retrouve assez bien ce que l'évêque d'Hippone raconte au troisième livre des *Confessions* :

> «Elle voyait bien que j'étais mort, elle, en se fondant sur la foi et sur l'esprit qu'elle tenait de toi. Et tu l'as exaucée, Seigneur ! Tu l'as exaucée, et tu n'as pas méprisé ses larmes, quand leurs flots échappés inondaient la terre, au-dessous de ses yeux, dans tous les lieux de sa prière[32] !»

Et un peu plus loin, dans la célèbre et magnifique formule d'un évêque fatigué par les prières de Monique : « Et lui, un peu gagné déjà par l'impatience et l'ennui, de répondre : "Va-t'en laisse-moi ; aussi vrai que tu vis, il ne peut se faire que le fils de ces larmes périsse[33] !" »

La formule *filius istarum lacrimarum* est magnifique, et Augustin n'aurait pu souligner plus nettement que les larmes de Monique ont eu sur lui pouvoir efficace. Gide ne dit pas autre chose ; Augustin et le Fils prodigue prononcent les mêmes mots, l'un sur le ton de l'action de grâce, l'autre sur celui du reproche. Puisque le texte a été mis en scène, il faut s'imaginer le ton et le mouvement de recul avec lequel un acteur doit prononcer la réplique : « Vos prières ont forcé mon retour » : il s'agit d'un moment décisif, celui où le Fils prend conscience qu'il est tombé dans un piège – et cette douloureuse conclusion lui permettra, dans le dernier acte de la pièce, de prendre sa revanche, en poussant au départ son plus jeune frère. La Mère, quant à elle, se méprend : il n'y a ni légèreté ni humour dans cette réplique. L'ambiguïté du rôle de cette Mère est tout à fait saisissante : elle est tout à la fois celle qui réconforte et protège ses enfants, et celle qui les emprisonne et les étouffe. Cela est particulièrement sensible, à nouveau, dans les dernières lignes de la scène :

---

31. A. GIDE, *Romans*, p. 483.

32. AUGUSTIN, *Confessions*, 3, 11, 19 (*BA* 13, p. 398-399) : « Videbat enim illa mortem meam ex fide et spiritu, quem habebat ex te, et exaudisti eam domine. Exaudisti eam nec despexisti lacrimas eius, cum profluentes rigarent terram sub oculis eius in omni loco orationis eius. »

33. AUGUSTIN, *Confessions*, 3, 12, 21 (*BA* 13, p. 404-405) : « Ille iam substomachans taedio : "Vade, inquit, a me ; ita uitas, fieri non potest, ut filius istarum lacrimarum pereat." »

« Je ne sais plus comment j'ai pu vous quitter, vous, ma mère.
– Eh bien ! tout cela, dis-le [à ton frère].
– Tout cela, je le lui dirai demain soir. Embrassez-moi maintenant sur le front comme lorsque j'étais petit enfant et que vous me regardiez m'endormir. J'ai sommeil.
– Va dormir. Je m'en vais prier pour vous tous[34]. »

Il est tout de même remarquable que cette dernière mention des prières sonne en définitive comme une menace. Les larmes de Monique et celles de la mère du Fils prodigue sont également efficaces, les unes pour libérer, les autres pour emprisonner.

B. *Le vol des fruits*

Nous voudrions attirer l'attention du lecteur sur un deuxième exemple de renversement d'un marqueur fort du récit augustinien. Nous avons mentionné en introduction l'expression que P. Courcelle emploie à propos de Rousseau, dont le texte constituerait un « défi à l'égard de la doctrine de la nature corrompue ». Il n'empêche, continue Courcelle, « que Rousseau s'est probablement reconnu et dépeint à travers l'Augustin de la seizième année, inquiet, imaginatif, qui convoitait et volait des fruits non appétissants, des pommes et non des poires[35] ». Sans grande surprise, on trouve une réécriture de cet épisode célèbre dans le dernier acte du *Retour de l'enfant prodigue*, le dialogue avec le plus jeune fils, qui révèle définitivement au prodigue combien son retour est une défaite. Le fils puîné somme le prodigue de choisir son camp[36], et tente de pousser dans ses retranchements un frère qui se défend bien mollement.

« Que s'est-il donc passé depuis ? pour changer ta vérité d'alors en erreur.
– J'ai souffert.
– Et c'est cela qui te fait dire : J'avais tort ?
– Non, pas précisément : c'est cela qui m'a fait réfléchir.
– Auparavant tu n'avais donc pas réfléchi ?
– Si, mais ma débile raison s'en laissait imposer par mes désirs.
– Comme plus tard par la souffrance. De sorte qu'aujourd'hui, tu reviens... vaincu.
– Non, pas précisément ; résigné.
– Enfin, tu as renoncé à être celui que tu voulais être.
– Que mon orgueil me persuadait d'être[37]. »

---

34. A. GIDE, *Romans*, p. 486.

35. P. COURCELLE, *Les Confessions de saint Augustin*, p. 459-460.

36. A. GIDE, *Romans*, p. 488 : « Tu sais bien, si tu me ressembles, que tu ne peux rien avoir de commun avec lui. »

37. A. GIDE, *Romans*, p. 488-489.

Quand le prodigue reconnaît enfin qu'il a « failli »[38], son plus jeune frère lui montre sur sa table de chevet une grenade ouverte, que lui a ramenée un porcher[39]. Ce fruit sauvage est « d'une âcreté presque affreuse », et l'on n'est tenté d'y mordre que si l'on est victime d'une soif terrible. À cette vue, le prodigue s'écrie :

> « Ah ! je peux donc te le dire à présent : c'est cette soif que dans le désert je cherchais.
> – Une soif dont seul ce fruit non sucré désaltère...
> – Non ; mais il fait aimer cette soif.
> – Tu sais où le cueillir ?
> – C'est un petit verger abandonné, où l'on arrive avant le soir. Aucun mur ne le sépare plus du désert. Là coulait un ruisseau ; quelques fruits demi mûrs pendaient aux branches.
> – Quels fruits ?
> – Les mêmes que ceux de notre jardin ; mais sauvages[40]. »

Certes, il n'est nulle part question de vol, ni de l'entraînement d'un groupe ; mais il s'agit bel et bien d'un arbre placé en un endroit éminemment symbolique, à la frontière entre le connu et l'inconnu, le licite et l'interdit, et d'un fruit que le père ne voudrait pas voir son fils cueillir. La dimension collective du péché est un thème qui, de manière générale, n'intéresse guère Gide ; la comparaison avec la scène du vol des fruits au deuxième livre des *Confessions* n'en demeure pas moins tout à fait frappante :

> « Il y avait, à proximité de notre vigne, un poirier chargé de fruits que ni leur beauté ni leur goût ne rendaient alléchants. Pour secouer cet arbre et le piller, notre bande de jeunes garnements organisa une expédition en pleine nuit [...], et nous avons emporté de là une énorme charge de fruits ; ce n'était pas pour nous en régaler, mais seulement pour les jeter aux porcs ; et même si nous en avons mangé quelques-uns, l'essentiel était pour nous le plaisir attendu d'un acte défendu[41]. »

Chez Augustin, la tentation de voler un fruit dont « le forfait même fait la saveur » est évidemment condamnée sans la moindre réserve, comme le symptôme d'une nature profondément corrompue. La scène est identique chez Gide, mais pour porter *a contrario* un éloge de la soif et de l'amour, indépendamment même de la qualité de l'objet vers lequel il se porte. On y lit l'assez belle nostalgie d'une soif qui donne sens à l'existence, et que le fils prodigue pleure d'avoir perdue. Le mécanisme est le même que celui que nous avons identifié en mettant

---

38. A. GIDE, *Romans*, p. 490.

39. Le fait que le porcher en question ait disparu « trois jours » avant de revenir porter cette révélation n'est sans doute pas innocent – c'est cette fois non plus avec le récit augustinien, mais avec le texte de l'Évangile même, que joue Gide.

40. A. GIDE, *Romans*, p. 490.

41. AUGUSTIN, *Confessions*, 2, 4, 9 (*BA* 13, p. 344-347) : « Arbor erat pirus in uicinia nostrae uineae pomis onusta nec forma nec sapore incelebrosis. Ad hanc excutiendam atque asportandam nequissimi adulescentuli perreximus nocte intempesta [...], et abstulimus inde onera ingentia non ad nostras epulas, sed uel proicienda porcis, etiamsi aliquid inde comedimus, dum tamen fieret a nobis quod eo liberet, quo non liceret. »

en parallèle les deux figures de la Mère. Augustin et Gide prononcent au fond les mêmes mots, mais sur des tons différents: l'évêque d'Hippone chante la louange de la mère que Gide condamne, et l'auteur du *Retour de l'enfant prodigue* voit dans la soif du fruit volé non la conséquence tragique du péché originel, mais le sel de la vie humaine. Autant la reprise du terme de «dissemblance» constitue un parallèle discret, qui frappe justement parce qu'il est hautement spécifique, autant les deux exemples dont nous venons de proposer une brève analyse permettent de retrouver des indices nets d'une lecture des *Confessions*: quand on connaît l'histoire personnelle de Gide, il n'est guère étonnant que ce soient les thèmes de la tentation sensuelle et de la figure de la Mère qui aient retenu, dans l'œuvre de l'évêque d'Hippone, son attention.

III. – UNE ANTI-CONFESSION

Ces remarques nous invitent à relire l'ensemble de l'ouvrage, et à considérer le traitement global de la parabole par Gide. Certes, dans le début du texte, on lit bel et bien un repentir du Fils prodigue:

> «Lorsque, après une longue absence, fatigué de sa fantaisie et comme désépris de lui-même, l'enfant prodigue, du fond de ce dénuement qu'il cherchait, songe au visage de son père, à cette chambre point étroite où sa mère au-dessus de son lit se penchait, à ce jardin abreuvé d'eau courante, mais clos et d'où toujours il désirait s'évader, à l'économe frère aîné qu'il n'a jamais aimé, mais qui détient encore dans l'attente cette part de ses biens que, prodigue, il n'a pu dilapider – l'enfant s'avoue qu'il n'a pas trouvé le bonheur, ni même su prolonger bien longtemps cette ivresse qu'à défaut de bonheur il cherchait[42].»

Après ce repentir initial, on retrouve fort logiquement l'adresse du Fils au Père, dans les termes évangéliques[43], puis la réponse du Père, fidèle également au texte de Luc, quelque peu amplifié[44]. Il faut toutefois souligner que le dispositif narratif de l'ensemble du texte invite immédiatement le lecteur à prendre du recul vis-à-vis de ce traitement au premier regard fidèle de la parabole. On n'entend en effet pas seulement le Fils prodigue, mais également la voix d'un narrateur extérieur qui observe la scène, et c'est sur cette mise en abyme que repose l'essentiel de l'intérêt de l'œuvre:

---

42. Nous serions volontiers tenté de retrouver, dans ce Fils qui n'est capable de trouver ni un bonheur stable, ni l'oubli de l'ivresse temporaire, le célèbre développement du livre VI des *Confessions* sur le mendiant croisé par Augustin et le bonheur illusoire de l'ivresse. Quand bien même ce rapprochement serait considéré comme trop aventureux, il vaut la peine de le mentionner précisément parce qu'il souligne la difficulté de l'entreprise: à quel moment finissons-nous par créer nous-mêmes les parallèles que nous nous réjouissons ensuite de trouver?

43. A. GIDE, *Romans*, p. 476-477: «Mon père! mon père, j'ai gravement péché contre le ciel et contre toi; je ne suis plus digne que tu m'appelles; mais du moins, comme un de tes serviteurs, le dernier, dans un coin de notre maison, laisse-moi vivre...»

44. A. GIDE, *Romans*, p. 477.

« Mon Dieu, comme un enfant je m'agenouille devant vous aujourd'hui, le visage trempé de larmes. Si je me remémore et transcris ici votre pressante parabole, c'est que je sais quel était votre enfant prodigue ; c'est qu'en lui je me vois ; c'est que j'entends en moi, parfois et répète en secret ces paroles que, du fond de sa grande détresse, vous lui faites crier. [...] J'imagine l'étreinte du Père ; à la chaleur d'un tel amour mon cœur fond. J'imagine une précédente détresse, même ; ah ! j'imagine tout ce qu'on veut. [...] Qu'est-ce donc que j'attends pour m'élancer vers la demeure ; pour entrer ? – On m'attend. Je vois déjà le veau gras qu'on apprête... Arrêtez ! ne dressez pas trop vite le festin ! – Fils prodigue, je songe à toi ; dis-moi d'abord ce que t'a dit le Père, le lendemain, après le festin du revoir. Ah ! malgré que le fils aîné vous souffle, Père, puissé-je entendre votre voix, parfois, à travers ses paroles[45] ! »

Quand le récit commence, le narrateur lui-même se trouve donc à l'instant qui précède immédiatement la confession et le retour dans la maison du Père. Or il est saisi par un repentir qui, loin de le ramener à Dieu, le retient encore de se confesser. Qu'entend-il alors ? précisément l'entretien entre le Père et le Fils, c'est-à-dire un dialogue au cours duquel le Fils, initialement contrit et repentant, retrouve progressivement un ton fier, et sait même faire preuve d'une certaine ironie. En réalité, on entend le fils se défendre, et l'une de ses formules sonne étrangement comme l'antithèse du *sero te amaui* augustinien[46]. Au fil du dialogue, c'est sans cesse davantage le regret d'être rentré au bercail et la nostalgie du lointain qui se font entendre : défendant sa conduite, le Fils ne proteste-t-il pas avec une certaine complaisance : « J'ai changé votre or en plaisirs, vos préceptes en fantaisie, ma chasteté en poésie, et mon austérité en désirs[47] » ? Le dialogue se conclut par une brutale prise de conscience :

« Mon Père ! j'aurais donc pu vous retrouver sans revenir ?...
– Si tu t'es senti faible, tu as bien fait de revenir[48]. »

Si, dans le dialogue avec sa Mère, le Fils comprend comment il a été contrait au retour, au cours de l'entretien avec son Père, il saisit soudainement qu'il aurait pu rester au loin, et qu'en revenant, il a abdiqué tout ce qui faisait son élan, sa singularité et sa richesse. On imagine sans peine ce que le narrateur peut conclure de l'échange qu'il surprend, et qu'à chaque réplique faiblit son désir de se confesser à son tour. Le dernier acte du drame dit plus nettement encore que si le Fils prodigue a commis une faute, c'est en revenant chez son père :

---

45. A. GIDE, *Romans*, p. 477-478.

46. A. GIDE, *Romans*, p. 478 : « Mon fils, pourquoi m'as-tu quitté ? – Vous ai-je vraiment quitté ? Père ! n'êtes-vous pas partout ? Jamais je n'ai cessé de vous aimer. »

47. A. GIDE, *Romans*, p. 479.

48. A. GIDE, *Romans*, p. 480.

UN EXEMPLE SURPRENANT DE LA POSTÉRITÉ DES CONFESSIONS 89

> «Alors, pourquoi t'es-tu soumis ? Étais-tu si fatigué déjà ?
> – Non, pas encore ; mais j'ai douté.
> – Que veux-tu dire ?
> – Douté de tout, de moi ; j'ai voulu m'arrêter, m'attacher enfin quelque part ; le confort que me promettait ce maître m'a tenté... oui, je le sens bien à présent ; j'ai failli[49].»

À l'humble confession initiale faite au père comme aux promesses faites à la Mère s'opposent évidemment le dénouement, et ce départ plein d'espoir du Fils puîné, qui peut-être réussira là où son aîné a échoué. Quelle conclusion en tirera le narrateur ? Si le Fils a failli et est rentré chez son Père, le narrateur et l'auteur, eux, resteront « dans le coin du tableau », comme l'annonce ironiquement la brève préface à l'ouvrage :

> «Peut-être cependant, si le lecteur exige de moi quelque piété, ne la chercherait-il pas en vain dans ma peinture où, comme un donateur dans le coin du tableau, je me suis mis à genoux, faisant pendant au fils prodigue, à la fois comme lui souriant et le visage trempé de larmes[50].»

Ce désir de rester en retrait, ce sourire distant si caractéristique de Gide, constitue surtout un refus sans ambiguïté de rentrer finalement dans la maison du Père.

Si l'on reprend les différents points que nous avons successivement évoqués pour mettre en évidence un retournement systématique des marqueurs les plus forts du récit augustinien auquel se livre Gide – la figure maternelle oppressante dont les larmes piègent le fils, la tentation que le pécheur regrette d'avoir abandonnée, la dissemblance vécue non comme une souffrance due à l'éloignement, mais comme une richesse donnant sens à l'existence individuelle –, on peine à croire que le rapprochement textuel rappelé incidemment par Pierre Courcelle constitue une coïncidence. Il est quelques éléments d'ordre biographique qui méritent d'être rappelés : nous l'avons dit, Gide est également l'auteur de l'*Immoraliste* et de *Si le grain ne meurt*, c'est-à-dire d'un récit fictionnel et d'une autobiographie qui s'inscrivent en opposition franche à la tradition initiée par le texte augustinien, qui chante la louange d'un Dieu venu gratuitement sauver sa créature[51]. Lorsqu'il écrit le *Fils prodigue*, Gide se trouvait en outre en butte aux tentatives oppressantes de conversion de Claudel ou de Jammes, qui eurent probablement de bonnes raisons de retrouver quelques touches de leur portrait dans celui du fort antipathique Fils aîné. Ajoutons à cela que la correspondance de Gide avec Allégret témoigne que l'auteur du *Retour de l'enfant prodigue* a bel et bien lu les *Confessions* dans sa

---

49. A. GIDE, *Romans*, p. 490.

50. A. GIDE, *Romans*, p. 475.

51. F. LESTRINGANT (*André Gide, l'inquiéteur*, t. 2, Paris, 2012, p. 351) a relevé que la comparaison entre Gide, Rousseau et Augustin fut ébauchée par un critique de l'époque, Maurice Martin du Gard, dans *Les Nouvelles littéraires* (4 décembre 1926) : «Livre magnifique, mais à ne pas mettre entre les mains des hypocrites, ni des jeunes filles. Jean-Jacques n'est qu'un petit saint Augustin, si on le compare à l'auteur de ces confessions.»

jeunesse[52]; que le *Journal* de février 1945 permet en outre de relever une charge extrêmement violente contre l'évêque d'Hippone: «J'ai voulu reprendre saint Augustin. Nausée mystique. C'est à vomir[53].» Il nous semble que le *Retour de l'enfant prodigue* constitue une critique plus sévère encore que ce jugement lapidaire, en une forme d'«anti-confession» profondément ironique, et une réponse qui ne manque ni de force ni d'allure aux amis qui essaient désespérément d'amener Gide, de force plus que de gré, à se convertir.

Cela nous semble prouver que l'enquête menée de main de maître par Courcelle mérite d'être poursuivie. Les références aux *Confessions*, dans la littérature du XXe, sont aussi riches et diverses qu'aux siècles précédents – l'exemple le plus surprenant se trouvant peut-être dans la chanson qu'un récent prix Nobel de littérature a consacrée à l'évêque d'Hippone, et qui saisit de manière extrêmement fine le sens augustinien du terme «confession»[54]. Ce que le bref récit de Gide permet de mettre en lumière est l'existence, dans la littérature du XXe siècle, d'un genre d'«anti-confessions» dont le représentant le plus célèbre est sans doute la *Chute* de Camus, dont le narrateur, au nom sonnant comme un participe présent latin, clame haut et fort «n'aimer que les confessions», mais en un sens radicalement anti-augustinien[55]. Une fois mise en lumière l'existence de cette tradition, l'apparition discrète d'André Gide dans l'œuvre de Courcelle cesse de surprendre, et encourage à poursuivre le travail entamé par l'auteur des *Confessions dans la tradition littéraire*.

Pierre DESCOTES
Sorbonne Université, Institut d'études augustiniennes (LEM, UMR 8584)

---

52. A. GIDE, «*L'enfance de l'Art*». *Correspondances avec Élie Allégret (1886-1896)*, Paris, 1998, p. 54; voir F. LESTRINGANT, *André Gide, l'inquiéteur*, t. 1, Paris, 2011, p. 86; P. LEPAPE, *André Gide, le Messager*, Paris, 1997, p. 96.

53. A. GIDE, *Journal* (Pléiade, vol. 2, p. 1012).

54. B. DYLAN, «I Dreamed I Saw Saint Augustine», sur l'album *John Wesley Harding* (1967); P. DESCOTES, «Une confession: Bob Dylan, *I dreamed I saw saint Augustine*», dans *Passions géométriques. Mélanges offerts à Dominique Descotes*, Paris, 2019, p. 347-360.

55. On pourrait par exemple citer, entre autres, un texte apparenté chez J.L. BORGES, «La Forme de l'Épée», dans *Fictions*; ou encore, plus récemment, une nouvelle de R. BANKS, «Searching for Veronica», dans *A Permanent Member of the Family*.

Le *Connais-toi toi-même* de Pierre Courcelle : son intention et sa méthode en regard d'autres lectures du précepte delphique

Dans le *Journal des savants* de 1977, H.-I. Marrou avait évalué avec grande précision la pertinence des parallèles textuels moissonnés et savamment analysés par P. Courcelle dans l'un de ses ouvrages majeurs, *Connais-toi toi-même : de Socrate à saint Bernard*, paru aux Études augustiniennes en 1974-1975 (Série Antiquité 58-59-60)[1].

Sans tenter de rivaliser avec une tâche dont s'était parfaitement acquitté H.-I. Marrou, nous aborderons l'ouvrage de P. Courcelle en privilégiant deux angles de vue. Ainsi, après avoir brièvement rappelé l'intention, l'originalité et la structure de l'ouvrage, nous porterons notre attention sur son centre théorique : la thèse principale développée par P. Courcelle consiste, de fait, à montrer qu'au long des siècles, les utilisations du précepte delphique γνῶθι σεαυτόν[2] ont été mises au service de différentes conceptions de l'être humain et à explorer ces dernières dans toute leur diversité, voire dans leurs contrastes. Dans une dernière partie de notre contribution, nous évoquerons certaines réflexions contemporaines de *Connais-toi toi-même*, ou de quelques années postérieures à l'ouvrage, développées par P. Hadot, d'une part, M. Foucault, de l'autre. En effet, ces réflexions en quelque sorte parallèles à l'ouvrage de P. Courcelle sont également nourries d'un intérêt marqué pour le précepte delphique et, notamment, pour son utilisation dans le texte de référence sur le sujet : il s'agit du *Premier Alcibiade*, auquel P. Courcelle accorde une attention particulière[3]. Cependant – et c'est le point que

---

1. H.-I. MARROU, Compte rendu de Pierre Courcelle, *Connais-toi toi-même : de Socrate à saint Bernard*, *Journal des savants*, 2, 1977, p. 129-134.

2. On ignorait le nom de l'auteur du précepte (cf. PLATON, *Alcibiade*, 129a), attribué tantôt à Apollon ou à une pythie, tantôt aux sept Sages ou à d'autres figures célèbres.

3. Qu'il faille, avant toute entreprise, se connaître soi-même est, en effet, la conclusion fondamentale que Socrate tire de son entretien avec Alcibiade. Mais le précepte revient ailleurs chez Platon : *Protagoras*, 343a ; *Phèdre*, 229e ; *Philèbe*, 19c ; *Timée*, 72a et *Lois*, XI, 72a.

nous soulignerons – elles ont suivi des pistes parfois divergentes de celles qu'avait privilégiées P. Courcelle, en historien et en philologue qu'il était avant tout. Elles ont mis en relief d'autres enjeux soulevés par la maxime delphique et le *Premier Alcibiade* et, surtout, jeté des éclairages assez différents sur la portée de la philosophie ancienne, auxquels nous confronterons les thèses de *Connais-toi toi-même*.

I. – INTENTION, ORIGINALITÉ ET ARCHITECTURE DU LIVRE DE P. COURCELLE

Partant du constat que le sujet était très peu étudié, P. Courcelle entendait offrir, comme il l'écrivait lui-même dans l'avant-propos à son ouvrage, « une sorte de répertoire englobant non pas tous les textes – ils sont trop nombreux et parfois se répètent – mais les textes essentiels, depuis Xénophon et Platon jusqu'à la fin du XIIe siècle, qui permettent de scruter la transmission du précepte delphique depuis l'Antiquité païenne jusqu'aux pré-scolastiques chrétiens[4] ». D'après la tradition, ce précepte était en effet inscrit sur la façade du temple d'Apollon à Delphes, pour rappeler à ceux qui y pénétraient la finitude de leur existence[5]. « Au sein de cette continuité – poursuit P. Courcelle – il s'agit de discerner les principales familles d'esprits, les thèmes et les progrès de la réflexion sur la misère et la grandeur de l'homme[6]. »

Après avoir envisagé la fortune du « Connais-toi toi-même » au fil de quinze siècles, l'auteur indique brièvement, dans la conclusion de l'ouvrage, la postérité de la maxime apollinienne du Moyen Âge aux temps modernes, en mettant en relief les divergences d'interprétation : chez les mystiques et les religieux des XVe et XVIe, chez les humanistes, chez Montaigne puis Pascal, Bossuet, à l'âge des lumières, ou encore, plus près de nous, chez Nietzsche et Claudel[7].

Comme il ressort de la présentation de l'ouvrage donnée par l'auteur lui-même, cette vaste et érudite somme de 790 pages se situe très précisément dans la lignée de deux autres sommes précédentes, *Les* Confessions *de saint Augustin dans la tradition littéraire*[8], et *La* Consolation de philosophie *dans la tradition littéraire*[9], dans lesquelles P. Courcelle s'est employé à dresser minutieusement une histoire de la réception. Or ces différents ouvrages sont l'expression d'une méthode d'en-

---

4. P. COURCELLE, *Connais-toi toi-même : de Socrate à saint Bernard*, Paris, 1974-1975, p. 7.

5. Comme nous l'avons dit plus haut, on ne connaît pas l'auteur de cette maxime ; on n'a pas non plus gardé trace de l'inscription sur le site archéologique de Delphes.

6. P. COURCELLE, *Connais-toi toi-même : de Socrate à saint Bernard*, Paris, 1974-1975, p. 7.

7. Tome 3, Conclusion, p. 722-740.

8. P. COURCELLE, *Les* Confessions *de saint Augustin dans la tradition littéraire : antécédents et postérité* (Série Antiquité 15), Paris, 1963.

9. P. COURCELLE, *La* Consolation de philosophie *dans la tradition littéraire : antécédents et postérité de Boèce* (Série Antiquité 28), Paris, 1967.

quête qui caractérisait déjà sa thèse : *Les lettres grecques en Occident, de Macrobe à Cassiodore*[10]. Nous mettrons en relief les traits distinctifs de cette méthode.

Tout d'abord, P. Courcelle a suivi de façon systématique la voie frayée par les travaux d'un Wissowa[11] ou d'un Mras[12] à propos de l'influence du néoplatonisme grec sur Macrobe. Elle consistait à éclairer l'influence des lettres grecques sur la culture romaine, et à montrer par là-même qu'on ne peut dissocier l'étude de la langue et de la littérature grecques de l'étude de la culture latine. Ce présupposé d'une extrême importance est pleinement à l'œuvre dans *Connais-toi toi-même*. Nous y retrouvons également un autre principe d'enquête, plus présent encore que dans les ouvrages précédents : il s'agit de la reconstruction systématique de l'influence de la pensée philosophique sur la pensée chrétienne[13]. On comprend bien, dans cette perspective, le relief donné par P. Courcelle au *Premier Alcibiade*. Car ce dialogue platonicien consacre des pages très importantes à la question du « soi », laquelle joue un rôle central tant dans la pensée des philosophes de l'Antiquité tardive, tels les néoplatoniciens, que dans la pensée chrétienne. La méthode consistant en particulier à éclairer la liaison entre hellénisme et christianisme, et illustrée dans la seconde partie du titre lui-même, *de Socrate à saint Bernard*, est un aspect saillant des travaux de P. Courcelle, auquel P. Hadot rend un hommage très personnel dans la Leçon inaugurale de la Chaire d'histoire de la pensée hellénistique et romaine[14], faite au Collège de France le vendredi 18 février 1983[15] : « Il

---

10. P. COURCELLE, *Les lettres grecques en Occident, de Macrobe à Cassiodore*, thèse, E. de Boccard, Paris, 1943 ; 2ᵉ éd., Bibliothèque des écoles françaises d'Athènes et de Rome, fasc. 159, 1948.

11. G. WISSOWA, « Athenaeus und Macrobius », *Nachrichten von der Königl. Gesellschaft der Wissenschaften, philol.-hist. Klasse*, 3, 1913, p. 325-337.

12. On pensera à K. MRAS, « Macrobius' Kommentar zu Ciceros *Somnium*. Ein Beitrag zur Geistesgeschichte des 5. Jahrhunderts n. Chr. », *Sitzungsberichte der preussischen Akademie der Wissenschaften, philol.-hist. Klasse*, 6, 1933, p. 232-286, cité à plusieurs reprises par P. Courcelle dans *Connais-toi toi-même*.

13. P. Courcelle s'inscrit dans la lignée de A. VON HARNACK (qui cherche à démontrer que les dogmes du christianisme « dans leur conception et leur structure, sont l'œuvre de l'esprit grec sur le terrain de l'Évangile », *Grundriss der Dogmengeschichte*, Freiburg, 1889-1891, *Prolegomena*, p. 3) ; on pense aussi à A.-J. FESTUGIÈRE (*L'idéal religieux des Grecs et l'Évangile*, Paris, 1932) ; H.-I. MARROU (*Saint Augustin et la fin de la culture antique*, Paris, 1938) ; E.R. DODDS (voir, entre autres, *Pagan and Christian in an Age of Anxiety*, Cambridge, 1965).

14. Il n'est pas sans intérêt de rappeler, pour la suite de notre étude, que Pierre Hadot avait été élu sur cette chaire à l'initiative de Michel Foucault.

15. La Leçon inaugurale a été publiée en un nombre restreint d'exemplaires la même année par le Collège de France, puis a été reprise, sous le titre *L'histoire de la pensée hellénistique et romaine*, dans la deuxième édition, revue et commentée, d'*Exercices spirituels et philosophie antique* (Série Antiquité 118, Paris, 1987 ; 1ʳᵉ édition 1981), p. 197-216, à partir de laquelle nous citons le texte ; par la suite, elle a été publiée individuellement sous le titre *Éloge de la philosophie antique*, Paris, 1997 avec quelques modifications minimes, et est également parue en versions anglaise et polonaise dans les années 1990.

fut pour moi un maître, qui m'a beaucoup appris, mais aussi un ami, qui me montra beaucoup de sollicitude[16]. » Qu'on songe à *Exercices spirituels et philosophie antique*, bel exemple de continuité, sur ce point spécifique, entre les recherches de P. Courcelle et celles de P. Hadot[17].

Connais-toi toi-même, à la suite des ouvrages écrits précédemment par P. Courcelle, est ainsi sous-tendu par la conviction qu'il est possible de retracer une histoire de la pensée de l'Occident qui, tel un fil ininterrompu, unirait philosophie païenne et christianisme. En l'occurrence, le fil se tisse ici autour de la question du « soi », dont nous avons dit qu'elle intéressait tant la philosophie (en particulier le néoplatonisme) que le christianisme. C'est pourquoi, reprenant une expression de P. Hadot, toujours dans la Leçon inaugurale, on peut dire du « Connais-toi toi-même » qu'il est l'un de ces « thèmes de méditation ... qui ont dominé et dominent encore notre pensée occidentale[18] », en mettant l'accent sur « occidentale » ; c'est l'un de ces *topoi* empruntés à des traditions anciennes, l'une de ces formules, écrivait P. Hadot, dont notre pensée occidentale « s'est nourrie[19] », et dont il a eu lui aussi à cœur de montrer les réinterprétations successives au cours des siècles. Mais, ajoutait-il, de tels formules ou thèmes « ont été connus, à la Renaissance et dans le monde moderne, dans le sens même que ces modèles de pensée avaient à l'époque gréco-romaine et *notamment à la fin de l'Antiquité*. Ces modèles expliquent donc encore beaucoup d'aspects de notre pensée contemporaine et même précisément les significations parfois inattendues qu'elle donne à l'Antiquité[20] ». En s'exprimant en ces termes, P. Hadot entendait rappeler, avec justesse, que nous connaissons en général l'Antiquité dite « classique » à travers les filtres de la période hellénistique et de l'Antiquité tardive. Et en soulignant l'importance fondamentale de ces périodes non « classiques » dans notre réception de l'Antiquité, P. Hadot se plaçait en disciple de P. Courcelle, dont les travaux ont incontestablement marqué un intérêt nouveau pour la philosophie de l'époque romaine impériale et des siècles tardifs de l'Antiquité.

Les particularités de la méthode de P. Courcelle telles qu'on les retrouve aussi dans *Connais-toi toi-même* consistent donc à montrer l'influence de la culture grecque sur la culture latine ; à éclairer la liaison entre culture philosophique et pensée chrétienne ; à souligner l'importance des périodes hellénistique, impériale et tardive dans la construction de modèles de pensée dont l'Europe moderne a hérité. Nous préciserons à présent la perspective originale de l'ouvrage par rap-

---

16. P. HADOT, *Exercices spirituels et philosophie antique* (2ᵉ édition), *op. cit.*, p. 198.

17. Parmi bien d'autres publications de P. Hadot, on pensera également à la troisième partie (« Rupture et continuité. Le Moyen-Âge et les temps modernes ») de *Qu'est-ce que la philosophie antique*, Paris, 1995.

18. P. HADOT, *Exercices spirituels et philosophie antique* (2ᵉ édition), *op. cit.*, p. 215.

19. P. HADOT, *Exercices spirituels et philosophie antique* (2ᵉ édition), *op. cit.*, p. 213.

20. *Ibid.*

port aux précédentes études de l'auteur sur les *Confessions* et la *Consolation de Philosophie*. Alors que ces dernières étaient centrées sur la réception d'œuvres littéraires (il en ira de même de l'ouvrage de 1984: *Lecteurs païens et chrétiens de l'Énéide*), *Connais-toi toi-même* s'attache plutôt à retracer une histoire de la pensée, fondée sur l'histoire de la réception d'une exhortation, c'est-à-dire sur l'histoire des effets et des implications variées, et même parfois discordantes, de cette exhortation: ce que G. Reale, dans la présentation à l'édition italienne parue en 2001 nomme, en reprenant l'expression allemande, une *Wirkungsgeschichte*[21].

L'ouvrage comporte deux parties, réparties en trois volumes[22]: la première, parue en 1974 et représentant le tome I, est intitulée «Histoire du précepte delphique». Elle suit les interprétations du précepte de Socrate à saint Bernard et est presque entièrement inédite, à l'exception d'une trentaine de pages reprenant quatre contributions antérieurement parues. En ce qui concerne Socrate, P. Courcelle souligne l'importance du *Premier Alcibiade*, dans lequel apparaît explicitement l'exhortation. On relèvera en particulier que, dans la reconstruction proposée par l'auteur, l'affirmation progressive de la maxime en un sens philosophique, lequel deviendra prédominant par la suite et jusqu'aux temps modernes, trouverait son origine dans l'interprétation qu'en donne le *Premier Alcibiade*. Mais si, comme le rappelle P. Courcelle lui-même, Platon montre, dans ce dialogue, que «l'homme, au sens propre, c'est l'âme, ou mieux la partie supérieure de l'âme, c'est-à-dire la raison, miroir qui réfléchit la divinité en nous[23]», il nous paraît précisément contradictoire, à la suite de H.-I. Marrou, d'affirmer que c'est Socrate qui «infléchit le γνῶθι σεαυτόν du sens religieux au sens philosophique[24]», comme si entre les deux plans s'opérait une séparation nette.

Maintenant, en chacun des chapitres de cette première partie, P. Courcelle s'interroge pour savoir ce que l'homme connaît et doit connaître de lui-même lorsqu'il se soumet à l'injonction delphique. Sans le remarquer explicitement, P. Courcelle, en excellent lecteur des Anciens, a clairement vu ce qui sépare, dans ses grandes lignes, le sens et les enjeux de la «connaissance de soi» pour les modernes – laquelle correspondrait plutôt à une connaissance «du soi», c'est-à-dire à une connaissance subjective, individualiste et réflexive – de la portée de l'expression chez les Anciens. Précisément, la question de savoir si les Anciens établissaient un lien entre soi et réflexivité est fort discutée et nous y reviendrons plus en détail dans la dernière partie de cet article.

---

21. L'expression est employée par G. REALE dans la présentation à l'édition italienne, *Conosci te stesso da Socrate a san Bernardo*, Milano, 2001, p. 7-10.

22. Ce sont les volumes 58, 59 et 60 de la Série Antiquité de la Collection des Études augustiniennes.

23. P. COURCELLE, *Connais-toi toi-même: de Socrate à saint Bernard, op. cit.*, p. 15. L'auteur s'appuie sur *Alcibiade*, 133b-c.

24. P. COURCELLE, *Connais-toi toi-même: de Socrate à saint Bernard, op. cit.*, p. 13; les objections de H.-I. Marrou, qui sont assurément très justes, se trouvent à la p. 131 de son compte rendu.

De fait, dans les textes rassemblés par P. Courcelle pour l'Antiquité, on ne trouve rien, ou presque rien, qui refléterait un type de connaissance lié à la psychologie, à la conscience de soi en tant qu'individu, etc. Au contraire, la piste suivie par le livre, qui est très cohérente et donne une unité à la série des chapitres, pourrait être résumée de la façon suivante : en me connaissant, je me connais *en tant qu'homme* ; je vois en moi la condition humaine ; je me vois en particulier dans ma relation à ce qui n'est pas ce que je suis en tant qu'homme ; je comprends ce que je suis par comparaison avec la condition divine. Cette perspective de lecture est en contradiction partielle, nous l'avons dit, avec l'affirmation de l'auteur selon laquelle Socrate aurait infléchi le précepte « du sens religieux au sens philosophique[25] ». Il serait peut-être plus juste de dire que P. Courcelle introduit dans la pensée de l'Antiquité grecque archaïque et classique une distinction qu'il remet lui-même en question, ou qu'il invite lui-même à nuancer précisément à propos de l'Antiquité tardive, quand il souligne si pertinemment les liens entre philosophie et christianisme.

P. Courcelle enquête donc sur différents modèles anthropologiques dans la seconde partie (tomes II et III), parue en 1975, et intitulée : « Vues platoniciennes et chrétiennes sur la misère de l'homme ». En celle-ci, il explore une série de « thèmes » liés à la condition de l'homme, thèmes d'origine platonicienne, tels la « prison de l'âme »[26], la « région de dissemblance »[27], l'évasion de l'âme[28] – illustrée en particulier dans le *Songe de Scipion*, texte cicéronien dont les échos se font sentir dans le spiritualisme chrétien, dès le IVe siècle. Contrairement à la première, qui est presque entièrement inédite, cette seconde partie est formée pour l'essentiel d'une série d'études précédemment publiées par P. Courcelle, comme articles dans diverses revues, ou comme chapitres de volumes. Mais ces études antérieures ont été complétées pour le présent ouvrage : on en reconstituera la liste à partir de la bibliographie figurant à la fin de celui-ci[29]. Les seuls chapitres plus originaux sont le chapitre XII qui ouvre la seconde partie et, à moindre titre, le chapitre XVI, qui porte sur l'évasion de l'âme (l'image est tirée du *Phèdre*). Il nous semble donc raisonnable d'affirmer qu'à ce stade de ses recherches, en 1974-1975, P. Courcelle était désireux de réunir en une ample et cohérente synthèse les résultats de ses réflexions antérieures sur ces thématiques liées à l'anthropologie,

---

25. P. COURCELLE, *Connais-toi toi-même : de Socrate à saint Bernard, op. cit.*, p. 13.

26. Le thème apparaît chez PLATON, *Phédon*, 62b ; *Cratyle*, 400c : il est développé par P. COURCELLE, *Connais-toi toi-même : de Socrate à saint Bernard, op. cit.*, aux p. 345-380, qui évoque la tradition orphique, les auteurs chrétiens, le néoplatonisme, Philon d'Alexandrie, etc.

27. Cf. PLATON, *Politique*, 273d : *Connais-toi toi-même : de Socrate à saint Bernard, op. cit.*, p. 519-530 ; sur le sujet, P. Courcelle a en particulier rassemblé un imposant dossier de parallèles médiévaux.

28. Cf. PLATON, *Phèdre*, 264a-265e : *Connais-toi toi-même : de Socrate à saint Bernard, op. cit.*, p. 562-624.

29. La liste des ouvrages de P. Courcelle se trouve aux p. 747-749.

mais également qu'il voyait désormais dans le précepte delphique un fondement aux interrogations des anciens sur la condition humaine, un fondement qui méritait d'être traité en ouverture de l'ouvrage, dans une première partie, par conséquent.

Venons-en maintenant à ce qui constitue le cœur de *Connais-toi toi-même*: la réflexion sur les modèles anthropologiques dans leur diversité.

II. – LE CŒUR DE L'OUVRAGE DE PIERRE COURCELLE: LES MODÈLES ANTHROPOLOGIQUES

La seconde partie de l'ouvrage, qui s'ouvre, nous l'avons dit, sur un chapitre original – le chapitre XII: « Le thème antique de la misère humaine » –, débute par cette phrase qui reflète l'ensemble des réflexions développées dans la suite: « Se connaître est, pour beaucoup, découvrir la misère de l'homme[30]. »

Nous mettrons brièvement en valeur trois aspects des réflexions de P. Courcelle.

A. *Les deux grandes « familles d'esprits »*

L'analyse de la formule delphique au fil des siècles débouche sur la distinction de deux grandes « familles d'esprits », pour reprendre l'expression de P. Courcelle[31], ou de deux grandes tendances anthropologiques.

La première tendance, illustrée notamment avec Socrate, dont nous avons rappelé qu'il serait à l'origine de l'usage philosophique du précepte, insiste sur la finitude de l'être humain (sa « misère »). S'il est vrai que je me connais en relation avec le divin, c'est, pour autant, en constatant mes propres limites, et l'abîme qui me sépare de lui. En ce sens, l'injonction placée au fronton du temple d'Apollon nous inviterait à prendre conscience de ce que nous sommes mortels, nous qui, en pénétrant dans le sanctuaire, nous approchons d'un dieu immortel. Le précepte représenterait ainsi une exhortation à tenir compte de notre faiblesse, et à éviter toute forme d'*hybris*.

Se connaître peut consister, à l'inverse, à reconnaître que nous sommes essentiellement une âme, dont la partie la plus élevée est apparentée au divin, comme le déclare Socrate dans le *Premier Alcibiade*[32]: en nous regardant nous-même, nous voyons alors cette tangence de notre être au divin, et en cela nous connaissons non pas notre misère, mais plutôt notre « grandeur ». Dans ce face-à-face avec le divin, nous reconnaissons non ce qui nous éloigne de lui, mais ce qui à lui nous unit. Plusieurs chapitres du livre de P. Courcelle sont consacrés à la dimension métaphysique et théologique caractérisant certaines réflexions anthropologiques dans l'Antiquité, surtout dans le néoplatonisme, à propos duquel précisément P. Courcelle souligne la continuité entre philosophie païenne et christianisme: est

---

30. P. COURCELLE, *Connais-toi toi-même: de Socrate à saint Bernard*, *op. cit.*, p. 295.

31. P. COURCELLE, *Connais-toi toi-même: de Socrate à saint Bernard*, *op. cit.*, p. 7.

32. PLATON, *Alc.*, 133b-c.

illustré sur ce point l'un des aspects caractéristiques de sa méthode, auquel nous avons fait allusion plus haut.

Mais alors qu'Arnobe, par exemple, s'appuyait sur les dialogues socratiques pour rappeler que l'homme est un animal aveugle, incapable de sonder les mystères divins et ceux de sa propre nature, à l'opposé, pourrait-on dire, Augustin a saisi le caractère radical et bouleversant de l'expérience consistant à se connaître soi-même. Car pour Augustin, l'homme se connaît dans sa distance par rapport à ce qu'il n'est pas lui-même, mais aussi, paradoxalement, dans sa relation ontologiquement fondatrice avec ce qu'il n'est pas. Il nous paraît essentiel de souligner ici la place cruciale d'Augustin dans l'histoire du « Connais-toi toi-même ». Car l'Hipponate est le premier à avoir formulé pleinement un rapport de réciprocité entre la connaissance de l'homme par lui-même et la connaissance de Dieu : la connaissance de soi n'est, pour lui, jamais une finalité en soi, car en se découvrant soi-même l'homme redécouvre, avant tout, son rapport intime avec Dieu[33].

L'interprétation radicalement neuve de l'injonction delphique proposée par Augustin apparaît à plusieurs reprises dans l'ouvrage, notamment lorsque P. Courcelle commente la prière que la *Ratio* invite son interlocuteur à prononcer, au début du livre II des *Soliloques*[34] :

> « Cette prière suppose un lien très étroit et réciproque : nécessité de se connaître pour découvrir Dieu ; nécessité de connaître Dieu si nous voulons découvrir notre moi profond. Aveu aussi de notre caractère muable par rapport à l'incommutabilité divine et appel à l'aide de Dieu pour parvenir à toutes ces découvertes[35]. »

---

33. Certes, plusieurs auteurs néoplatoniciens avaient fait coïncider la découverte de notre être véritable avec la démarche menant à la divinité. Nous remercions vivement A. Lecerf d'avoir attiré notre attention sur ce point et nous lui devons les références suivantes : le néoplatonicien Jamblique avait déjà placé le *Premier Alcibiade* en tête de son cursus de textes philosophiques platoniciens aboutissant au *Timée* et au *Parménide*, suggérant ainsi que la connaissance de soi n'est que la première étape dans la connaissance de l'ensemble de la réalité. Jamblique s'exprime dans le même sens dans le *Protreptique*, 21, éd. Pistelli, p. 112, 12 ; cf. PORPHYRE, *Sur le Connais-toi toi-même* Fr. 274 Smith *apud* Stobée, *Anthologie*, III, 21, 27. P. Courcelle évoque même la « concomitance » entre ces deux types de connaissances, p. 90-91, lorsqu'il dit que « le νοῦς de l'homme purifié reflète Dieu ». Il cite, à ce propos, JAMBLIQUE, *De mysteriis*, X, 286, 10-12 (éd. des Places, Paris, 1966 = 212, 1-4 éd. et trad. Saffrey-Segonds) : « La connaissance des dieux s'accompagne du retour à nous-même et de la connaissance de notre âme. » À côté de ce passage cité par P. Courcelle, on ajoutera *De mysteriis*, I, 3 10-12 (= 6. 9-11 éd. et trad. Saffrey-Segonds) : « C'est plutôt nous qui sommes enveloppés dans cette [connaissance, *scil.* la connaissance des dieux], nous sommes remplis par elle et tenons ce que nous sommes vraiment dans le fait de savoir que les dieux existent. » Il nous semble, cependant, que le processus, dont Plotin est à l'origine et qui fait de la connaissance de soi le commencement de la démarche pour connaître la divinité, voire la « concomitance » (pour reprendre l'expression de P. Courcelle) entre les deux types de connaissances ne correspondent pas entièrement avec l'innovation augustinienne caractérisée, très précisément, par la réciprocité et le dialogue.

34. AUGUSTIN, *Sol.*, II, i, 1 : « Deus semper idem, nouerim me, nouerim te, oratum est. »

35. P. COURCELLE, *Connais-toi toi-même : de Socrate à saint Bernard*, op. cit., p. 132.

Concluant, plus loin, ses analyses sur la portée du «Connais-toi toi-même» chez Augustin, il écrit:

> «D'après nombre de ces textes, Augustin a une préoccupation constante et croissante d'éviter que le "Nosce te ipsum" ne soit entendu au sens d'une introspection qui prendrait l'homme pour fin de la recherche. Il se plaît à souligner la concordance entre les données de l'introspection et celles de la Révélation. L'introspection complète aussi notre connaissance des traces d'unité et de beauté que présente le spectacle de la Création[36].»

B. *L'importance du* Premier Alcibiade

P. Courcelle illustre aussi le rôle joué par le *Premier Alcibiade* dans l'infléchissement de la formule en un sens philosophique. Au chapitre IX, qui envisage la fortune du précepte «De Proclus au Pseudo-Denys», il rappelle ainsi que dans le *Commentaire* exégétique qu'il a consacré à ce dialogue platonicien, Proclus – suivant une tradition remontant au moins au IIe siècle, avec l'*Isagoge* d'Albinus[37] – déclare que le γνῶθι σεαυτόν est le point de départ de l'enseignement de Platon dans ses dialogues et de toute sa philosophie. Laissant l'évaluation des enjeux philosophiques du *Premier Alcibiade* pour la dernière partie de cet article, nous n'aborderons pour le moment que celle de l'authenticité. Or, alors que la question est aujourd'hui encore très débattue et que la balance, en termes de voix[38], semblerait pencher actuellement du côté de l'inauthenticité, P. Courcelle affirme quant à lui, sans détours:

> «C'est à tort que Horneffer a voulu voir en Platon un adversaire du socratisme[39] et que d'autres lui ont dénié la paternité du *Premier Alcibiade*. Selon l'opinion la plus vraisemblable, et unanimement admise dans l'Antiquité, ce dialogue est authentique; il fut sans doute rédigé au temps du séjour de Platon à Mégare, peu après la condamnation de Socrate en 399[40].»

Après cette affirmation, P. Courcelle en vient à préciser ce qu'il faut entendre par «connaissance de soi» d'après le *Premier Alcibiade*: elle se réalise par contemplation du νοῦς divin résidant en nous-même et par identification à celui-ci[41].

---

36. P. COURCELLE, *Connais-toi toi-même: de Socrate à saint Bernard, op. cit.*, p. 148.

37. P. COURCELLE, *Connais-toi toi-même: de Socrate à saint Bernard, op. cit.*, p. 165. Il en va de même dans les *Prolégomènes* anonymes à la philosophie de Platon et chez Jamblique.

38. Pour un *status quaestionis* synthétique, voir PLATON, *Alcibiade*. Traduction inédite par C. Marboeuf et J.-F. Pradeau, Introduction, notes, bibliographie et index par J.-F. Pradeau, Paris, 1999, Annexe 1: Tableau récapitulatif des prises de position relatives à l'authenticité de l'Alcibiade (de D.F.E. Schleiermacher à D.S. Hutchinson), p. 219-220; N.D. SMITH, «Did Plato write the *Alcibiades I*?», *Apeiron*, 37, 2004, p. 93-108 a repris intégralement la question et conclu à l'inauthenticité.

39. P. Courcelle fait ici référence à E. HORNEFFER, *Platon gegen Sokrates. Interpretationen*, Leipzig, 1904.

40. P. COURCELLE, *Connais-toi toi-même: de Socrate à saint Bernard, op. cit.*, p. 14.

41. P. COURCELLE, *Connais-toi toi-même: de Socrate à saint Bernard, op. cit.*, p. 15.

Nous soulignons personnellement que l'expression d'un tel idéal est en réalité plutôt marginale dans le corpus platonicien ; elle offrait évidemment matière à développement tant au platonisme tardif qu'à la pensée chrétienne qui chargent le précepte d'une valeur métaphysico-théologique au demeurant circonscrite à un passage du dialogue. On trouve d'ailleurs un exemple d'exploitation du dialogue en ce sens dans ce qu'on a coutume d'appeler la « glose eusébienne ». Il s'agit d'un court passage (quatre répliques) qui figure au sein d'une longue citation de l'entretien final du dialogue dans la *Praeparatio euangelica*[42], et qui est considéré par certains critiques comme un ajout de la main même d'Eusèbe[43].

C. *Une anthropologie téléologique*

Cette troisième et dernière remarque conclura nos analyses à propos de la question anthropologique située par P. Courcelle au cœur de son ouvrage. De fait, il ne s'est pas contenté de décrire les différentes lignes interprétatives de l'anthropologie antique et médiévale sur laquelle débouchait la maxime apollinienne. Comme il le dit lui-même, en effet, dans la dernière page de la conclusion, il a mis en évidence un élément fondamental, qui se situe en amont, pourrait-on dire, des différentes conceptions anthropologiques :

> « C'est toutefois une question de savoir si Montaigne se cherche en tant qu'individu ou s'il cherche l'homme à travers lui ; car ses déclarations, on l'a vu, varient sur ce point. S'il faut généraliser, mieux vaudrait dire que les Anciens et les Médiévaux cherchent, à travers le "Nosce te", à *construire une anthropologie*[44], tandis que les modernes, en grand nombre et pour des raisons diverses, y renoncent[45]. »

Avec l'expression « construire une anthropologie », P. Courcelle met en évidence un aspect fondamental de la philosophie antique, c'est-à-dire son orientation téléologique, suivant laquelle la nature de l'homme est placée non seulement au fondement du processus philosophique – comme en son fertile terreau –, mais aussi à son terme. Ainsi, il est nécessaire de connaître non les recoins de la subjectivité, mais ce qu'est l'homme dans son essence, pour *devenir* un homme pleinement accompli. Et afin d'être prescrit comme notre finalité, cet idéal doit être « construit » par le discours philosophique. L'anthropologie explorée par P. Courcelle se révèle être, par conséquent, une anthropologie téléologique et philosophique.

---

42. Le même passage se trouve également dans Stobée.

43. L'ajout occupe les lignes 133c 8-16. Sur la question de l'authenticité du passage, nous renvoyons à PLATON, *Alcibiade*. Traduction inédite par C. Marboeuf et J.-F. Pradeau, *op. cit.*, Annexe 2 : *Remarques sur la glose eusébienne de l'*Alcibiade *133c8-16. La réception judéo-chrétienne du paradigme de la vue*, p. 221-228.

44. Nous soulignons.

45. P. COURCELLE, *Connais-toi toi-même : de Socrate à saint Bernard*, *op. cit.*, p. 740.

La conception de la philosophie comme du moyen pour atteindre le bien suprême, en vue duquel il nous faut acquérir tous les autres biens, mais qui est, lui-même, désiré de manière absolue, avait été éclairée une décennie auparavant par R. Holte, dans une étude de 1962 parue aussi aux Études augustiniennes : *Béatitude et sagesse. Saint Augustin et le problème de la fin de l'homme dans la philosophie ancienne*[46], qui reste encore aujourd'hui une étude de référence sur le sujet – elle est d'ailleurs citée par P. Courcelle dans une note de *Connais-toi toi-même*[47]. Dans le stoïcisme tout au moins, la réalisation du bien suprême correspond à l'accomplissement, par l'homme, de sa nature propre[48]. À l'horizon philosophique du livre de P. Courcelle se situe donc le rapport étroit entre la nature humaine, la finalité de l'homme et la finalité de la philosophie ancienne.

Voilà en quel sens le précepte est une expression de la sagesse antique dans sa spécificité par rapport à la philosophie moderne : c'est cet effort du soi pour atteindre, avec l'appui d'enseignements doctrinaux, une finalité. Chez la plupart des auteurs étudiés par P. Courcelle, lesquels se rattachent de façon plus ou moins lointaine au platonisme, elle réside dans le primat de l'âme sur le corps et de la raison sur les passions, et dans le respect de notre ressemblance avec le divin[49]. En précisant que les modernes « renoncent » désormais, dans leur majorité, à une telle entreprise théorique, P. Courcelle laisse poindre assurément un sentiment de regret. Mais tout en déplorant la perte d'une leçon fondamentale de la sagesse antique, il nous semble en même temps vouloir exhorter ses contemporains à se réapproprier celle-ci.

III. – « CONSTRUCTION D'UNE ANTHROPOLOGIE » VS « CONSTRUCTION DE SOI » ?

Si vastes sont les horizons balayés par l'œuvre de P. Courcelle qu'il nous semblerait inapproprié d'en évoquer les « limites ». Mais c'est un fait remarquable que dans les années 1970 et suivantes, l'injonction à se connaître soi-même a inspiré, chez d'autres chercheurs, des pistes de réflexions dont nous dirions qu'elles sont parallèles à celles empruntées par P. Courcelle et également très stimulantes. Nous

---

46. Série Antiquité 14.

47. P. COURCELLE, *Connais-toi toi-même : de Socrate à saint Bernard*, op. cit., p. 125 note 44.

48. Voir en particulier R. HOLTE, *Béatitude et sagesse. Saint Augustin et le problème de la fin de l'homme dans la philosophie ancienne*, op. cit., p. 16 : comme cela a été relevé par d'autres avant nous, R. Holte étend de manière parfois abusive à l'ensemble de la philosophie ancienne la conception stoïcienne selon laquelle l'homme acquiert la béatitude en développant ses capacités naturelles (voir en particulier p. 15 et suivantes ; 31 ; 54-58).

49. En parlant ainsi, nous insistons sur la forme téléologique que revêtent les théories anthropologiques développées par les philosophes de l'Antiquité. Mais, bien évidemment, les contenus selon lesquels se décline cette dimension communément téléologique sont divers : la finalité de l'existence située essentiellement dans la partie et les fonctions spirituelles de l'homme, à laquelle s'attachent les analyses de P. Courcelle, n'est pas celle de l'épicurisme ou du cynisme.

n'avons aucunement la prétention de retracer des filiations: il s'agit plutôt d'évoquer un renouveau des interprétations de la philosophie antique qui s'abreuve à une source commune, le *Premier Alcibiade*.

Ces recherches parallèles n'ont emprunté ni les voies de l'anthropologie à strictement parler, ni, non plus, celles de la psychologie; elles nous orientent plus précisément du côté de ce qu'on appellera les «pratiques du soi», et de l'histoire de la subjectivité éthique. Deux grands noms surgissent bien sûr immédiatement à l'esprit: ceux de P. Hadot et de M. Foucault. Nous évoquerons brièvement leurs travaux, et la façon dont à la fois ils nous paraissent se relier à la somme de P. Courcelle, et s'écartent de celle-ci.

Même s'il n'avait pas manqué de souligner la portée éthique du précepte[50], P. Courcelle avait essentiellement examiné les contenus doctrinaux associés au «Connais-toi toi-même». En voyant dans ce précepte une invitation au progrès spirituel, en insistant sur sa fonction pratique, sur sa modalité psychagogique, P. Hadot allait, quant à lui, en faire un élément caractérisant de ses propres recherches orientées sur la philosophie ancienne comme manière de vivre et comme ensemble d'exercices spirituels que l'individu accomplit sur lui-même.

En tant que telle, la philosophie ancienne ne saurait être réduite, comme elle l'est parfois, à une sorte de quête informelle du bonheur. Selon P. Hadot, le «Connais-toi toi-même» se révèle donc être non seulement un «thème de méditation[51]», mais, plus encore, un «exercice philosophique fondamental[52]».

Le précepte invite à un véritable travail de soi sur soi[53], qu'il conviendrait alors de distinguer, assez nettement, de la «construction d'une anthropologie» présupposée par P. Courcelle. Alors qu'il avait éclairé la nature de l'homme et, indirectement, l'idéal du sage dans différents courants de la pensée occidentale, P. Hadot, quant à lui, s'est davantage encore intéressé aux *moyens* et aux pratiques par lesquels l'individu peut réaliser, en lui-même, un tel idéal et le faire *sien* dans la concrétude de son existence[54]. Ainsi, la belle image de *La citadelle intérieure*,

---

50. P. COURCELLE, *Connais-toi toi-même: de Socrate à saint Bernard*, *op. cit.*, p. 91: «Ainsi le précepte delphique, point de départ d'une recherche métaphysique, présente en même temps une valeur éthique; il enseigne non seulement à philosopher, mais à atteindre le bonheur par la sagesse.»

51. P. HADOT, *Exercices spirituels et philosophie antique* (2e édition), *op. cit.*, p. 215: voir *supra*, p. 92.

52. *Ibid.*

53. De nombreuses expressions de P. Hadot développent cette idée: voir notamment dans *Exercices spirituels et philosophie antique* (2e édition) où sont évoquées, à côté de la notion d'exercices spirituels, celles de conversion, de thérapeutique des passions, ou encore de transformation intérieure (p. 16-17).

54. La distinction que nous faisons ici entre «construction» ou «description» d'un idéal, d'une part, et «moyens» engagés dans la vie quotidienne pour réaliser celui-ci, de l'autre, pourrait être

par laquelle P. Hadot illustrait le stoïcisme de Marc Aurèle[55], évoque l'idée du soi en construction. Il s'agit, explique P. Hadot, de « circonscrire le moi », de le délimiter, de transformer la conscience de nous-mêmes, en distinguant, en particulier, la causalité intérieure et la causalité extérieure[56].

Dans les mêmes années, M. Foucault se proposait d'étudier « dans quelle forme d'histoire se sont noués en Occident les rapports entre le "sujet" et la "vérité"[57] ». Or, au tout début du premier cours qu'il donna au Collège de France sur le sujet, M. Foucault fait cette affirmation pour le moins surprenante : « Chacun sait, chacun dit, chacun répète, et depuis bien longtemps, que la question du sujet (question de la connaissance du sujet par lui-même) a été originairement posée (…) dans la fameuse inscription delphique du *gnôthi seauton* ("Connais-toi toi-même")[58]. » À propos du précepte, il met précisément une note renvoyant à l'ouvrage de P. Courcelle, qu'il connaissait, par conséquent[59].

Ces lignes sont étonnantes pour deux raisons au moins : d'abord parce que la plupart des chercheurs ont montré que la possibilité de trouver, dans le dossier des textes réunis autour du « Connais-toi toi-même » dans l'Antiquité, des traces de quelque chose comme la subjectivité, n'a rien d'une évidence, comme nous l'avons dit. Ensuite, parce que la perspective de la subjectivité est pratiquement absente des analyses mêmes de P. Courcelle ; nous l'avons également rappelé.

Selon M. Foucault, lorsqu'il se pose la question de savoir ce qui est essentiel dans la nature humaine, Platon ne se placerait donc pas prioritairement – comme le soutenait P. Courcelle – dans une perspective anthropologique ; il se serait plutôt interrogé sur le sujet et sur l'âme en tant que sujet[60]. Qu'est-ce que l'αὐτό qu'il convient de connaître ? Qu'est-ce que le « moi-même » ? M. Foucault voit ainsi dans le *Premier Alcibiade* une anticipation de la conception moderne du soi et

---

illustrée par un passage de P. HADOT, *Discours et mode de vie philosophique* («La figure du sage dans l'antiquité gréco-latine»), Paris, 2014, p. 181 : «Ainsi la tâche du philosophe va consister à s'exercer, dans la vie, à la sagesse et à décrire, dans le discours philosophique, le sage idéal.» En somme, si P. Hadot a insisté sur un aspect de la philosophie («s'exercer […] à la sagesse»), P. Courcelle a mis l'accent sur l'autre («décrire, dans le discours […], le sage idéal»).

55. P. HADOT, *La citadelle intérieure. Introduction aux* Pensées *de Marc Aurèle*, Paris, 1992 ; MARC AURÈLE (VIII, 48) dit, par exemple, que « l'intelligence libre de passions est une *citadelle* (ἀκρόπολις) ».

56. P. HADOT, *La citadelle intérieure. Introduction aux* Pensées *de Marc Aurèle*, *op. cit.*, p. 130-144.

57. M. FOUCAULT, *L'herméneutique du sujet. Cours au Collège de France (1981-1982)*, Édition établie sous la direction de F. Erwald et A. Fontana, avec F. Gros, Paris, 2001, p. 4.

58. *Ibid.*

59. Il s'agit de la note 8 p. 21 de *L'herméneutique du sujet*, *op. cit.*

60. Voir, sur ce point, M. FOUCAULT, *L'herméneutique du sujet*, *op. cit.*, en particulier aux pages 39 ; 52 ; 54-57.

de la subjectivité. Or cette lecture du précepte et des enjeux de la philosophie de l'époque dite «classique» a suscité des débats. Qu'il suffise de renvoyer aux discussions des spécialistes au sujet de la locution au neutre αὐτὸ τὸ αὐτό: il s'agit de l'objet de la connaissance que Socrate invite Alcibiade à acquérir avant toute chose[61]. Les grandes lignes de ces discussions sont clairement résumées par I. Koch:

> «Là où les commentateurs néoplatoniciens ont vu, dans les étapes de la recherche de l'αὐτὸ τὸ αὐτό, une traversée de différents niveaux hiérarchisés de l'âme qui culmine dans l'âme contemplative, purifiée de tout lien avec le corps (niveau que désignerait la locution αὐτὸ τὸ αὐτό), les interprètes modernes tendent à lire l'*Alcibiade* comme un dialogue qui pose le problème de ce que nous sommes en termes de "soi" ou de "sujet", de *self*. Cette lecture ne va pas sans conséquences: (…) traduire αὐτό par "the self" ou "le soi" risque d'importer dans l'interprétation des textes anciens un modèle de rapport à soi qui ne s'y trouve peut-être pas, car il est éminemment moderne (on dira grossièrement: cartésien), à savoir la réflexivité[62].»

Et l'on trouvera dans les travaux récents de C. Gill une discussion précise de l'interprétation foucaldienne du «Connais-toi toi-même»[63]. Alors que P. Courcelle mettait l'accent sur l'objet de la connaissance, laquelle correspondrait à une connaissance objective de l'homme – l'homme en tant que *nature humaine* –, ce qui a intéressé avant tout M. Foucault est le fait que c'est *par soi-même* qu'on connaît ce soi qu'il faut connaître. Le changement de perspective, qui s'opère sans doute au prix d'un contresens sur ce que Socrate a en vue lorsqu'il parle du «soi» et de la connaissance de «soi», est illustré dans ces lignes de l'*Herméneutique du sujet*, où l'on voit apparaître, associées à la question de la subjectivité, celles d'identité du sujet et de réflexivité:

---

61. *Alc.*, 129b 1. Elle réapparaît en 130d 3.

62. I. Koch, «Présentation», dans *Autos, Idipsum: aspects de l'identité d'Homère à Augustin*, D. Doucet et I. Koch (dir.), Aix en Provence, 2014, p. 16. Les différentes contributions réunies dans cet ouvrage interrogent les significations antiques de l'identité, de l'ipséité et de la réflexivité: on y trouvera des développements éclairants sur le dialogue platonicien et ses interprétations.

63. C. Gill, *The Structured Self in Hellenistic and Roman Thought*, Oxford, 2006 (en part. p. 344-359: «Concepts of self in Plato's *Alcibiades*»); Id., «La connaissance de soi dans l'*Alcibiade* de Platon», *Études platoniciennes*, 4, 2007, p. 153-162. Cette question doit être abordée avec nuances; en particulier, une étude très importante comme celle de C.G. Steel, *The Changing Self. A study on the soul in later neoplatonism: Iamblichus, Damascius and Priscianus*, Brussel, 1978, rappelle que la question de l'*identité* (de l'âme) était au cœur des réflexions dans le néoplatonisme tardif. Plus précisément, la question centrale abordée chez certains platoniciens tardifs était de savoir si l'identité de l'âme – que C.G. Steel assimile à la question du «sujet» (*subject*: *The changing self*, p. 20) – implique ou non que sa substance soit immuable. Nous renvoyons également à J.-F. Pradeau, «Le sujet ancien d'une éthique moderne», dans *Foucault. Le courage de la vérité*, F. Gros (éd.), Paris, 2ᵉ édition, 2012, p. 131-154.

« Le dialogue de l'*Alcibiade* porte en sous-titre, mais un sous-titre qui a été ajouté très tardivement – je crois à l'époque alexandrine, mais je n'en suis pas sûr, il faudra que je vérifie d'ici à la prochaine fois – *de la nature humaine*. Or, quand vous voyez le développement de toute la dernière partie du texte (...) la question que pose Socrate, et qu'il essaie de résoudre, n'est pas : tu dois t'occuper de toi ; mais qu'est-ce que c'est que ce soi-même *(auto to auto)*, puisque c'est de toi-même que tu dois t'occuper ? *Question par conséquent qui ne porte pas sur la nature de l'homme*[64], mais qui porte sur ce que nous appellerions, nous maintenant – puisque le mot n'est pas dans le texte grec –, *la question du sujet*[65]. Qu'est-ce que c'est que ce sujet, qu'est-ce que c'est que ce point vers lequel doit s'orienter cette activité réflexive, cette activité réfléchie, cette activité qui se retourne de l'individu à lui-même ? Qu'est-ce que c'est que ce soi[66] ? »

En somme, selon M. Foucault, c'est la réflexivité qui fonde la subjectivité. La perspective est-elle pour autant étrangère à l'ouvrage de P. Courcelle ? Pas entièrement, si on considère les remarques que celui-ci développe sur l'intériorité augustinienne et sur les diverses pratiques de l'*exploratio animi* formulée en des expressions comme *secum esse*, *secum habitare*, qui ont irrigué les écrits des moralistes antiques (sans doute à partir du *Phédon*), avant d'être réutilisées dans l'exégèse biblique et appliquées à la vie chrétienne, en particulier à la vie érémitique[67].

Ensuite, lorsque M. Foucault rappelle, dans l'extrait cité plus haut, que le « Connais-toi toi-même » a été au point de départ de la question du sujet, il entend, en réalité, prendre ses distances avec cette *opinio communis* et lui substituer une nouvelle perspective, qu'il formule dans la phrase qui précède le passage que nous avons rapporté :

« Vous me direz qu'il est sans doute un peu paradoxal et passablement sophistiqué de choisir, pour étudier les rapports entre sujet et vérité, la notion d'*epimeleia heautou* à laquelle l'historiographie n'a pas jusqu'à présent accordé énormément d'importance. C'est un peu paradoxal et sophistiqué de choisir cette notion, alors que chacun sait (...) que la question du sujet (...) a été originairement posée dans (...) la fameuse inscription delphique du *gnôthi seauton* ("connais-toi toi-même")[68]. »

---

64. Nous soulignons : en réalité, comme nous l'avons rappelé plus haut, Socrate a bien en vue la nature de l'homme. En 139e 9, il pose en effet à Alcibiade la question : Τί ποτ'οὖν ὁ ἄνθρωπος ;

65. Nous soulignons.

66. M. FOUCAULT, *L'herméneutique du sujet*, *op. cit.*, p. 39.

67. P. COURCELLE, *Connais-toi toi-même : de Socrate à saint Bernard*, *op. cit.*, chapitre X, p. 217-219 ; cf. chapitre VIII, p. 125-148 et chapitre XI, p. 248-251.

68. M. FOUCAULT, *L'herméneutique du sujet*, *op. cit.*, p. 4 (nous avons donné la fin de la citation tronquée de son début, plus haut p. 101).

Dans l'*Herméneutique du sujet*, M. Foucault propose, en effet, une relecture de la philosophie antique qui rompt avec ce qu'il considère comme étant l'interprétation dominante. Celle-ci ferait de la connaissance de soi la visée fondamentale de la philosophie antique, sans voir qu'elle est en réalité subordonnée, tel un moyen, à une injonction, en réalité plus fondamentale encore, à *se soucier de soi-même* (ἐπιμέλεια ἑαυτοῦ[69]). Dans ce déplacement d'accent tout à fait remarquable, le *Premier Alcibiade* joue un rôle décisif chez M. Foucault, qui s'en sert pour reconstruire une histoire de la philosophie antique dans laquelle on voit émerger et se développer (en partie contre le modèle platonicien) le thème de la « culture de soi »[70] : à partir d'un même substrat, M. Foucault poursuit une voie radicalement divergente de celle de P. Courcelle.

De fait, l'interprétation de la finalité du dialogue par M. Foucault a renouvelé les études sur le *Premier Alcibiade*, lesquelles insistent davantage, désormais, sur l'invitation de Socrate à Alcibiade à *s'occuper* de lui-même, une fois qu'il aura compris *ce qu'il est*[71]. On comprend bien enfin, dans cette perspective, les liens entre le souci de soi, que M. Foucault replace au cœur du dialogue platonicien, d'une part, et les amples réflexions qu'il a développées sur les « pratiques du soi » ou les « techniques du soi », dont il nous livre une définition dans *L'usage des plaisirs*, par exemple :

> « L'essai – qu'il faut entendre comme *épreuve modificatrice de soi-même*[72] dans le jeu de la vérité et non comme appropriation simplificatrice d'autrui à des fins de communication – est le corps vivant de la philosophie, si du moins celle-ci est encore maintenant ce qu'elle était autrefois, c'est-à-dire une "ascèse", *un exercice de soi*[73], dans la pensée[74]. »

---

69. Le thème fait son apparition, dans le dialogue, à partir de 127e, mais Socrate ne donne aucune définition précise de ce que représente « s'occuper de » quelque chose, si ce n'est l'« améliorer » (βελτίω ποιεῖν).

70. L'utilisation foucaldienne de l'*Alcibiade* a été très précisément étudiée par I. Koch, « Le propylée et la statue. Présence et absence du néoplatonisme dans la lecture foucaldienne de la philosophie antique », *Philosophie antique*, 14, 2014, p. 291-329.

71. Cette réorientation dans l'interprétation de la démarche socratique, qui peut apparaître originale aux yeux des modernes, n'est en réalité pas nouvelle, puisqu'on la trouvait déjà dans le *Commentaire* de Proclus au *Premier Alcibiade*. En effet, Proclus développe, à partir de la notion d'amélioration brièvement mentionnée par Platon (cf. *supra*, note 69), celle du « perfectionnement (τελείωσις) de l'être, ce qui, dans sa propre interprétation, est la forme revêtue par le « soin ». Il déclare (*In Alc.*, 4 Creuzer) : « Il faut, dans chaque classe d'être, connaître l'essence (οὐσία) avant la perfection (τελειότης) : car la perfection n'est pas perfection d'elle-même mais perfection de l'essence par laquelle elle est participée. »

72. Nous soulignons.

73. Nous soulignons.

74. M. Foucault, *Histoire de la sexualité, 2. L'usage des plaisirs*, Paris, 1984, p. 15.

C'est donc dans la distinction assez forte entre ces deux lignes d'interprétation du but du «Connais-toi toi-même» que nous verrions les «à-côtés» du travail de P. Courcelle: construction d'une anthropologie, d'une part, construction du soi, de l'autre. Malgré les reproches que l'on peut faire à la lecture du «Connais-toi toi-même» par M. Foucault, il n'en reste que celui-ci a contribué largement à alimenter les réflexions modernes sur la légitimité d'interpréter les textes de l'époque dite «classique», mais aussi des époques plus tardives, à la lumière des concepts de «réflexivité» et de «subjectivité»[75]; l'intérêt de cette question n'avait pas retenu l'attention de P. Courcelle.

Il convient de rappeler, maintenant, le dialogue qu'ont entretenu P. Hadot et M. Foucault, leurs «convergences et divergences» pour reprendre le titre d'un écrit de P. Hadot placé à la fin d'*Exercices spirituels*[76]. Leurs convergences apparaissent en particulier au sujet de la conception de la philosophie ancienne comme thérapie et souci de soi, et sur l'importance, dans cette perspective, des exercices spirituels. P. Hadot écrit: «Dans ce travail de soi sur soi, dans cet exercice de soi, je reconnais également, pour ma part, un aspect essentiel de la philosophie: la philosophie est un art de vivre, un style de vie qui engage toute l'existence[77].» Toutefois, cette communauté de vues n'empêche pas une discordance:

> «Dans le platonisme, mais tout aussi bien dans l'épicurisme et le stoïcisme, la libération de l'angoisse s'obtient donc par un mouvement dans lequel on passe de la subjectivité individuelle et passionnelle à l'objectivité de la perspective universelle. *Il s'agit, non pas d'une construction d'un moi, comme œuvre d'art, mais au contraire d'un dépassement du moi*[78], ou tout au moins d'un exercice par lequel le moi se situe dans la totalité et s'éprouve comme partie de cette totalité[79].»

La façon dont P. Hadot prend ses distances par rapport à M. Foucault, en rejetant l'idée selon laquelle le platonisme (et la philosophie ancienne plus généralement) placerait au centre la subjectivité individuelle, est tout à fait claire[80]. Il rejette aussi le concept de «construction du soi» dans ce qu'il a d'esthétique chez Foucault – lequel parle de «culture de soi» et d'«esthétique de l'existence», au sens où notre

---

75. Les historiens de la philosophie s'accordent en revanche pour dire que l'idée subjective du soi est présente dans la pensée grecque et romaine à partir de l'époque impériale.

76. P. HADOT, *Exercices spirituels et philosophie antique* (2ᵉ édition), *op. cit.*, p. 229-233 («Un dialogue interrompu avec Michel Foucault. Convergences et divergences»). On sait que M. Foucault renvoie à cet ouvrage de P. Hadot, dont la première édition était parue en 1981, aussi bien dans *L'usage des plaisirs* que dans *Le souci de soi* (Paris, 1984).

77. P. HADOT, *Exercices spirituels et philosophie antique* (2ᵉ édition), *op. cit.*, p. 230.

78. Nous soulignons.

79. P. HADOT, *Exercices spirituels et philosophie antique* (2ᵉ édition), *op. cit.*, p. 232.

80. Les objections de P. Hadot contre les thèses de M. Foucault ont été soigneusement analysées et évaluées par J.-F. PRADEAU, «Le sujet ancien d'une éthique moderne», art. cit.

propre vie serait l'œuvre que nous avons à faire[81]. Il rappelle, par exemple, que si le stoïcien trouve sa joie dans le rapport à soi, c'est dans cette « meilleure partie » de soi, dans ce soi véritable, qui est, en fin de compte, un soi *transcendant*[82], et non un soi subjectif[83]. Il n'y a pas de connaissance de soi chez les philosophes de l'Antiquité, selon P. Hadot, qui ne soit, en même temps, contemplation de l'ordonnancement de la réalité.

Nous conclurons cette présentation en disant que s'il est vrai que les différents enjeux mis en évidence dans les dernières pages de notre contribution n'ont pas été abordés – ou l'ont été très peu – par P. Courcelle, cependant, il faut insister sur le rôle séminal joué par le *Premier Alcibiade* tant chez cet auteur que, parallèlement, chez M. Foucault et P. Hadot. Si l'influence de P. Courcelle sur P. Hadot n'est pas à démontrer, en revanche il serait très difficile de dire dans quelle mesure l'ouvrage de P. Courcelle, qui a incontestablement donné notoriété au précepte delphique et à ses relectures, aurait alimenté en profondeur la réflexion M. Foucault[84]. Il convient surtout de souligner que ces différents travaux, inspirés de sources antiques communes et menés presque en parallèle, ont largement contribué aux débats autour de la signification de la philosophie ancienne, et des enjeux dont elle est encore porteuse pour le monde contemporain.

Qu'est-ce, donc, que la sagesse antique, et en quoi consiste cette connaissance de soi à laquelle elle appelle ? Nous avons vu se dessiner au moins trois réponses dont nous insistons pour dire qu'elles se sont constituées en dialogue, sans être exclusives l'une de l'autre : cette connaissance de soi qui représente un projet fondamental de la philosophie ancienne – à travers, notamment, les relectures du

---

81. L'idée est développée par M. Foucault en de nombreux écrits : voir, notamment, « Une esthétique de l'existence » (1984), dans M. FOUCAULT, *Dits et écrits 1954-1988*, IV, *1980-1988*, Paris, 1994, p. 730-735.

82. Tout comme l'âme se révèle être une âme transcendante dans le *Premier Alcibiade*. Cf. P. HADOT, *Discours et mode de vie philosophique*, *op. cit.*, p. 193, à propos de Sénèque : « Sénèque ne trouve donc pas sa joie dans Sénèque, mais en transcendant Sénèque, en découvrant qu'il peut s'élever lui, Sénèque, à un niveau supérieur d'existence où il n'est plus Sénèque, le Sénèque limité dans l'espace et le temps, mais la Raison universelle, l'Esprit, le *daimôn* qui était en Sénèque et qu'il est devenu, auquel il s'est identifié. Il est passé de l'individualité à l'universalité. On pourrait dire aussi : il est devenu le sage transcendant qui est en Sénèque et qui est en quelque sorte le moi supérieur de Sénèque. »

83. On pourra lire les objections de P. Hadot contre le concept foucaldien de « culture de soi » appliqué à l'Antiquité dans « Réflexions sur la notion de 'culture de soi' », dans *Michel Foucault philosophe : Rencontre internationale, Paris, 9, 10, 11 janvier 1988*, Paris, 1989, p. 261-268.

84. Nous avons noté plus haut que M. Foucault renvoie au travail de P. Courcelle, mais n'avons pas trouvé personnellement de textes de M. Foucault qui en discutent de façon plus précise (il en existe peut-être cependant).

Premier Alcibiade – met en jeu tant la construction d'une anthropologie que la construction de soi[85]. Mais le précepte est aussi invitation à se conformer à l'ordre du monde et conduit ainsi en de nombreux courants de la philosophie antique, comme le rappelle Pierre Hadot, au dépassement de soi dans une vision cosmique et universaliste[86].

Sophie VAN DER MEEREN
Université Rennes 2, Cellam / Institut d'études augustiniennes

---

85. Construction du soi qui devient en particulier le *moyen* de réaliser, dans l'homme individuel, la finalité humaine : cf. *supra*, note 54.

86. Sur ce point, voir par exemple P. HADOT, *La philosophie comme éducation des adultes. Textes, perspectives, entretiens*, Paris, 2019, p. 201-212 («La Terre vue d'en haut et le voyage cosmique»), où l'auteur évoque cet exercice spirituel, en particulier, chez Platon, Épicure et les stoïciens, comme dans l'extrait d'*Exercices spirituels et philosophie antique* (2ᵉ édition), *op. cit.*, p. 232, que nous avons cité *supra*, p. 105.

Lecteurs païens et lecteurs chrétiens de l'Énéide : la reconstitution d'une mémoire enfuie

Une œuvre dont le succès ne s'est pas démenti au cours des siècles n'existe pas seule : elle est entourée de toutes celles qui l'ont lue, relue et qui s'en sont nourries. Cette constatation nous paraît relever de l'évidence depuis les travaux de Hans Robert Jauss et la publication en 1978 de la traduction française de son ouvrage *Pour une esthétique de la réception*[1]. Mais ce recentrage qui a déplacé l'attention des études critiques de l'auteur sur le lecteur, Pierre Courcelle l'avait mis en œuvre avant lui, puisque l'article qui constitue le point de départ et le noyau du livre posthume paru en 1984, *Lecteurs païens et lecteurs chrétiens de l'Énéide*[2], date de 1955. C'est en effet cette année-là qu'est parue dans les *Archives d'histoire doctrinale et littéraire du Moyen Âge* l'étude remarquablement riche et précise qui analyse la réception par les Pères de l'Église des enfers virgiliens[3]. Cet article, et le livre qui l'a suivi, m'ont été précieux lors de la rédaction de ma thèse, qui portait sur *L'influence de l'Énéide au XIIe siècle*[4]. Ils m'ont permis de ne pas m'égarer dans le dédale d'une mémoire qui allait de soi pour les clercs du XIIe siècle, mais qui s'était largement perdue depuis. J'ai donc utilisé l'abondante

---

1. H.R. JAUSS, *Pour une esthétique de la réception*, trad. fr. Cl. Maillard, Paris, 1978. Les études qui constituent cet ouvrage ont été publiées (en allemand) entre 1972 et 1975.

2. P. COURCELLE, *Lecteurs païens et lecteurs chrétiens de l'Énéide*. T. 1 : *Les témoignages littéraires*, t. 2 (avec J. Courcelle) : *Les manuscrits illustrés de l'Énéide du Xe au XVe siècle*, Paris, 1984.

3. P. COURCELLE, « Les Pères de l'Église devant les enfers virgiliens », *Archives d'histoire doctrinale et littéraire du Moyen Âge*, 30, 1955, p. 5-74. Cette étude a été doublée d'une autre étude plus brève sur les « Interprétations néo-platonisantes du livre VI de l'Énéide », dans *Entretiens sur l'antiquité classique*, t. III : *Recherches sur la tradition platonicienne*, Vandœuvres – Genève, 1955, p. 95-136.

4. Proposé par Daniel Poirion, ce sujet a donné naissance à deux livres, *L'Énéide médiévale et la chanson de geste*, Paris, 1994 et *L'Énéide médiévale et la naissance du roman*, Paris, 1994.

matière qu'ils m'offraient et surtout je me suis inspirée de leurs principes méthodologiques, dont la justesse s'est vérifiée au fil du temps. C'est sur ces principes et sur ce qu'ils apportent que je voudrais revenir brièvement dans les pages qui suivent, car ils montrent bien à quel point une œuvre qui pourrait sembler de pure érudition est encore actuelle, et propre à ouvrir des pistes aux jeunes chercheurs. Je prendrai tous mes exemples dans deux textes sur lesquels je suis revenue ces dernières années: le *Commentaire sur les six premiers livres de l'Énéide* attribué à Bernard Silvestre et le *Roman d'Énéas*. Ils sont en effet représentatifs de deux milieux novateurs où s'est effectuée au XIIe siècle la réception de l'épopée de Virgile, l'école épiscopale et la cour aristocratique. Car le premier, écrit en latin, doit sans doute être rattaché à l'école de Chartres[5] et le second, l'un de nos premiers textes en ancien français, a sûrement des liens avec la cour de Henri II Plantagenêt, roi d'Angleterre[6].

I. – LA VIE DES TEXTES: L'IMPORTANCE DU CONTEXTE

À première lecture, le livre de Pierre Courcelle peut déconcerter par la dispersion de la riche matière qui y est rassemblée. Son auteur en était conscient, puisqu'il demande à son lecteur d'«excuser le décousu apparent de ce commentaire» et s'en explique dans son introduction. Sa règle a été de «suivre pas à pas – parfois vers par vers – le cours des livres de l'*Énéide*» et donc de «[tenir] d'elle seule son fil conducteur»:

> «Il ne s'agira, précise-t-il, ni de réduire à l'unité, par esprit de synthèse, cette foule de passages hétérogènes entre eux puisqu'ils sont issus de centaines d'auteurs échelonnés sur les divers siècles, ni de proposer telle interprétation comme seule juste. Bien au contraire cette collection [...] tirera son intérêt de sa variété.»

Cette variété et les divers rapprochements qu'elle permet lui paraissent «susceptibles», ajoute-t-il en conclusion, «de jeter un jour nouveau sur la "vie" même du chef-d'œuvre virgilien»[7]. L'impression d'ensemble est en effet celle d'une richesse foisonnante qui n'est pas sans faire penser à ce que dit H.R. Jauss de «la complicité active de publics successifs» seule capable de faire vivre, c'est-à-dire de faire exister et durer, une œuvre littéraire ou artistique[8]. L'ouvrage de Pierre Courcelle peut alors être utilisé comme un vaste répertoire auquel revenir sans

---

5. Comme en témoigne notamment sa parenté avec les commentaires de Guillaume de Conches, dont la présence à Chartres comme enseignant est pour le moins très probable. Voir E. JEAUNEAU, *L'âge d'or des écoles de Chartres*, Chartres, 2000, p. 43-50.

6. En raison de ses liens étroits avec le *Roman de Thèbes* et le *Roman de Troie*, qui relèvent de la même poétique. Voir F. MORA-LEBRUN, «*Metre en romanz*». *Les romans d'antiquité du XIIe siècle et leur postérité (XIIIe-XIVe siècle)*, Paris, 2008.

7. P. COURCELLE, *Lecteurs païens*, *op. cit.*, p. 10-11.

8. H.R. JAUSS, *Pour une esthétique*, *op. cit.*: «L'œuvre littéraire – de même que l'œuvre d'art en général – n'existe et ne dure qu'avec la complicité active de ses publics successifs» (p. 4 de couverture).

cesse au gré des circonstances et des besoins. Toutefois, pour que cette utilisation soit féconde, Pierre Courcelle pose un premier principe méthodologique de base : « Chaque emprunt devra être étudié en fonction du contexte qui l'entoure[9]. » Cette rigueur due à sa formation de chartiste et d'historien remédie à l'inconvénient que peut présenter une dispersion excessive en invitant à la réinsertion de cas particuliers dans des ensembles plus vastes. Je prendrai juste deux exemples.

J'emprunterai le premier au *Roman d'Énéas*. Au moment où Énéas et ses compagnons quittent Troie, un signe leur indique la route à suivre : « puis ont gardé devers senestre : / une estoyle virent levee / qui la voie lor a mostree » (« Puis ils regardèrent vers la gauche : ils virent se lever une étoile qui leur a indiqué le chemin[10] »). Ce détail provient de la conjonction de deux vers de l'*Énéide*, le v. 382 du livre I, *matre dea monstrante uiam* (« ma mère la déesse m'indiquant la route ») et le v. 694 du livre II, *stella [...] multa cum luce cucurrit [...] signantemque uias* (« une étoile [...] courut dans une vive lumière, [...] marquant une route[11] »). Cette fusion est sûrement due au commentaire de Servius, qui voyait dans le premier vers une allusion à l'étoile de Vénus et invitait son lecteur à le rapprocher du second[12]. Mais, en contexte chrétien, une question se pose : y a-t-il là une allusion à l'étoile qui guida les rois mages ? L'ouvrage de Pierre Courcelle fournit la réponse : dans l'étoile qui apparaît à la fin du livre II, « le *Centon* de Proba, le *De Verbi incarnatione*, Prudence et Quodvultdeus de Carthage voient l'étoile qui conduisit les Mages auprès de Jésus nouveau-né[13] ». L'assimilation syncrétique est donc attestée dans une tradition déjà longue apparue dès le IVe siècle. On peut la supposer bien ancrée dans la mémoire religieuse et culturelle en raison des textes où elle apparaît. Le *Centon* de Proba a connu un succès durable jusqu'au XVIe siècle où il a été plusieurs fois imprimé, et l'hymne XII du *Cathemerinon* où Prudence remploie les vers de l'*Énéide*, chantée le jour de l'Épiphanie, participait à la liturgie. Or Prudence reprend plusieurs mots-clés des v. 693-698 du livre II : *Sequuntur [...] / qua stella sulcum traxerat / claramque signabat uiam* (« ils suivent [...] / le *sillon* tracé par *l'étoile, / la voie* claire *qu'elle leur marque*[14] »). Écrivant en langue vernaculaire pour un milieu curial où les allusions devaient

---

9. P. COURCELLE, *Lecteurs païens*, *op. cit.*, p. 10.

10. *Le Roman d'Énéas*, éd. bilingue de W. Besnardeau et F. Mora-Lebrun (« Champion Classiques »), Paris, 2018, v. 76-78.

11. Comme l'atteste la traduction littérale de plusieurs mots (voie < *uiam*, mostree < *monstrante*, estoyle < *stella*). On peut ajouter à cela la mention de la gauche *(senestre)*, qui reprend le v. 693 du livre II : *intonuit laeuom* (« un tonnerre retentit à gauche »).

12. Voir F. MORA, « L'utilisation du commentaire de Servius dans le *Roman d'Énéas* », dans *Servius et sa réception de l'Antiquité à la Renaissance*, M. Bouquet et B. Méniel éd. (« Interférences »), Rennes, 2011, p. 395-405.

13. P. COURCELLE, *Lecteurs païens*, *op. cit.*, p. 208-209.

14. Voir son édition bilingue par M. LAVARENNE, *Cathemerinon liber (Livre d'heures)*, t. I des œuvres de Prudence, Paris, 1972, p. XXXV-XXXIX et p. 69 (*Hymne XII*, v. 53-56).

être claires pour être comprises, le romancier tire parti de cette mémoire commune pour suggérer la prédestination d'Énéas. La mise en contexte permet ainsi de rétablir le fil d'une transmission mémorielle qui donne de la profondeur au texte en lui apportant un surplus de sens. C'est ce qu'on appelle maintenant l'intertextualité.

Cette intertextualité peut s'établir à l'intérieur d'ensembles plus originaux et plus restreints, mais non moins significatifs, comme en témoigne mon deuxième exemple emprunté au commentaire chartrain sur l'*Énéide*. La longue glose de ce commentaire sur la tempête du livre I comprend un exposé sur les tremblements de terre. Ce développement assez inattendu prend sens quand on le rapproche d'un texte mentionné par Pierre Courcelle, un passage des *Quaestiones naturales* où Sénèque, vivement intéressé par la tempête que décrit Virgile, met en relation, en citant plusieurs vers de l'*Énéide*, les vents furieux enfermés par Éole dans une caverne qu'ils ébranlent et les tremblements de terre[15]. Car si le texte de Sénèque n'apporte pas aux médiévaux de connaissances vraiment nouvelles (Bède et Isidore de Séville font eux aussi de l'air retenu dans des cavernes la source des séismes[16]), sa particularité est de mettre ces connaissances en relation avec l'épopée de Virgile et aussi de revêtir un caractère polémique : il rationalise le texte virgilien en supprimant toute mythologie, et reproche même au poète d'avoir fait des vents des dieux personnels qu'on peut enchaîner alors que l'air est invincible[17]. Le commentaire chartrain ne polémique pas, mais il rationalise lui aussi en proposant un décryptage allégorique qui fait du tremblement de terre l'une des suivantes de Junon parce que Junon, dont le nom grec est Héra ou *aer*, c'est-à-dire l'air, provoque quand il/elle est retenu(e) dans des cavernes des tremblements de terre. Son exposé, très proche dans son esprit de celui de Sénèque, se veut de nature purement scientifique[18]. Certes, le fait de savoir si le commentaire chartrain a connu ce passage des *Quaestiones naturales* peut faire débat, car les manuscrits de ce texte commencent tout juste à réapparaître dans le courant du XIIe siècle. On a toutefois pu montrer que Guillaume de Conches, un autre chartrain, les avait utilisés vers 1145-1150 dans son dernier ouvrage, le *Dragmaticon*[19]. Il n'y a donc aucune invraisemblance à voir dans le texte de Sénèque l'hypotexte du *Commentaire sur l'Énéide*, un hypotexte qui permet à ce commentaire de coller aux aspirations nouvelles de son temps en l'encourageant à

---

15. SÉNÈQUE, *Quaestiones naturales*, VI, 18, 1-6, éd. P. Oltramare, Paris, 1929 (t. II). Cf. VIRGILE, *Énéide*, I, 50-63.

16. BÈDE, *De natura rerum*, 49, éd. E. Tinelli, Bari, 2013 et ISIDORE DE SÉVILLE, *De natura rerum*, 46, éd. J. Fontaine, Bordeaux, 1960.

17. Voir les commentaires de P. COURCELLE, *Lecteurs païens*, op. cit., p. 36-37.

18. *The commentary of the first six books of the Aeneid of Virgil commonly attributed to Bernardus Silvestris*, éd. J.W. Jones et E.F. Jones, Lincoln, 1977, p. 7-8.

19. Tout particulièrement le livre V sur les vents, et aussi le livre VI sur les tremblements de terre. Voir C. PICARD-PARRA, « Une utilisation des *Questiones naturales* de Sénèque au milieu du XIIe siècle », *Revue du Moyen Âge latin*, 5, 1949, p. 115-126.

utiliser la mythologie païenne pour expliquer les phénomènes naturels de manière rationnelle. L'intertextualité ne relève pas ici d'une longue tradition mémorielle, elle ne joue qu'entre deux textes, mais elle n'en est pas moins éclairante en révélant un pan très novateur de la mémoire du commentateur.

II. – L'ATTENTION PORTÉE À LA LETTRE DES TEXTES

L'ouvrage de Pierre Courcelle est donc d'abord une mine presque inépuisable où recueillir de précieuses informations susceptibles de mettre sur la piste d'hypotextes révélateurs. Mais il n'est pas que cela. Aux endroits de l'*Énéide* où la mémoire culturelle est la plus dense, parce que les sujets qui y sont abordés ont le plus fortement parlé aux intelligences et aux imaginations, on voit des dialogues s'y mettre en place sur un mode à la fois synchronique et diachronique, entre écrivains de générations successives ou entre écrivains d'une même génération. Ces dialogues, souvent polémiques, s'enracinent dans le texte de l'*Énéide*, mais le dépassent aussi largement. On pense bien sûr ici au livre VI, à la description des enfers qui a marqué de manière très durable les imaginations tant païennes que chrétiennes, et aussi aux révélations d'Anchise, cette « sorte de somme métaphysique stoïcienne imprégnée de platonisme et de pythagorisme [qui a] passionn[é] les générations chrétiennes[20] ». En ces endroits privilégiés où il s'attarde, Pierre Courcelle devient plus qu'ailleurs praticien de sa propre méthode. Il vaut donc la peine de regarder d'un peu plus près comment il procède, en se reportant aussi à la demi-douzaine d'articles où il étudie le devenir de la pensée platonicienne de la Grèce antique à l'antiquité tardive, puis au XIIe siècle.

C'est là qu'intervient le deuxième principe méthodologique qui me paraît essentiel, et qu'il énonce au début d'un de ses articles : « Il est nécessaire, pour commencer, de prendre un contact direct avec les textes[21]. » Les médiévaux, on le sait, ont cherché dans les *auctores* antiques aussi bien des maîtres à écrire que des maîtres à penser. Virgile est pour eux à la fois philosophe et poète, et philosophe parce que poète, en vertu de sa capacité à enserrer une image ou un concept à l'intérieur d'une formule particulièrement bien frappée qui se grave dans les mémoires et chemine d'un texte à l'autre. Jean de Meun en témoigne dans la deuxième partie du *Roman de la Rose*, en louant les *sentences* léguées par l'antiquité et en donnant pour exemple la « sentance cortoise et ferme » héritée des *Bucoliques*: « Amours vaint tout » *(Omnia vincit Amor)*. « Certes », conclut-il, « il dist et bien et voir ; / en un seul ver tout ce nous conte, / n'i peüst conter meilleur conte » (« Assurément, il parle bien et il dit vrai ; un seul vers lui suffit à exprimer

---

20. P. COURCELLE, *Lecteurs païens*, op. cit., p. 472.

21. P. COURCELLE, « *Nosce teipsum* du Bas-Empire au Haut Moyen Âge. L'héritage profane et les développements chrétiens », dans *Settimane di studio del centro italiano di studi sull'alto medioevo*, t. 9 *(Il passagio dall'Antichita al Medioevo in Occidente)*, Spolète, 1962, p. 265-295 (cit. p. 265).

tout cela, et il n'aurait pu dire mieux[22] »). C'est pourquoi dans les notes remarquablement copieuses de son livre et de ses articles, Pierre Courcelle s'est attaché à reproduire le plus précisément possible la lettre des textes qu'il citait. Il montre ainsi fort bien comment la pensée s'enracine et circule à travers des métaphores qui la concrétisent et qui l'incarnent, mais aussi à travers les mots qui, de manière récurrente, véhiculent ces métaphores. Dans le domaine très débattu des relations entre le corps et l'âme, il en fait apparaître trois: le corps est pour l'âme à la fois une prison, une cage et un tombeau[23].

La première métaphore, celle du corps-prison, est illustrée de manière particulièrement forte par le vers 734 du livre VI de l'*Énéide*: *clausae tenebris et carcere caeco* (les âmes sont «encloses de ténèbres en aveugle prison[24]»). Mais les relevés faits par Pierre Courcelle montrent qu'un grand nombre de textes païens et chrétiens, tous bien connus des médiévaux (des textes de Cicéron, de Sénèque et de Lucain du côté païen, de saint Ambroise, de saint Jérôme et de saint Augustin du côté chrétien, pour ne citer que les principaux), entourent ce vers et lui font écho en reprenant notamment à l'envi le mot *carcer*. Ce mot s'accompagne parfois d'autres mots *(custodia, uincla, claustra)*, mais c'est lui qui tient la vedette, sans doute parce qu'en rejoignant un mot-clé du verset 8 du psaume 141, *educ de carcere animam meam* («fais sortir mon âme de prison»), il permet de faire le lien entre la tradition biblique et la pensée platonicienne. La mise en évidence de la répétition presque obsessionnelle de ce mot[25] fait bien comprendre pourquoi, malgré la controverse origéniste initiée par saint Jérôme et poursuivie par saint Augustin[26], qui condamne la métaphore du corps-prison comme païenne et hérétique dans la mesure où, en témoignant d'un trop grand mépris pour le corps, elle conduit à nier la résurrection de la chair, cette métaphore a prospéré jusqu'au XIIe siècle et au-delà, diffusant et même imposant le concept qui la sous-tendait. Au XIe et au XIIe siècles, Pierre Courcelle la relève chez des écrivains aussi divers que Fulbert de Chartres, Pierre Damien, Aelred de Rievaulx, Hildebert de Lavardin,

---

22. JEAN DE MEUN, *Le Roman de la Rose*, v. 21331-21340 (éd. bilingue de A. Strubel [«Lettres gothiques»], Paris, 1992); cf. VIRGILE, *Bucoliques*, X, 69. Le mot *sentence*, issu du latin *sententia*, vient sans doute de Quintilien (voir E.R. CURTIUS, *La tradition européenne et le Moyen Âge latin*, Paris, 1956, p. 115-116).

23. P. COURCELLE, «Tradition platonicienne et traditions chrétiennes du corps-prison», *Revue des études latines*, 43, 1965, p. 406-443, «L'âme en cage», dans *Parusia, Studien zur Philosophie Platons und zur Problemgeschichte des Platonismus. Festgabe für J. Hirschberger*, Frankfurt, 1965, p. 103-116 et «Le Corps-Tombeau (Platon, *Gorgias*, 493a, *Cratyle*, 400 c, *Phèdre*, 250 c)», *Revue des études anciennes*, 68, 1966, p. 101-122.

24. VIRGILE, *Énéide*, éd. et trad. J. Perret, Paris, 1981.

25. Chez saint Ambroise et saint Augustin, notamment: voir P. COURCELLE, «Tradition platonicienne et traditions chrétiennes du corps-prison», art. cit., p. 423-433.

26. JÉRÔME, *Contra Iohannem Hierosolymitanum ad Pammachium* 7 (*P. L.*, t. XXIII, 360) et AUGUSTIN, *Sermo CCLXXVII*, 3, 3 (*P. L.*, t. XXXVIII, 1259); voir P. COURCELLE, «Tradition platonicienne», art. cit., p. 427-429 et p. 432-433.

Guibert de Nogent, Adélard de Bath, Alain de Lille, etc. Ses articles et son livre ont ainsi apporté une contribution essentielle à l'histoire des idées en montrant le lien étroit entretenu par cette dernière avec les textes poétiques, une contribution d'autant plus appréciable que les études sur le platonisme et le néoplatonisme connaissent aujourd'hui un regain de faveur[27].

Les clercs médiévaux ont en effet été sensibles à ce pouvoir du mot et à la force évocatrice des métaphores qu'il véhicule, à la vie de la lettre, pour reprendre l'expression de Roger Dragonetti[28]. Si on l'éclaire grâce aux textes fournis et commentés par Pierre Courcelle, le commentaire chartrain sur l'*Énéide* peut nous le confirmer. En relation avec le vers de Virgile, il emploie plusieurs fois comme ses contemporains le mot *carcer*, mais aussi un autre mot, *cauea*, dont l'usage est moins évident parce qu'il est moins fréquent. Après avoir été employé par Sénèque pour désigner la cage où l'âme est enfermée, ce mot est repris par Servius à un endroit-clé de son commentaire, au début du discours d'Anchise, sur lequel il s'étend longuement. Il compare l'âme à un lion en cage, enfermée dans le corps mais non altérée par lui[29]. Le commentaire chartrain, lui, l'utilise à un autre endroit, au début de son explication du livre IV, là où il est question de la grotte où Didon se réfugie avec Énée et où elle se donne à lui. Cette grotte, désignée par le mot *spelunca* chez Virgile[30], est appelée par le commentateur *cauerna* puis *cauea*, dans une glose où il voit là une métaphore de l'impureté de la chair : *que immundicia carnis cauea dicitur quia serenitatem mentis et discretionis obnubilat* (« l'impureté de la chair est appelée caverne parce qu'elle obscurcit la sérénité de l'esprit et du discernement[31] »). Car le mot *cauea*, polysémique, peut désigner aussi bien une cage qu'une caverne. On peut alors se demander si le mot *spelunca* trouvé chez Virgile n'a pas fait surgir dans la mémoire du commentateur le souvenir d'un passage où saint Augustin, commentant le psaume 141, associe à deux reprises, en relation avec la métaphore du corps-prison, *carcer* et *spelunca*. Ce passage est reproduit tout au long par Pierre Courcelle ; citons-en les deux fragments les plus significatifs : *Quibusdam ergo uisum est quod* spelunca *et* carcer *mundus iste sit [...]. Aliqui autem dixerunt* carcerem *istum et* speluncam *corpus hoc esse* (« À certains il a semblé que la caverne et la prison étaient ce monde-ci [...]. Mais d'autres ont dit que cette prison et la caverne étaient notre propre corps[32] »). Indirectement

---

27. Voir, par exemple, l'école thématique organisée par le CNRS les 4, 5 et 6 juin 2018 au Centre d'études supérieures de la Renaissance à Tours (*Le platonisme au Moyen Âge et à la Renaissance*, F. Mariani-Zini dir.).

28. R. DRAGONETTI, *La vie de la lettre au Moyen Âge*, Paris, 1980.

29. P. COURCELLE, « L'âme en cage », art. cit., p. 109-111.

30. *Énéide*, IV, 165-166 : *Speluncam Dido dux et Troianus eandem / deueniunt* (« Didon et le chef troyen se retrouvent dans la même grotte »).

31. *The commentary of the first six books of the Aeneid of Virgil*, éd. cit., p. 24 (trad. personnelle).

32. P. COURCELLE, « Tradition platonicienne et traditions chrétiennes du corps-prison », art. cit., p. 432, n. 1 (*Enarrationes in Psalmos*, CXLI, 17, 13 ; trad. personnelle).

cautionnée par l'autorité de saint Augustin, la transformation de *spelunca* en *cauerna*, puis en *cauea*, a ainsi pu permettre au commentateur chartrain de faire le lien entre deux et même trois métaphores voisines: la prison, la cage et la caverne. On voit bien là à quel point l'attention scrupuleuse portée à la lettre des textes peut aider à comprendre comment fonctionnait la mémoire exégétique des clercs médiévaux.

III. – UN DIALOGUE À POURSUIVRE

Bien que Pierre Courcelle, avec une prudente modestie, déclare dans l'introduction de son livre « qu'[il] n'ose garantir exhaustive » la collection de textes qu'il a rassemblée[33], la richesse de cette collection et des commentaires qui y sont joints, ainsi que la pertinence des principes méthodologiques qui y sont mis en œuvre, font donc de son ouvrage une somme dans laquelle il y a toujours beaucoup à glaner, même si certaines de ses enquêtes demandent parfois à être complétées ou rectifiées. Un dernier exemple peut l'attester.

Si la métaphore du corps-prison, malgré les réticences de saint Jérôme et de saint Augustin, a fini par être très généralement répandue et acceptée, une autre doctrine hérétique, celle de la métempsycose, a été presque unanimement rejetée. Toutefois, après avoir analysé en détail l'argumentation de saint Augustin contre cette doctrine dans la *Cité de Dieu* et avoir recensé les textes médiévaux qui l'ont suivi, Pierre Courcelle mentionne en conclusion « un traité attribué à Bède et fortement imprégné de Macrobe, [qui] expose avec la plus grande sympathie, et sans aucune des restrictions augustiniennes, le contenu du discours d'Anchise et spécialement la doctrine de la réincarnation des âmes[34] ». Ce traité, le *De mundi caelestis terrestrisque constitutione liber*, qui avait déjà retenu l'attention de Pierre Duhem en raison de son caractère novateur[35], vient d'être réédité et traduit par une équipe de jeunes chercheurs[36]. Il s'affirme en effet comme un texte assez remarquable par sa position médiane entre l'orthodoxie chrétienne et ce qu'on pourrait appeler la tentation platonicienne, nourrie par l'autorité de Servius et de Macrobe. Non pas carolingien comme le pensait Pierre Duhem, mais sans doute plus tardif, du XIe, voire du XIIe siècle, il a dû quand même voir le jour dans une

---

33. P. COURCELLE, *Lecteurs païens, op. cit.*, p. 10.

34. *Ibid.*, p. 487-493 (cit. p. 493).

35. P. DUHEM, *Le système du monde. Histoire des doctrines cosmologiques de Platon à Copernic*, Paris, 1913-1959, t. III, p. 76-87: « Il semble que cet auteur ait conçu nettement l'idée, si familière à partir du XIIIe siècle, d'une science naturelle exclusivement fondée sur les données de la raison et pleinement indépendante de la Révélation » (p. 79).

36. PSEUDO-BÈDE, *De mundi caelestis terrestrisque constitutione liber (La création du monde céleste et terrestre)*, éd. et trad. de M. Pradel-Baquerre, C. Biasi et A. Gévaudan, sous la dir. de B. Bakhouche, avec la coll. de J. Lagouanère, Paris, 2016.

grande abbaye germanique de tradition carolingienne[37]. L'exposé mentionné par Pierre Courcelle prend son point de départ dans la longue glose de Servius au discours d'Anchise dont j'ai parlé plus haut, car elle s'accompagne de deux autres gloses qui associent la métempsycose au Léthé[38]. En cela le *De mundi constitutione* n'est pas isolé, car il fait écho à une notice du *Premier Mythographe du Vatican* intitulée *Aeneas et Lethaeus fluvius*, et construite à partir de ces trois gloses[39], à l'un des manuscrits du commentaire chartrain sur l'*Énéide*[40] et même au *Roman d'Énéas*, qui lors de la descente d'Énéas aux enfers énonce la doctrine de la métempsycose en l'associant au Léthé, avec une impassibilité vraiment surprenante pour une œuvre vernaculaire :

> « Une eve a en enfer çajus :
> Lethés a non ; cil la bevront
> Qui de çaüs laissus iront.
> Ja puis a nul ne menbrera
> De tot ice que çaüs a ;
> Li dex les met de rechief fors,
> Laissus revont prendre humain cors. »
>
> (« Il y a ici-bas, en enfer, un cours d'eau, nommé Léthé. Ceux qui d'ici-bas iront là-haut en boiront. Jamais ensuite aucun ne se souviendra de tout ce qu'il y a ici. Le dieu les met de nouveau dehors ; ils retournent là-haut prendre apparence humaine[41]. »)

Tout cela témoigne de l'autorité des gloses serviennes. Mais en même temps la place qu'occupe l'exposé du *De mundi*, à l'ouverture d'une série de développements sur l'âme qui finissent par aboutir à l'exposé de la doctrine chrétienne, incite à se demander si le but de son auteur n'était pas en fait de partir de l'erreur de ceux qu'il nomme « les philosophes[42] » pour aboutir en conclusion à l'énoncé

---

37. Tegernsee, Reichenau ou Saint-Gall (PSEUDO-BÈDE, *De mundi constitutione*, éd. et trad. cit., p. 12-16).

38. SERVIUS, *Commentaire sur l'Énéide de Virgile, Livre VI*, éd. et trad. de E. Jeunet-Mancy, Paris, 2012, p. 159-167 (VI, 703 : « *Non est uerisimile liberatas de corporis carcere ad eius nexum reuerti.* » *Suscepta narratione haec Anchises exsequitur : « Primo debere fieri ut redeant, deinde posse, deinde uelle »* [« "Il n'est pas pensable qu'après avoir été libérées de la prison que constitue le corps, elles soient de nouveau enchaînées à lui." Reprenant la parole, Anchise expose ceci : "D'abord, arrive le moment où elles doivent revenir dans un corps ; ensuite, où elles le peuvent ; enfin, où elles le veulent" »]).

39. *Le Premier Mythographe du Vatican*, éd. N. Zorzetti, trad. J. Berlioz, Paris, 1995, II, 99 (p. 108-109).

40. *The commentary of the first six books of the Aeneid of Virgil*, éd. cit., p. 115 (le manuscrit en question est un manuscrit du XIVe siècle conservé à Cracovie).

41. *Le Roman d'Énéas*, éd. et trad. cit., v. 2906-2912.

42. Dès le début de son exposé : *Philosophorum sententia est quod animae solutae a corpore uelint, debeant et possint reincorporari* (« Selon les philosophes, les âmes, une fois séparées des corps, veulent, doivent et peuvent être réincarnées » ; PSEUDO-BÈDE, *De mundi caelestis*, éd. et trad. cit., p. 146-147).

de la vraie foi. Replacé dans son contexte comme le préconisait Pierre Courcelle, le texte qu'il signale comme atypique s'avère donc peut-être moins original et plus orthodoxe qu'il ne le pensait. Pierre Duhem souligne d'ailleurs à propos d'un autre passage que l'auteur du *De mundi* se montre à l'occasion « adversaire décidé de l'hérésie[43] ». Mais l'intérêt de ce texte, qui est indéniable, confirme néanmoins la fécondité des relevés et des enquêtes menés ou simplement ébauchés par le grand chercheur qu'était Pierre Courcelle, et nous invite donc à poursuivre sur cette base notre dialogue avec lui.

Francine MORA-LEBRUN
Laboratoire DYPAC
Université de Versailles Saint-Quentin-en-Yvelines

---

[43]. P. DUHEM, *Le système du monde*, *op. cit.*, p. 80.

Les recherches ambrosiennes de Pierre Courcelle : de la *Quellenforschung* à « l'humanisme chrétien » d'Ambroise

De 1950 à 1976 – soit sur une période de vingt-six ans –, P. Courcelle fit paraître presque chaque année un ou deux articles dévolus à Ambroise de Milan ou consacrés à des thèmes présents dans l'œuvre de celui-ci. À ces nombreux articles s'ajouta une monographie parue en 1973. Le panorama d'une recherche aussi féconde, dont la liste des publications se trouve rassemblée en annexe, appelle une double remarque : les travaux que P. Courcelle publia sur Ambroise sont aussi incontournables dans la bibliographie que l'évêque de Milan le fut dans la production scientifique de P. Courcelle. Après un premier article paru en 1944 et consacré à la place de quelques mythes chez Ambroise[1], P. Courcelle s'intéressa – et ce fut le fil directeur de l'ensemble de ses recherches ambrosiennes – au rapport d'Ambroise à la philosophie, et spécialement à la philosophie néoplatonicienne. Son article fondateur, intitulé sobrement « Plotin et saint Ambroise », parut en 1950 dans la *Revue de philologie, de littérature et d'histoire anciennes*[2]. Sa méthode était celle de la *Quellenforschung*, et son objectif, la reconstruction de la culture philosophique et littéraire d'Ambroise. Cette méthode et ses finalités seront présentées dans un deuxième temps, et la discussion des thèses de P. Courcelle par ses contemporains et par la recherche ultérieure en occupera un troisième. Cependant, avant tout cela et afin de mesurer l'apport des travaux de P. Courcelle et leur nouveauté au début des années 1950, il convient de resituer ces recherches dans l'historiographie ambrosienne.

---

1. « Quelques symboles funéraires du néoplatonisme latin. Le vol de Dédale – Ulysse et les Sirènes », *Revue des études anciennes*, 46, 1944, p. 65-93.

2. Il s'agit de la deuxième publication de P. Courcelle sur Ambroise, cf. annexe.

I. – Des recherches novatrices

Lorsque P. Courcelle fit paraître sa première étude consacrée au néoplatonisme d'Ambroise, il abordait non seulement un champ thématique neuf, mais aussi des œuvres qui n'avaient suscité que peu d'intérêt jusqu'alors chez les spécialistes d'Ambroise : les œuvres exégétiques consacrées, pour l'essentiel, à l'Ancien Testament[3]. Dans les années 1930 et 1940, on s'était surtout intéressé à la figure politique d'Ambroise et à ses relations avec les empereurs Valentinien Ier, Gratien et Théodose. En France, en Angleterre et en Italie parurent ainsi à quelques années d'intervalle des biographies qui firent date, rédigées par d'éminents spécialistes du christianisme ancien, J.-R. Palanque, A. Paredi et F.H. Dudden[4]. Bien qu'elles aient défendu des idées et des représentations historiques différentes, ces biographies mettaient toutes en avant le rôle de l'évêque, figure religieuse de premier plan dans sa ville de Milan, alors capitale impériale. Ces biographies et les nombreux articles consacrés aux événements politiques dont Ambroise fut l'acteur ou le témoin exploitaient comme sources principales la correspondance d'Ambroise ainsi que la *Vita* rédigée par son secrétaire Paulin. Outre d'autres études sur la place d'Ambroise dans le paysage politique du IVe siècle, parurent dans ces années 1930 et 1940 plusieurs éditions, des traductions italiennes et anglaises, et divers travaux critiques pour la plupart consacrés aux ouvrages ascétiques sur la virginité[5]. On s'intéressait à la question de la liturgie ambrosienne[6], mais

---

3. Pour une vue de détail de la bibliographie ambrosienne, se reporter au volume G. Visonà, *Cronologia Ambrosiana. Bibliografia Ambrosiana* (SAEMO 25/26), Milan, 2004, qui recense l'ensemble des publications sur Ambroise de 1900 à 2000. Les mises à jour pour les années postérieures paraissent annuellement dans les *Annali di scienze religiose*.

4. J.-R. Palanque, *Saint Ambroise et l'Empire romain. Contribution à l'histoire des rapports de l'Église et de l'État à la fin du quatrième siècle*, Paris, 1933 ; A. Paredi, *S. Ambrogio e la sua età*, Milan, 1941 (1960²) ; F.H. Dudden, *The Life and Times of Saint Ambrose*, 2 vol., Oxford, 1935.

5. O. Faller, *Sancti Ambrosii De uirginibus*, Bonn, 1933 ; M. Salvati, *Sant'Ambrogio. Scritti sulla verginità. Testo, introduzione e note*, Turin, 1939 ; G. Del Ton, *Gli inni di Sant'Ambrogio*, Venegono, 1940 ; M.I. Bianco, *Scritti sulla verginità*, Rome, 1941 ; I. Cazzaniga, *S. Ambrosii Mediolanensis episcopi De uirginibus libri III*, Turin, 1948 ; G. Crone, *Ambrosius. De spiritu sancto*. I. *Text*, Münster, 1948.

6. H. Frank, « Das mailändische Kirchenjahr in den Werken des hl. Ambrosius », *Pastor bonus*, 51, 1940, p. 40-48, p. 79-90, p. 120-127 et 52, 1941, p. 11-17 ; A. Paredi, « La liturgia di Sant'Ambrogio », dans *Sant'Ambrogio nel XVI centenario della nascita*, Milan, 1940, p. 69-157 ; A. Paredi, « La religione di sant'Ambrogio e la liturgia della sua Chiesa », dans *Ambrosiana. Scritti di storia, archeologia ed arte pubblicati nel XVI centenario della nascita di S. Ambrogio CCCXL-MCMXL*, Milan, p. 125-135 ; E. Cattaneo, « Il rito ambrosiano nella storia liturgica », dans *Problemi di liturgia ambrosiana*, Milan, 1949, p. 33-47.

aussi à l'authenticité du *De sacramentis*[7] et à celle d'un autre texte, la *Collatio Mosaicarum et Romanarum legum*[8]. Plusieurs études concernèrent également la langue et le style d'Ambroise, la force poétique de ses images, sa métrique et les emprunts à Virgile[9]. Les contributions rassemblées pour le seizième centenaire de la naissance de l'évêque de Milan donnent un bon aperçu des thèmes récurrents de la bibliographie ambrosienne durant cette vingtaine d'années qui précède les travaux de P. Courcelle[10] : aucune publication ou presque n'a porté sur les œuvres exégétiques vétérotestamentaires de l'évêque de Milan[11]. On ne s'intéressait guère à la culture littéraire de cet homme qui fut d'abord un haut fonctionnaire, doté d'une éducation classique et formé au droit, avant de devenir un évêque et d'assumer les charges pastorales qui lui incombait. C'est dire le caractère novateur des recherches entreprises par P. Courcelle lorsqu'il se pencha sur l'influence de Plotin dans l'exégèse d'Ambroise. Jusqu'alors, l'analyse du rapport d'Ambroise à la philosophie avait été réglée de manière expéditive et presque définitive par

---

7. G. GHEDINI, «L'autenticità del *De Sacramentis*», *Ambrosius*, 8, 1931, p. 76-80 ; H. FRANK, «Ein Beitrag zur ambrosianischen Herkunft der Predigten *De Sacramentis*», *Theologische Quartalschrift*, 121, 1940, p. 67-82 ; O. FALLER, «Ambrosius, der Verfasser von *De Sacramentis*. Die inneren Echtheitsgründe», *Zeitschrift für katholische Theologie*, 64, 1940, p. 1-14 et p. 81-101 ; R.H. CONNOLLY, «The *De sacramentis* a work of St. Ambrose», *Downside Review*, 59, 1941, p. 1-14.

8. E. VOLTERRA, *Collatio legum mosaicorum et romanarum*, Rome, 1930, p. 5-123 ; J. OSTERSETZER, «La *Collatio legum mosaicorum et romanarum*, ses origines, son but», *Revue des études juives*, 97, 1934, p. 65-96 ; K. HOHENLOHE, *Ursprung und Zweck der Collatio legum mosicorum et romanarum*, Vienne, 1935 ; F. SCHULZ, «Die biblischen Texten in der *Collatio legum mosaicorum et romanarum*», *Studia et Documenta Historiae et Iuris*, 2, 1936, p. 548-569 ; K. HOHENLOHE, «Noch einmal Ursprung und Zweck der *Collatio legum mosaicorum et romanarum*», *Archiv für katholisches Kirchenrecht*, 119, 1939, p. 352-364.

9. M.D. DIEDERICH, *Vergil in the Works of St. Ambrose*, Washington, 1931 ; T. SPRINGER, *Nature-Imagery in the Works of St. Ambrose*, Washington, 1931 ; B. RIPOSATI, «Lingua e stile nelle opere oratorie di Sant'Ambrogio», dans *Sant'Ambrogio nel XVI centenario della nascita*, Milan, 1940 ; G. DEL TON, «La poesia di sant'Ambrogio», *Ambrosius*, 17, 1941, p. 165-170 ; Chr. MOHRMANN, «La langue et le style de la poésie latine», *Revue des études latines*, 25, 1947, p. 280-297 (Ambroise, p. 294-297) ; I. CAZZANIGA, *Note ambrosiane. Appunti allo stile delle Omelie Virginali*, Milan – Varese, 1948 ; U. SESINI, *Poesia e musica nella latinità cristiana dal III al X secolo*, Turin, 1949 (Ambroise, p. 48-97).

10. *Sant'Ambrogio nel XVI centenario della nascita*, Milan, 1940. Le volume compte dix-sept contributions. Seule celle de S. VANNI ROVIGHI, «Le idee filosofiche di Sant'Ambrogio», p. 235-258, concerne la philosophie. Un autre volume, paru en 1942 pour la même occasion, rassemble des études historiques et archéologiques, cf. *Ambrosiana. Scritti di storia, archeologia ed arte pubblicati nel XVI centenario della nascita di S. Ambrogio CCCXL-MCMXL*, Milan.

11. Pour la période envisagée, il existe seulement une traduction italienne de l'*Hexameron*, par L. Asioli en 1930, et une édition, italienne encore, avec traduction et commentaire de E. Pasteris, parue à Turin en 1937.

d'éminents spécialistes, au premier rang desquels Étienne Gilson[12] qui déniait à l'évêque le statut de philosophe :

> « [Ambroise] ne s'est pas [...] laissé entraîner au moindre approfondissement métaphysique du texte sacré [...]. Ambroise ne pensait aucun bien des philosophes [...] et ce que l'on peut relever de notions philosophiques dans ses écrits y reste comme incrusté dans la formule du dogme[13]. »

É. Gilson fut pourtant le premier à voir combien les conceptions d'Ambroise sur l'ontologie divine étaient redevables au néoplatonisme. Dès les prémices de ses recherches sur l'influence de Plotin, P. Courcelle reconnut la dette qu'il avait à l'égard de ce savant, même s'il ne partagea pas ses vues sur l'hostilité supposée d'Ambroise à l'égard des philosophes[14].

II. – Une thèse, un évêque philosophe, une méthode, la *Quellenforschung*

Les travaux de P. Courcelle sur Ambroise regardent au premier chef la question des sources de celui-ci. Leur thèse principale était la suivante : Ambroise était un évêque philosophe, à « l'humanisme chrétien[15] », pourvu d'une solide connaissance des textes et des idées du néoplatonicien Plotin qu'il s'était approprié. P. Courcelle construisit cette position par la confrontation du *De Isaac uel anima* avec le traité de Plotin *Sur le Beau* dans l'article de 1950[16]. À grands renforts de tableaux, il présenta en vis-à-vis les passages du texte latin et ceux du texte grec. Devant l'étroite imbrication des expressions philosophiques et bibliques, la première conclusion qu'il en retira fut qu'Ambroise était l'« adepte d'un néoplatonisme chrétien déjà fortement élaboré[17] ». Autrement dit, Ambroise faisait preuve d'un syncrétisme alliant christianisme et philosophie. La seconde conclusion est bien connue des spécialistes d'Augustin : la conception du Mal comme étant la privation du Bien, capitale dans la doctrine augustinienne et d'origine plotinienne, résulte de l'influence d'Ambroise sur Augustin qui aurait écouté à Milan les ser-

---

12. On notera aussi les quelques pages consacrées à Ambroise dans M. POHLENZ, *Die Stoa. Geschichte einer geistigen Bewegung*, 2 vol., Göttingen, 1948 (vol. I, p. 445-448 ; vol. II, p. 217-219).

13. É. GILSON, *La philosophie au Moyen Âge, des origines patristiques à la fin du XIVᵉ siècle*, Paris, 1944², p. 112.

14. P. COURCELLE, « Plotin et saint Ambroise », *Revue de philologie, de littérature et d'histoire anciennes*, 76, 1950, p. 29-56, ici p. 29, n. 5.

15. P. COURCELLE, « L'humanisme chrétien de saint Ambroise », *Orpheus*, 9, 1962, p. 21-34. Cet article dresse le bilan et résume l'ensemble de ses travaux platoniciens et néoplatoniciens parus dans la première décennie de ces recherches.

16. Voir ci-dessus, p. 121, « Plotin et saint Ambroise », *Revue de philologie, de littérature et d'histoire anciennes*, 76, 1950, p. 29-56.

17. P. COURCELLE, « Plotin et saint Ambroise », *Revue de philologie, de littérature et d'histoire anciennes*, 76, 1950, p. 55.

mons du *De Isaac* et du *De bono mortis*, dans lesquels Ambroise reprenait cette conception plotinienne. Selon P. Courcelle, « par ses sermons *De Isaac* et *De bono mortis*, Ambroise initiait Augustin à la fois au spiritualisme chrétien et aux doctrines plotiniennes[18] ». Cette thèse fut reprise et approfondie quatre ans plus tard dans un article publié dans la revue *Augustiniana*[19], mais P. Courcelle en fit surtout un élément important de sa seconde édition des *Recherches sur les Confessions de saint Augustin* parue en 1968[20]. Dans les p. 93-138, qui figuraient déjà dans la première édition, « Aux sermons d'Ambroise : la découverte du néoplatonisme chrétien », il supposait qu'Augustin avait dû entendre les sermons de l'*Hexameron* prononcés lors de la Semaine Sainte de 386 et y puiser ses idées sur la nature de Dieu (contre les positions des manichéens), sur l'âme et sur le libre arbitre. Dans ces pages, il soulignait également l'influence, décisive pour la connaissance augustinienne du néoplatonisme, des sermons du *De Isaac* et du *De bono mortis* prêchés la même année. Mais la nouveauté de cette seconde édition tenait en réalité aux dix appendices qui s'y ajoutaient. Dans le quatrième d'entre eux, long de soixante-dix pages et intitulé « Aspects variés du platonisme ambrosien », P. Courcelle revint sur les éléments néoplatoniciens dans les œuvres d'Ambroise : il s'agissait, pour l'essentiel, d'une refonte et d'une synthèse de ses précédentes publications sur le sujet[21]. Mais leur présence dans une monographie consacrée aux *Confessions* était orientée dans la perspective des études augustiniennes : montrer qu'Ambroise avait joué un rôle déterminant dans l'accès d'Augustin au néoplatonisme.

Antérieurement à ce premier essai de synthèse, d'autres recherches avaient paru. Un article publié en 1956 dans la *Revue des études latines* et intitulé « Nouveaux aspects du platonisme ambrosien » approfondit encore de nouveaux parallèles entre Ambroise et des textes philosophiques, notamment le *Phèdre* de Platon, et défendit, entre autres, une thèse nouvelle. En effet, s'appuyant de nouveau sur des tableaux présentant de longs extraits de l'*Hexameron*, œuvre exégétique du début de la carrière épiscopale d'Ambroise, P. Courcelle montrait que le néoplatonisme d'Ambroise dans cette œuvre était redevable au *Commentaire sur le songe de Scipion* de Macrobe[22]. Il en déduisit que l'activité littéraire de ce dernier était

---

18. *Ibid.*

19. « Litiges sur la lecture des *libri Platonicorum* par saint Augustin », *Augustiniana*, 4, 1954, p. 225-239. L'article critique notamment les positions de Ch. BOYER exprimées dans *L'idée de vérité dans la philosophie de saint Augustin*, Paris, 1920.

20. P. COURCELLE, *Recherches sur les Confessions de saint Augustin*, Paris, 1968². La première édition avait paru en 1950 avant la découverte et la publication des parallèles plotiniens.

21. L'appendice IV, p. 311-382 se décline en cinq chapitres : 1) Ambroise, lecteur du *Phèdre* de Platon, 2) Ambroise lecteur du *De Platone* d'Apulée, 3) Ambroise lecteur de Plotin et de Porphyre, 4) Ambroise lecteur de Macrobe, 5) Ambroise face au platonisme antichrétien.

22. Courcelle s'intéressa encore au songe de Scipion dans un article paru en 1958 (cf. annexe n° 8), en mettant notamment l'accent sur la *Disputatio de somnio Scipionis* de Favonius Eulogius, un rhéteur ancien élève d'Augustin.

antérieure à 386, date de rédaction supposée de l'*Hexameron* par Ambroise. Cette thèse, aujourd'hui, a vécu.

Cependant, la perspective historiographique qui est la nôtre nous amène à faire ce constat significatif: cet article de P. Courcelle, publié dans la *Revue des études latines*, y était précédé d'une contribution de Pierre Hadot intitulée «Platon et Plotin dans trois sermons de saint Ambroise[23]». P. Hadot était alors attaché au Centre national de la Recherche et auditeur de Courcelle à l'École pratique des Hautes Études. Dans cet article qui reposait également sur la méthode de la *Quellenforschung*, P. Hadot concluait son étude par une interrogation, vouée à être approfondie: Ambroise s'était-il constitué un recueil de citations de Platon et de Plotin ou bien se servait-il d'un ouvrage comme le *De regressu animae* de Porphyre? Cette question montrait que la question des sources engageait celle de la culture littéraire et philosophique de l'évêque de Milan. De plus, cet article annonçait dans son titre une étude sur trois sermons, à savoir le *De Isaac*, le *De bono mortis* et le *De Iacob et uita beata*. Cependant, seuls les deux premiers y faisaient l'objet des analyses car P. Hadot prévoyait une seconde partie à cette étude qui aurait été dévolue au seul *De Iacob*. Mais peu de temps auparavant la même année, Aimé Solignac avait fait paraître dans les *Archives de philosophie* un article dont le sujet était: «Nouveaux parallèles entre saint Ambroise et Plotin. Le *De Iacob et uita beata* et le Περὶ εὐδαιμονίας (Enn. I, 4)[24]». P. Hadot renonça alors à cette deuxième étude.

C'est donc un fait avéré que les travaux engagés par P. Courcelle au début des années 1950 ont aussitôt entraîné à leur suite une série de publications portant sur les influences philosophiques de trois traités exégétiques que la bibliographie ambrosienne avait jusque-là négligés: le *De Isaac uel anima*, le *De bono mortis* et le *De Iacob et uita beata*. P. Courcelle se félicita de la nouvelle fécondité que suscitaient ces recherches textuelles sur Ambroise et Plotin, non seulement en France, mais aussi en Italie et en Allemagne[25]. On discerne aussi dans ses articles

---

23. P. HADOT, «Platon et Plotin dans trois sermons de saint Ambroise», *Revue des études latines*, 34, 1956, p. 202-220.

24. A. SOLIGNAC, «Nouveaux parallèles entre saint Ambroise et Plotin. Le *De Iacob et vita beata* et le Περὶ εὐδαιμονίας (Enn. I, 4)», *Archives de philosophie*, 19, 1956, p. 148-156.

25. P. COURCELLE, «Nouveaux aspects du platonisme chez saint Ambroise», *Revue des études latines*, 34, 1956, p. 221; P. COURCELLE, «L'humanisme chrétien de saint Ambroise», *Orpheus*, 9, 1962, p. 22-23. Voir les études suivantes: L. TAORMINA, «Sant'Ambrogio e Plotino», *Miscellanae di Studi di Letteratura cristiana antica*, 4, 1954, p. 41-85 (sur la question du *summum bonum*); H. DÖRRIE, «Porphyrios als Mittler zwischen Plotin und Augustin», dans *Antike und Orient im Mittelalter*, P. Wilpert éd., Berlin, 1962, p. 26-47, spéc. p. 39-41 (sur Plotin et Porphyre chez Ambroise); H. DÖRRIE, «Das fünffach gestfte Mysterium. Der Aufstieg der Seele bei Poprhyrius und Ambrosius», dans *Mullus. Festschrift Th. Klauser*, *Jahrbuch für Antike und Christentum* 1, A. Stuiber – A. Hermann éd., 1964, p. 79-92 (sur l'influence du néoplatonisme de Porphyre dans le *De Isaac uel anima*).

la richesse de ses échanges avec ses collègues, notamment avec A. Solignac, auquel il se réfère à plusieurs reprises, complétant ou discutant tel ou tel élément de ses recherches[26]. Outre ces articles de *Quellenforschung* qui fondèrent la thèse d'un Ambroise évêque philosophe, P. Courcelle fit paraître plusieurs contributions thématiques sur le platonisme et le néoplatonisme, ayant pour objet des motifs comme celui du corps-prison ou des ailes de l'âme, dans lesquelles il consacrait plusieurs pages au traitement du thème chez Ambroise et déployait toute son érudition de la littérature païenne comme chrétienne[27].

Ses travaux sur Ambroise culminèrent enfin dans la parution en 1973 de la monographie intitulée *Recherches sur saint Ambroise*[28]. En choisissant une nouvelle fois le mot «recherches», après en avoir déjà fait le titre de sa monographie sur Augustin, P. Courcelle voulait définir la singularité d'un projet:

> «J'entends et j'annonce par là l'emploi de méthodes analytiques susceptibles d'approfondir des sujets divers, de manière à découvrir du neuf (si peu que ce soit et à titre de conjecture) au lieu de répéter ce que d'autres ont déjà dit plus ou moins bien.»

Ces recherches sur Ambroise s'organisaient en trois parties: la première était consacrée à des études thématiques, la plupart ayant trait à la philosophie et certaines ayant été publiées l'année précédente dans des revues[29]; la seconde, d'ordre plus philologique, consistait en une édition légèrement revue et un commentaire de la vie carolingienne d'Ambroise dont A. Paredi avait publié l'*editio princeps* un peu moins de dix ans auparavant[30]; la troisième, enfin, rédigée avec son épouse Jeanne, rassemblait des représentations iconographiques d'Ambroise, avec des éléments de commentaire. L'unité de la monographie ne tenait donc pas tant à une méthodologie spécifique, mais à son sujet, Ambroise, décliné sous les trois aspects qui intéressent P. Courcelle tout au long de ses recherches: la philosophie, la philologie et l'iconographie.

---

26. P. COURCELLE, «Nouveaux aspects du platonisme chez saint Ambroise», *Revue des études latines*, 34, 1956, p. 220-239, ici, p. 221-225.

27. P. COURCELLE, «La colle et le clou de l'âme dans la tradition néoplatonicienne et chrétienne (*Phédon* 82e; 83d)», *Revue belge de philologie*, 36, 1958, p. 72-95; ID., «Trames veritatis. La fortune patristique d'une métaphore platonicienne (*Phédon* 66b)», dans *Mélanges offerts à Étienne Gilson*, Paris, 1959, p. 203-210; ID., «Tradition platoniciennes et traditions chrétiennes du corps-prison (*Phédon* 62b, *Cratyle* 400c)», *Revue des études latines*, 43, 1965, p. 406-443; «Tradition néoplatonicienne et tradition chrétienne des ailes de l'âme», dans *Atti del Convegno internazionale sul tema: Plotino e il Neoplatonismo in Oriente e Occidente (Roma, 5-9 ottobre 1970)*, 1974, Rome, p. 265-325.

28. P. COURCELLE, *Recherches sur saint Ambroise. «Vies» anciennes, culture, iconographie*, Paris, 1973.

29. Pour le détail des contributions reprises dans cette monographie, voir l'annexe.

30. A. PAREDI, *Vita e meriti di S. Ambrogio. Testo inedito del secolo nono illustrato con le miniature del Salterio du Arnolfo*, Milan, 1964.

III. – REMISES EN QUESTION DE L'ÉVÊQUE PHILOSOPHE :
DU PLAGIAIRE MALADROIT À L'HABILE PENSEUR

En 1962, P. Courcelle écrit en conclusion de son article « L'humanisme chrétien de saint Ambroise » :

> « [Ambroise] a su allier en lui l'humanisme et le christianisme, sans consentir à sacrifier totalement l'un à l'autre : il s'est efforcé, au contraire, de corroborer l'un par l'autre, avec une admirable largeur de vue[31]. »

Cette représentation d'un Ambroise, homme de synthèse éclairé, fut profondément remise en question par un auditeur de P. Courcelle à l'EPHE, Goulven Madec. Dans son ouvrage issu de sa thèse de doctorat, *Saint Ambroise et la philosophie*, de peu postérieur à la monographie ambrosienne des *Recherches* de P. Courcelle, il proposa une interprétation radicalement différente du rapport d'Ambroise à la philosophie[32]. Loin de l'image de l'évêque cultivé qui aurait puisé la matière de sa propre inspiration dans les textes philosophiques grecs, Ambroise aurait pratiqué sans grand art la technique du « patchwork » de sources. N'ayant pas le temps (ou peut-être pas l'envie ni même le talent) de se consacrer à la réflexion pastorale, pris qu'il était par les obligations politiques et les charges d'un évêque d'une capitale impériale, Ambroise aurait plagié quelques idées utiles à ses sermons chez Plotin, de la même façon qu'il empruntait des pages entières aux exégètes des Écritures, comme Philon d'Alexandrie ou Origène. Ainsi, Ambroise n'aurait été qu'« un compilateur pressé, toujours prompt à dénigrer au hasard des philosophes qu'il n'a lus que par bribes et qu'il ne comprend guère[33] ». L'image qui ressort de l'enquête minutieuse menée par G. Madec est peu flatteuse. À l'origine de cette enquête se trouvait un certain paradoxe : comment concilier, chez Ambroise, le recours fréquent à la philosophie, à ses idées et à ses textes, avec un discours systématiquement véhément à l'égard des philosophes[34] ? Adoptant dans la première partie de son ouvrage une démarche doxographique, il rassembla plus de cent quatre-vingts passages dans lesquels Ambroise évoquait explicitement la philosophie et les philosophes : un seul d'entre eux était positif. G. Madec reprit également en détail l'étude des textes où l'on décelait la présence des philosophes, en particulier Platon et la tradition platonicienne, ainsi que Cicéron, et conclut que les notions philosophiques d'Ambroise étaient non seulement réduites, voire

---

31. P. COURCELLE, « L'humanisme chrétien de saint Ambroise », *Orpheus*, 9, 1962, p. 34.

32. G. MADEC, *Saint Ambroise et la philosophie*, Paris, 1974.

33. H. Savon résume ainsi, dans une recension critique, les principales thèses défendues par G. Madec, cf. « Saint Ambroise et la philosophie. À propos d'une étude récente », *Revue de l'histoire des religions*, 191/2, 1977, p. 173.

34. En réalité, G. Madec inversait les données du problème : « Ambroise serait un disciple de fait des philosophes et un ennemi de principe de la philosophie », cf. G. MADEC, *Saint Ambroise et la philosophie*, Paris, 1974, p. 12.

élémentaires, mais qu'elles suggéraient aussi, dans leur état, une connaissance de seconde main pour la plupart d'entre elles. La thèse défendue par G. Madec était donc à l'opposé de celle avancée par P. Courcelle. Au milieu des années 1970, l'historiographie ambrosienne renvoyait donc dos à dos deux lectures irréconciliables du personnage : l'évêque à la foi syncrétique et le plagiaire maladroit. Dans son dernier article sur Ambroise paru en 1976 qui tirait le bilan de plus de vingt-cinq ans de recherches à l'occasion du seizième centenaire de l'accession d'Ambroise à l'épiscopat, P. Courcelle reconnaissait la valeur du travail de G. Madec, même s'il le trouvait trop sévère envers l'évêque de Milan[35]. Cette sévérité s'expliquait, selon lui, par le fait que G. Madec comparait sans cesse de manière implicite Ambroise à Augustin qui, pour sa part, reconnaissait sa dette à l'égard des *Platonici*. P. Courcelle suggérait enfin une hypothèse nouvelle : l'attitude si hostile d'Ambroise envers les philosophes et la philosophie pouvait se comprendre à l'aune de la tradition apologétique qui le précédait, elle-même éclairée par cette théorie judéo-chrétienne du « larcin des Grecs » qui consistait à accuser les philosophes d'avoir pris les meilleures de leurs idées à l'Ancien Testament[36].

La question des rapports d'Ambroise avec la philosophie est ensuite restée en suspens, ne suscitant plus guère d'intérêt chez les spécialistes d'Ambroise qui se rangèrent à l'une ou l'autre école. Ce n'est que récemment que la recherche ambrosienne a pris une nouvelle orientation et proposé d'autres interrogations. En effet, en 2010, lorsque Gérard Nauroy fit paraître dans la collection des Sources chrétiennes une édition critique du *De Iacob et uita beata*, le quatrième chapitre de sa longue introduction s'intitulait « L'eudémonisme ambrosien face à la pensée de Plotin[37] ». G. Nauroy revenait sur le problème des sources philosophiques d'Ambroise avec une relecture au microscope des pages concernées. De fait, l'article de A. Solignac sur le sujet ne se bornait qu'à relever les parallèles textuels avec le traité de Plotin *Sur le bonheur*, sans examiner dans le détail les inflexions qu'Ambroise avait fait subir à sa source[38]. Il s'agissait désormais d'étudier la *retractatio* à l'œuvre dans la pensée et l'écriture d'Ambroise. En effet, lorsqu'il reprenait des pages entières ou quelques phrases à Plotin, Ambroise modifiait et adaptait sa source, en particulier en l'assortissant, ou plus exactement en la pliant à la théologie paulinienne. G. Nauroy montra de façon convaincante (et cela n'avait été observé ni par P. Courcelle ni par G. Madec) la transposition, à la fois par le

---

35. « Des sources antiques à l'iconographie médiévale de saint Ambroise », dans *Ambrosius Episcopus. Atti del Congresso internazionale di studi ambrosiani nel XVI centenario della elevazione di sant'Ambrogio alla cattedra episcopale. Milano 2-7 dicembre 1974*, G. Lazzati éd., I, 1976, Milan, p. 171-199.

36. « Des sources antiques à l'iconographie… », p. 186-189.

37. AMBROISE DE MILAN, *Jacob et la vie heureuse*, éd. G. Nauroy (SC 534), Paris, 2010, p. 119-183.

38. Voir *supra* p. 126 et note 24.

biais de versets bibliques et par le choix d'un lexique chrétien, de la sagesse des philosophes dans le champ de la sagesse des Écritures[39]. Ce n'était pas une simple christianisation de Plotin par Ambroise, mais bien plutôt un « travail minutieux de filtrage et de correction[40] ». Pour l'évêque de Milan, il s'agissait de remettre dans la lumière des Écritures une vérité qui en avait été détournée par les philosophes. Ce faisant, Ambroise adoptait la théorie du « larcin » des philosophes et prenait soin de réorienter les idées que ces derniers avaient altérées dans leurs textes. C'est ce même travail d'adaptation de la source philosophique à un discours chrétien et cette même préoccupation que j'ai pu analyser dans ma propre édition du *De fuga saeculi* parue en 2015[41]. Dans cette œuvre, Ambroise reprend le commentaire de Plotin sur la digression du *Théétète* de Platon évoquant la nécessité de fuir d'ici-bas vers là-haut, en la rapprochant du verset Jean, 14, 31 (« Levez-vous, partons d'ici ») et en inscrivant cette exhortation dans une perspective sotériologique étrangère au discours de Plotin : pour Ambroise, la fuite est une anticipation et une préparation du siècle à venir. Les travaux actuels sur Ambroise et la philosophie consistent donc en une relecture de détail des pages que la *Quellenforschung* de P. Courcelle avait mises en avant. Il ne s'agit plus de débats portant sur le paradoxe apparent d'un Ambroise citant Plotin tout en dénigrant les philosophes, mais d'analyses philologiques précises s'intéressant à l'adaptation des sources à leur contexte d'utilisation.

CONCLUSION

Les travaux pionniers de P. Courcelle sur Ambroise, qui relèvent de la *Quellenforschung*, ont donc attiré l'attention des patristiciens et des philosophes sur les rapports entre Plotin et Ambroise, d'une part, et entre Ambroise et Augustin, d'autre part. Sur la question des sources, rares sont les auteurs chrétiens, comme c'est le cas d'Ambroise, pour lesquels se sont développées de véritables « écoles de pensée », parvenues, du reste, à des conclusions très opposées. Il est indéniable que ce rapport d'Ambroise aux philosophes et à la philosophie est particulièrement complexe, si ce n'est paradoxal. Ambroise attaque souvent et avec virulence les philosophes. Il est, à ce titre, l'héritier d'une tradition chrétienne intransigeante qui refuse le compromis entre les philosophes et les Écritures. Il est peut-être moins sûr, comme le soulignait G. Madec, mais sans pour autant épouser ses vues radicales, que sa culture philosophique ait eu la profondeur que lui prêtaient les travaux de P. Courcelle, P. Hadot et A. Solignac. Elle était, en revanche, sans doute plus vaste que celle de la moyenne de ses contemporains

---

39. AMBROISE DE MILAN, *Jacob et la vie heureuse...*, p. 162-165. Voir aussi, sur ce sujet, G. NAUROY, « Ambroise de Milan face à l'*Ennéade* I, 4 de Plotin et l'esquisse d'un eudémonisme chrétien », dans *Antiquité tardive et humanisme. De Tertullien à Beatus Rhenanus*, Y. Lehmann – G. Freyburger – J. Hirstein éd., Turnhout, 2005, p. 137-161.

40. AMBROISE DE MILAN, *Jacob et la vie heureuse...*, p. 165.

41. AMBROISE DE MILAN, *La fuite du siècle*, éd. C. Gerzaguet (SC 576), Paris, 2015, p. 85-101.

cultivés. Ambroise a pu, comme eux, acquérir dans un premier temps des bases grâce à sa formation scolaire, approfondies ensuite par la lecture des auteurs juifs ou chrétiens de langue grecque, à qui étaient familiers, pour des raisons diverses, les écrits des philosophes et leur langue. L'orientation actuelle des recherches tend à dépasser la *Quellenforschung* pour la *Quellenforschung*, en s'efforçant d'accorder toute son attention au texte ambrosien, à sa construction et à ses procédés d'écriture. De telles analyses permettent aussi, en second lieu, de délaisser les vues irréconciliables des années 1970 et l'opposition stérile de l'évêque philosophe et du plagiaire maladroit. Il est donc certain que les travaux de P. Courcelle ont joué un rôle majeur dans l'historiographie ambrosienne, non seulement parce qu'ils apportèrent de nouvelles découvertes, mais aussi parce que ces mêmes découvertes nourrissent encore la recherche la plus récente.

Camille GERZAGUET
camille.gerzaguet@univ-montp3.fr

ANNEXE : BIBLIOGRAPHIE AMBROSIENNE DE PIERRE COURCELLE

1. 1944 : « Quelques symboles funéraires du néoplatonisme latin. Le vol de Dédale – Ulysse et les Sirènes », *Revue des études anciennes*, 46, p. 65-93 (repris dans *Opuscula selecta. Bibliographie et recueil d'articles publiés entre 1938 et 1980* [Collection des études augustiniennes, Série Antiquité 103], Paris, Institut d'études augustiniennes, 1984).
2. 1950 : « Plotin et saint Ambroise », *Revue de philologie, de littérature et d'histoire anciennes*, 76, p. 29-56.
3. 1954 : « Litiges sur la lecture des *libri Platonicorum* par saint Augustin », *Augustiniana*, 4, p. 225-239.
4. 1955a : « Les Pères de l'Église devant les Enfers virgiliens », *Archives d'histoire doctrinale et littéraire du Moyen Âge*, 30, p. 5-74 (Ambroise, p. 28-32 et *passim*).
5. 1955b : « Sur quelques fragments non identifiés du fonds latin de la Bibliothèque Nationale », dans *Recueil de travaux offert à M. Clovis Brunnel*, I, Paris, Société de l'École des Chartes, p. 311-321.
6. 1956 : « Nouveaux aspects du platonisme chez saint Ambroise », *Revue des études latines*, 34, p. 220-239.
7. 1958a : « La colle et le clou de l'âme dans la tradition néoplatonicienne et chrétienne (*Phédon* 82e ; 83d) », *Revue belge de philologie*, 36, p. 72-95.
8. 1958b : « La postérité chrétienne du "Songe de Scipion" », *Revue des études latines*, 36, p. 205-234 (Ambroise, p. 224-228).
9. 1959 : « *Trames veritatis*. La fortune patristique d'une métaphore platonicienne (*Phédon* 66b) », dans *Mélanges offerts à Étienne Gilson* (Études de philosophie médiévale, hors-série), Paris, J. Vrin, p. 203-210 (Ambroise, p. 204-206 et *passim*).
10. 1961 : « De Platon à saint Ambroise par Apulée. Parallèles textuels entre le *De excessu fratris* et le *De Platone et eius dogmate* », *Revue de philologie, de littérature et d'histoire anciennes*, 35, p. 15-28 (repris dans le n° 17).
11. 1962 : « L'humanisme chrétien de saint Ambroise », *Orpheus*, 9, p. 21-34.
12. 1963a : « Anti-Christian Arguments and Christian: from Arnobius to St. Ambrose », dans *The Conflict between Paganism and Christianity in the Fourth Century*, A. Momigliano éd., Oxford, Clarendon Press, 1963, p. 151-192.
13. 1963b : *Les Confessions de saint Augustin dans la tradition littéraire. Antécédents et postérité* (Collection des Études augustiniennes, Série Antiquité 15), Paris, Études augustiniennes, 1963 (Ambroise, p. 335-337, p. 385-387, p. 568-570, p. 616-620).

14. 1964: «Deux grands courants de pensée dans la littérature latine tardive: stoïcisme et néoplatonisme», *Revue des études latines*, 42, p. 122-140 (Ambroise, p. 123-124).
15. 1965: «Tradition platoniciennes et traditions chrétiennes du corps-prison (*Phédon* 62b, *Cratyle* 400c)», *Revue des études latines*, 43, p. 406-443 (Ambroise, p. 423-426).
16. 1968a: «Le visage de philosophie», *Revue des études anciennes*, 70, p. 110-120.
17. 1968b: *Recherches sur les Confessions de saint Augustin. Nouvelle édition augmentée et illustrée*, Paris, De Boccard, 1968 (en part. l'appendice IV, p. 311-382, «Aspects variés du platonisme ambrosien»).
18. 1969: «Les sources d'Ambroise sur Denys le Tyran», *Revue de philologie, de littérature et d'histoire anciennes*, 43, p. 204-210 (repris dans *Opuscula selecta. Bibliographie et recueil d'articles publiés entre 1938 et 1980* [Collection des études augustiniennes, Série Antiquité 103], Paris, Institut d'études augustiniennes, 1984).
19. 1970: «Le retentissement profane et chrétien d'un vers d'Ennius», *Revue des études latines*, 48, p. 107-112 (Ambroise, p. 110-111).
20. 1972a: «Ambroise de Milan face aux comiques latins», *Revue des études latines*, 50, p. 41-48 (repris dans le n° 24).
21. 1972b: «Ambroise de Milan professeur de philosophie (Paulin de Milan, *Vita Ambrosii*, VII, 9), *Revue de l'histoire des religions*, 181, p. 147-155 (repris dans le n° 24).
22. 1972c: «*Flügel (Flug) der Seele I*», *Reallexikon für Antike und Christentum*, VIII, Stuttgart, A. Hiersemann, p. 29-65 (Ambroise, col. 51-54).
23. 1972d: «*Verissima philosophia*», dans *Epektasis. Mélanges patristiques offerts au cardinal Jean Daniélou*, Paris, Beauchesne, p. 653-659.
24. 1973: *Recherches sur saint Ambroise. «Vies» anciennes, culture, iconographie* (Collection des Études augustiniennes, Série Antiquité 52), Paris, Études augustiniennes.
25. 1974a: «Ambroise de Milan dévôt de la monade», *Revue des études grecques*, 87, p. 144-154 (déjà publié dans le n° 24).
26. 1974b: *"Connais-toi toi-même" de Socrate à saint Bernard* (Collection des Études augustiniennes, Série Antiquité 58), Paris, Études augustiniennes (Ambroise, p. 113-125).
27. 1974c: «Littérature latine d'époque chrétienne», *Annuaire de l'École pratique des Hautes Études. Section des sciences historiques et philologiques*, p. 291-296.
28. 1974d: «Tradition néoplatonicienne et tradition chrétienne des ailes de l'âme», dans *Atti del Convegno internazionale sul tema: Plotino e il Neoplatonismo in Oriente e Occidente (Roma, 5-9 ottobre 1970)* (Problemi attuali di scienza e cultura, 198), Roma, Accademia Nazionale dei Lincei, p. 265-325 (Ambroise, p. 298-305).

29. 1975 : « Saint Ambroise devant le précepte delphique », dans *Forma futuri. Studi in onore del cardinale Michele Pellegrino*, Torino, Bottega d'Erasmo, p. 179-188.

30. 1976 : « Des sources antiques à l'iconographie médiévale de saint Ambroise », dans *Ambrosius Episcopus. Atti del Congresso internazionale di studi ambrosiani nel XVI centenario della elevazione di sant'Ambrogio alla cattedra episcopale. Milano 2-7 dicembre 1974*, G. Lazzati éd. (Studia Patristica Mediolanensia), I, Milan, Vita e Pensiero, p. 171-199.

Pierre et Jeanne Courcelle : les noces de Philologie et d'Iconographie

Durant toute sa carrière, Pierre Courcelle a été extraordinairement attentif non seulement aux textes, mais également aux images. Et, tout comme il s'est efforcé de « jeter un pont entre l'Antiquité et le Moyen Âge » – pour reprendre l'heureuse formule de son ami Pierre Grimal[1] –, Pierre Courcelle s'est également efforcé de jeter un pont entre les textes et les images. Cette dimension inattendue de l'œuvre du grand philologue tient en partie aux circonstances. Alors qu'il était encore au seuil de sa carrière, deux événements concomitants le poussèrent dans cette direction.

Le premier fut sa nomination comme membre de l'École française de Rome. Or il se trouve qu'à l'époque où Pierre Courcelle séjourna à Rome, c'est-à-dire entre 1934 et 1936, le directeur de l'École française de Rome n'était autre qu'Émile Mâle, le fondateur des études françaises d'iconographie médiévale lui-même. La figure de ce dernier peut se repérer sur une photographie qui date des années romaines de Pierre Courcelle (fig. 1) : au centre de l'image prend place un Émile Mâle déjà vieux – il a exactement cinquante ans de plus que Courcelle –, tandis qu'à l'extrême-droite se tient un jeune et beau Pierre Courcelle et que, placée entre les deux hommes, on peut reconnaître Gilberte Émile-Mâle, la fille d'Émile Mâle.

Une seconde circonstance, encore plus déterminante que la première, devait pousser Courcelle dans les bras de l'histoire de l'art. Lors de ce même séjour romain, le jeune farnésien fit la connaissance de l'historienne de l'art Jeanne Ladmirant, alors boursière auprès de l'Institut historique belge de Rome. Les deux jeunes gens ne tardèrent pas à convoler en justes noces (fig. 2), et le premier enfant naquit peu de temps après, en 1937, à Naples, où Pierre Courcelle occupa son premier poste.

---

1. P. GRIMAL, « Pierre Courcelle », *Revue des études latines*, 58, 1980, p. 34-36, ici p. 34.

Fig. 1. *Pierre Courcelle sur la loggia du Palais Farnèse à Rome en 1935*. De gauche à droite : Mme et M. Aymard, Émile Mâle, Gilberte Émile-Mâle, Pierre Courcelle. Paris, Bibliothèque de l'Institut, ms. 7697 (Fonds Émile Mâle), f. 108.

Fig. 2. *Jeanne Ladmirant et Pierre Courcelle*. Photographie du mariage (25 mars 1937) appartenant à Marie Courcelle.

Pour le jeune Courcelle, le passage à l'École française de Rome fut donc important à plus d'un titre. Ainsi qu'il l'écrit dans une lettre datée du 2 octobre 1936 et rédigée à Orléans peu après son retour en France, Courcelle garde « un souvenir reconnaissant[2] » de cette École française de Rome. Il adresse ses « remerciements sincères[3] » à celui qui avait « dirigé avec une si souriante indulgence [ses] premiers travaux[4] ». Il faut dire qu'Émile Mâle était réputé pour la liberté bienveillante qu'il accordait aux jeunes esprits qui lui étaient confiés. Voici ce que le savant écrivait de son côté à propos du mémoire de sortie du jeune Courcelle, un mémoire qui s'intitulait *Un foyer de culture au VIe siècle. Le monastère de Cassiodore et sa bibliothèque* :

> « Pierre Courcelle a fait preuve de savoir et de pénétration d'esprit. C'est l'œuvre d'un philologue, mais il aspire à être autre chose encore: il voudrait devenir un historien des idées. Les études très précises et souvent très minutieuses qu'il a entreprises à l'École française de Rome sur Boèce et sur Cassiodore ne sont, dans sa pensée, que des travaux d'approche. Il se propose en effet de consacrer sa thèse à un sujet de haute portée, qui s'intitulera "le Déclin de la culture grecque en Occident"[5]. »

Comme on le sait, l'ambitieux titre de la thèse fut modifié par la suite : la « culture » laissa place aux « Lettres », le « Déclin » disparut, tandis qu'apparaissait la précision temporelle finale « de Macrobe à Cassiodore ».

Ce séjour en Italie fut pour Courcelle l'occasion de s'initier aux fouilles archéologiques. Mais en Afrique du Nord, pas en Italie, puisque, en cette époque de fascisme triomphant, les étrangers étaient interdits de fouilles sur le territoire italien. Pour donner une idée de la mentalité de suspicion généralisée qui régnait alors, on pourra rappeler qu'Émile Mâle avait interdit à sa fille de passer sous les balcons du Palazzo Venezia où résidait Mussolini, et qu'il lui avait également interdit de mentionner le nom du *Duce* lorsqu'elle était hors de l'École française de Rome[6] – on ne savait jamais, il y avait des espions partout. Ce fut donc dans la région de Tébessa, à la frontière de l'Algérie et de la Tunisie, que Pierre Courcelle s'initia à l'archéologie, à l'occasion d'une campagne de fouilles qui permit de mettre au jour les restes de la plus ancienne basilique donatiste alors connue[7].

---

2. *Émile Mâle : le symbolisme chrétien*, catalogue d'une exposition organisée par la Bibliothèque municipale de Vichy au Centre culturel et au Grand Casino de Vichy, 28 mai - 20 juin 1983, Vichy, 1983, ici p. 89.

3. *Ibid.*

4. *Ibid.*

5. « Rapport sur les travaux de l'École française de Rome durant l'année 1935-1936, par M. Étienne Michon, membre de l'académie ; lu dans la séance du 2 juillet 1937 », *Comptes rendus des séances de l'Académie des Inscriptions et Belles-Lettres*, 81e année, N. 3, 1937, p. 207-224, ici p. 215.

6. G. ÉMILE-MÂLE, « La vie à l'École et à Rome au temps d'Émile Mâle. Témoignage », dans *Émile Mâle (1862-1954), la construction de l'œuvre : Rome et l'Italie*, Rome, 2005, ici p. 85.

7. P. COURCELLE, « Une seconde campagne de fouilles à Ksar-el-Kelb », *Mélanges de l'École française de Rome*, 53, 1936, p. 166-197.

Toujours dans le domaine de l'archéologie, mais cette fois-ci de manière plus théorique que pratique, c'est de son propre chef que Pierre Courcelle entreprit de déterminer le site de *Vivarium*, le monastère que Cassiodore avait rendu célèbre[8]. L'on savait bien que le monastère était situé en Calabre, mais l'on n'en savait guère plus quant à sa situation exacte. En recoupant ingénieusement différentes sources, Courcelle parvint à retrouver l'emplacement qui avait été celui de *Vivarium*. Voici ce qu'il écrit à ce sujet dans son article de 1938 :

> «De fait, nous croyons pouvoir déterminer avec certitude les lieux où s'élevait le monastère de Cassiodore en confrontant quatre sortes de documents qui tous concordent: les textes de Cassiodore lui-même, la miniature qui orne l'un de ces textes, la topographie et la toponymie actuelles, enfin les documents d'ordre archéologique[9].»

Une telle démarche, à l'époque, n'était pas courante. Certes, un Pierre Grimal, dans son travail sur les jardins dans la Rome antique, devait lui aussi opérer de la même manière, c'est-à-dire en croisant des sources de natures différentes. Pierre Grimal fut d'ailleurs un ami intime de la famille Courcelle. Il fut aussi un collègue consciencieux: c'est lui qui rédigea la nécrologie de Pierre Courcelle pour la *Revue des études latines*[10] qu'il dirigeait alors.

Mais revenons aux heureuses années d'avant-guerre. La toute jeune épouse de Pierre Courcelle mit à profit son séjour italien pour faire paraître plusieurs publications qui relevaient toutes de son domaine d'étude propre, l'histoire de l'art. Elle fit ainsi paraître, dans le *Bulletin de l'Institut historique belge de Rome* de l'année 1936[11], un court article qui portait sur deux bronzes oubliés du musée du Bargello, les attribuant, très justement, à cette orfèvrerie mosane du XIIe siècle qu'elle connaissait bien. Dans une autre étude[12], Jeanne rendit aux artistes flamands qui les avaient conçues les illustrations de trois manuscrits médiévaux conservés à la *Biblioteca Vaticana* – c'est-à-dire à l'endroit même où elle avait fait la connaissance de celui qui serait son mari.

Le couple s'installa à Naples en 1937, à la suite de la nomination de Pierre à l'Institut français de Naples, d'abord comme chargé de conférences, puis comme directeur-adjoint. Tandis que Jeanne étudiait les *Caractères mosans d'un émail conservé au Musée national de Naples*[13] – publication que Jeanne signa pour

---

8. P. COURCELLE, «Le site du monastère de Cassiodore», *Mélanges de l'École française de Rome*, 55, 1938, p. 259-307.

9. *Ibid.*, p. 260.

10. Voir note 1.

11. J. LADMIRANT, «Deux statuettes mosanes inédites du XIIe siècle conservées au Musée national de Florence», *Bulletin de l'Institut historique belge de Rome*, 17, 2, 1936, p. 57-60.

12. EAD., «Trois manuscrits à miniatures de l'école flamande conservés à la Bibliothèque vaticane», *Bulletin de l'Institut historique belge de Rome*, 17, 3, 1936, p. 61-76.

13. J. COURCELLE-LADMIRANT, «Les Caractères mosans d'un émail conservé au Musée national de Naples», *Bulletin de l'Institut historique belge de Rome*, 18, 1937, p. 119-124.

la première fois de son nom de femme mariée –, c'est à la bibliothèque de la ville que Pierre devait faire l'une de ses plus belles découvertes: un manuscrit de l'*Énéide* rédigé en écriture bénéventaine[14]. Le grand spécialiste de bénéventaine qu'était Elias Avery Lowe datait le manuscrit du milieu du Xe siècle. Le mérite de Pierre Courcelle consista en l'occurrence à avoir su deviner que certaines des illustrations de ce manuscrit médiéval étaient des copies (assez) fidèles d'un archétype qui remontait à la Rome impériale. En effet, l'un des deux artistes qui avaient illustré le manuscrit avait recopié du mieux qu'il le pouvait les dessins du manuscrit romain qu'il avait sous les yeux, tandis que le second artiste, lui, n'avait pas compris – ou pas voulu comprendre – ce que donnait à voir l'archétype romain et avait préféré donner libre cours à son imagination.

À Naples, le jeune couple Courcelle menait une vie heureuse, studieuse. La famille s'agrandit d'un troisième membre, Jérôme, qui naquit dans la ville parthénopéenne. Mais la guerre qui menaçait obligea la famille à rentrer précipitamment en France. Une fois démobilisé, Pierre Courcelle fut d'abord nommé à Bordeaux, avant de revenir, dès 1944, à Paris. Il entra cette année-là à la Sorbonne ainsi qu'à l'École pratique des Hautes Études, puis ce fut, en 1952, le Collège de France, et enfin, en 1966, l'Académie des Inscriptions et Belles-Lettres. Le seul échec qu'il connut fut la candidature manquée au poste de directeur de l'École française de Rome en 1970: alors qu'il a tous les soutiens académiques possibles (et que les valises sont déjà faites), les pouvoirs publics lui préfèrent l'archéologue Georges Vallet – *Fata obstant*.

Au fil des ans, la famille Courcelle ne manqua pas de s'étoffer: Pierre et Jeanne Courcelle eurent huit enfants, six garçons et deux filles. Jeanne leur consacra tout son temps et son énergie. À l'exception d'un bref article publié en 1949[15], elle ne put se remettre au travail qu'au début des années 1960, quand la plupart des enfants avaient déjà quitté le toit familial et que les derniers qui restaient étaient grands. Jeanne put alors renouer avec ses chères études iconographiques. Elle publia en 1962 un article sur une miniature «inédite» – les époux Courcelle ont une indéniable prédilection pour ce terme qui parvient à se glisser jusque dans les titres de leurs travaux – d'un célèbre manuscrit datant du début du XVe siècle, le bréviaire de Salisbury (Paris, BnF, ms. lat. 17294)[16]. Jeanne ne devait pas tarder à entraîner son époux à sa suite, sur les voies parfois tortueuses, souvent embroussaillées, mais toujours exaltantes des recherches iconographiques.

---

14. P. COURCELLE, «La tradition antique dans les miniatures inédites d'un Virgile de Naples», *Mélanges d'archéologie et d'histoire*, 56, 1939, p. 249-279.

15. J. COURCELLE-LADMIRANT, «Une page d'iconographie virgilienne au XVe siècle», dans *Miscellanea Leo van Puyvelde*, Bruxelles, 1949, p. 263-268.

16. J. COURCELLE-LADMIRANT, «Les deux Augustin dans une miniature inédite du XVe siècle», *Revue des Études augustiniennes*, 8, 1962, p. 169-175.

De son côté, Pierre Courcelle avait déjà eu l'occasion de prendre en considération, dans plusieurs de ses travaux, vestiges archéologiques, numismatique romaine, gemmes antiques ou miniatures médiévales ; par exemple, dans l'article susmentionné sur le site du monastère de Cassiodore, ou encore dans celui consacré à la symbolique funéraire du néoplatonisme latin, article dans lequel il se penchait (en précurseur) sur la tradition iconographique de la sirène[17]. Mais, dans toutes ces études, les considérations d'ordre iconographique étaient toujours subordonnées à un dessein philologique plus général et, à l'exception de l'article sur le Virgile parthénopéen, le grand érudit n'avait jamais encore réalisé d'étude iconographique pour elle-même. Ce serait désormais chose faite, grâce à l'impulsion décisive de sa femme.

Il est toutefois un autre facteur qu'il est important de souligner : tous les travaux iconographiques réalisés par Pierre et Jeanne Courcelle en ce début des années 1960 ont été édités aux Études augustiniennes. Ce furent elles qui publièrent, sur beau papier couché épais et brillant, les centaines de planches des études iconographiques des deux époux. Ces derniers leur en surent gré, et la *Vita sancti Augustini imaginibus adornata* de 1964 est d'ailleurs dédicacée :

> « *Au R.P. Georges FOLLIET,*
> *avec notre respectueuse gratitude.* »

C'est-à-dire à celui qui dirigeait alors l'Institut d'études augustiniennes, et qui « veilla jusque dans le détail à l'élaboration et à l'impression (et même, un temps, à la diffusion) des publications qui devaient faire, à l'extérieur, la réputation scientifique de l'Institut[18] ». Par la suite, le Père Folliet devait être régulièrement remercié de la sorte ; par exemple dans le livre sur la *Consolation de Philosophie*[19] de 1967, pour avoir « libéralement procuré les photographies et les planches[20] » nécessaires à la réalisation de l'ouvrage.

La *Vita* de 1964 constitue l'une des premières collaborations des époux Courcelle, mais pas la toute première. Même s'il ne figure pas sur la couverture, le nom de Jeanne peut déjà se repérer dans un livre que Pierre Courcelle avait publié l'année précédente, *Les « Confessions » de saint Augustin dans la tradition littéraire. Antécédents et postérité* [21]. On lit ainsi à la page 641 :

---

17. P. COURCELLE, « Quelques symboles funéraires du néo-platonisme latin : le vol de Dédale ; Ulysse et les Sirènes », *Revue des Études augustiniennes*, 46, 1944, p. 65-93.

18. V. ZARINI, « Père Georges Folliet (1920-2011) », *Revue d'études augustiniennes et patristiques*, 58, 2012, p. I-II.

19. P. COURCELLE, *La « Consolation de Philosophie » dans la tradition littéraire. Antécédents et postérité de Boèce*, Paris, 1967.

20. *Ibid.*, p. 19.

21. P. COURCELLE, *Les « Confessions » de saint Augustin dans la tradition littéraire. Antécédents et postérité*, Paris, 1963.

« APPENDICE VI
avec la collaboration de Jeanne Courcelle-Ladmirant
docteur en histoire de l'art.

Explication des planches
et conclusions iconographiques. »

Ce titre introduit une assez longue étude iconographique (quarante-huit pages) qui est consacrée aux différents types de représentations de la conversion de saint Augustin existants. Lui fait suite une série de cinquante-quatre planches d'images en noir et blanc intitulée « iconographie de la conversion » qui donne à voir les images précédemment « expliquées » par Pierre et Jeanne. L'ouvrage se clôt donc, tout comme il s'est ouvert, sur des images. En effet, passée la dédicace « À mes enfants », l'ouvrage débute – assez abruptement, il est vrai – par quatre pages de planches qui contiennent cinq « images initiales des 'Confessions' », c'est-à-dire autant d'initiales historiées figurant en tête de manuscrits des *Confessions*. Le livre contient même une sixième initiale historiée : celle qui est dessinée tout en rouge sur la couverture de l'ouvrage. Au beau milieu de la première de couverture figure un grand « M » que vient traverser un « saint Augustin [qui] adresse à Dieu sa confession ». Voilà qui rappelle les « images initiales des 'Confessions' », si ce n'est que nous n'avons plus affaire ici à des photographies en noir et blanc, mais à une vignette à l'encre rouge qui a repris en la simplifiant l'initiale d'un manuscrit des *Confessions* datant du XIIe siècle (Engelberg, Stiftsbibliothek, Cod. 18). Cette première collaboration de Pierre et Jeanne Courcelle est donc placée, dès l'orée, sous les auspices de l'image.

Si l'année 1963 marqua le commencement des publications communes des époux Courcelle, l'année qui suivit fut particulièrement prolifique puisque Pierre et Jeanne ne publièrent pas moins de quatre études iconographiques. Toutes traitent d'iconographie augustinienne. Par amour d'Augustin, bien sûr, mais aussi parce que Pierre et Jeanne Courcelle avaient à cœur de démentir ces grands historiens de l'art (dont Émile Mâle, Francis Salet et Louis Réau) qui avaient dénoncé la pauvreté de l'iconographie augustinienne – une pauvreté qui n'a de sens que mise en rapport avec l'inventivité et l'abondance des iconographies bernardine, dominicaine ou franciscaine. Deux de ces études, parues dans la *Revue des Études augustiniennes* et signées « Jeanne et Pierre Courcelle » (l'ordre des prénoms est significatif), concernent les différents types de représentations de saint Augustin qui peuvent se rencontrer au Moyen Âge et à l'époque moderne[22]. La troisième est un court article consacré aux illustrations du *Contra Faustum*[23]. La quatrième et dernière de ces études s'attaque à l'un des premiers cycles de la vie de saint

---

22. J. COURCELLE et P. COURCELLE, « Scènes anciennes de l'iconographie augustinienne », *Revue des Études augustiniennes*, 10, 1964, p. 51-96, 2. IID., « Nouvelles illustrations des 'Confessions' augustiniennes », *Revue des Études augustiniennes*, 10, 1964, p. 343-347.

23. J. COURCELLE et P. COURCELLE, « Quelques illustrations du 'Contra Faustum' de saint Augustin », dans *OIKOUMENE, Studi paleocristiani pubblicati in onore del Concilio ecumenico Vaticano II*, Catane, 1964, p. 1-9.

Augustin, à savoir la série des 124 dessins à la plume colorés qui sont contenus dans le ms. 1483 de la Public Library de Boston[24], un manuscrit de la fin du XVe siècle réalisé en Allemagne méridionale dont Jeanne Courcelle avait déjà étudié une miniature illustrant « Le Songe de Monique » dans son article de 1962[25]. Cette étude iconographique, la plus longue et la plus ambitieuse des quatre, prit la forme d'un livre richement illustré publié aux Études augustiniennes.

Il vaut de s'attarder sur l'image du navire qui figure sur la couverture (fig. 3a). Cette image est tirée de l'illustration du chapitre XIX du manuscrit de Boston (fig. 4). Il s'agit d'une miniature où l'on peut voir « Augustin [qui] s'embarque pour Rome au désespoir de sa mère ». Sur l'image de couverture, l'on a supprimé la silhouette de Monique ainsi que le fond du décor, afin de ne garder que l'essentiel et de rendre l'image résultante plus lisible, ce qui permettait de l'insérer sans problème dans la maquette de couverture de l'ouvrage qu'elle venait illustrer. Cette nef augustinienne dut plaire au Père Folliet, car elle devint le logo de l'Institut d'Études augustiniennes (fig. 3b) et elle vogue encore.

Arrêtons-nous encore un instant sur cette image, celle d'Augustin s'embarquant pour Rome. Deux questions viennent à l'esprit. Qui a choisi la miniature figurant sur la couverture ? Qui a réalisé la vignette à l'encre rouge inspirée de cette miniature ? Si la réponse à la première question est facile – il est probable que ce sont les époux Courcelle qui ont choisi la miniature –, la réponse à la seconde l'est beaucoup moins. Il nous faut tout d'abord observer que les couvertures de deux autres ouvrages parus aux Études augustiniennes, à savoir la troisième édition de l'*Histoire littéraire des grandes invasions germanique*[26] de 1964 et la *Consolation de Philosophie* de 1967, sont elles aussi ornées de vignettes à l'encre rouge. La première de ces vignettes montre un sceau du roi des Vandales Thrasamund, la seconde une initiale historiée figurant Boèce en train de rédiger sa *Consolation*. L'ouvrage sur Boèce contient en outre, sur la deuxième de couverture, les indications suivantes :

> *Sur la couverture :*
>
> « Boèce rédige sa 'Consolation'
> C initial du chant I : « Carmina qui quondan [sic] studio florente peregi »
> Oxford, Bodleian Library. Auct. F.6.5, fol. VII v°, s. XII med.
> Dessin d'Étienne Courcelle »

---

24. P. COURCELLE et J. COURCELLE-LADMIRANT, *Vita Sancti Augustini imaginibus adornata. Manuscrit de Boston, Public Library, n° 1483, s. XV, inédit*, Paris, 1964.

25. J. COURCELLE-LADMIRANT, « Les deux Augustin », *op. cit.*, p. 174 et Planche III b.

26. P. COURCELLE, *Histoire littéraire des grandes invasions germaniques* (3e éd.), Paris, 1964.

Fig. 3a. *Augustin s'embarque pour Rome*. Détail de la couverture de la *Vita Sancti Augustini imaginibus adornata*, Paris, 1964.

Fig. 3b. *Augustin s'embarque pour Rome*. Logo de l'Institut d'études augustiniennes.

Fig. 4. *Augustin s'embarque pour Rome*. Boston, Public Library, MS f Med. 77 (anciennement MS 1483), f. 7v.

C'est donc Étienne, le quatrième enfant de Pierre et Jeanne, qui a adapté pour l'imprimerie la miniature bodléienne (fig. 5a) et réalisé la vignette de couverture de la *Consolation de la Philosophie* (fig. 5b). Nous sommes en 1967, Étienne a vingt-cinq ans. Il a fait du beau travail, ce qui n'est pas étonnant puisqu'il deviendra graphiste de profession avant de se consacrer à la peinture. Mais, ainsi qu'il nous l'a affirmé, ce n'est pas lui qui a fait les vignettes à l'encre rouge des trois autres couvertures, bien qu'il ait réalisé, à la demande de ses parents, la mise en page des couvertures de leurs ouvrages d'iconographie augustinienne – décidément, chez les Courcelle, les publications étaient une affaire de famille ! L'auteur des trois vignettes à l'encre rouge pourrait-il être l'un des deux époux Courcelle ? Ce n'est pas impossible, puisque les « archives Pierre Courcelle », c'est-à-dire l'ensemble des documents manuscrits que la famille Courcelle a légué au Révérend Père Folliet à la mort de Pierre, contiennent de nombreux calques. Parmi ces calques, qui ont certainement été réalisés par Pierre ou par Jeanne, se trouvent ceux de miniatures du Vat. Lat. 3867, le célèbre manuscrit de l'*Énéide* des Ve-VIe siècles cité par Pierre Courcelle dans son article de 1939 sur le Virgile de Naples (fig. 6). Mais la piètre qualité de ces calques ne plaide pas en faveur d'une attribution à leur auteur des trois belles vignettes rouges susmentionnées. Il nous faut donc, à regret, voir la nef augustinienne s'éloigner en emportant sa part de mystère...

Après les débuts en fanfare de l'année 1964, Pierre et Jeanne poursuivirent de concert leurs travaux iconographiques. Ils consacrèrent notamment cinq livres à l'iconographie augustinienne, des livres dont la publication s'échelonna de 1965 à 1991[27]. Ces ouvrages passent méthodiquement en revue tous les cycles de la vie de saint Augustin dont les époux Courcelle pouvaient avoir connaissance. Pour le dire en quelques mots (les leurs), cette iconographie augustinienne « s'est formée au XIVe siècle [...] devint florissante au XVe [...] tint au XVIIe une place importante et orne de nombreux plafonds baroques au XVIII[e][28] ». L'iconographie augustinienne est donc née tard, très tard : dans le dernier quart du XIIIe siècle. À titre de comparaison, rappelons que les vies de saint Benoît, Omer ou Armand sont représentées en images dès le XIe siècle[29]. Par rapport à tous ces saints, Augustin a vécu à trop haute époque (il n'y avait pas encore de cycle iconographique illustrant la vie d'un saint) et dans une région trop excentrée (Hippone a vite été perdue pour le christianisme).

---

27. J. COURCELLE et P. COURCELLE, *Iconographie de saint Augustin. Les cycles du XIVe siècle*, Paris, 1965 ; IID., *Iconographie de saint Augustin. Les cycles du XVe siècle*, Paris, 1969 ; IID., *Iconographie de saint Augustin. Les cycles du XVIe et XVIIe siècle*, Paris, 1972 ; IID., *Iconographie de saint Augustin. Les cycles du XVIIIe siècle. I. L'Allemagne*, Paris, 1980 ; IID., *Iconographie de saint Augustin. Les cycles du XVIIe (2e partie) et XVIIIe siècle*, Paris, 1991.

28. J. COURCELLE et P. COURCELLE, *Iconographie de saint Augustin. Les cycles du XIVe siècle*, op. cit., p. 13.

29. J. COURCELLE et P. COURCELLE, « Scènes anciennes de l'iconographie augustinienne », op. cit., p. 51.

Fig. 5a. *Boèce dans une initiale « C » historiée.* Oxford, Bodleian Library, MS. Auct. F. 6. 5, f. 7v.

Fig. 5b. *Boèce dans une initiale « C » historiée.* Détail de la couverture de la Consolation de la Philosophie, Paris, 1967.

Fig. 6. *Calques de manuscrits latins de Virgile (Vat. Lat. 3867, f. 3v et Vat. lat.3225, f. 58r).* Archives Pierre Courcelle, Institut d'études augustiniennes.

Les monuments iconographiques augustiniens érigés par les époux Courcelle ont bien résisté au temps. Il n'est que de lire par exemple ce qu'en écrit Antonio Iturbe dans l'article de plus de cent pages qu'il a consacré à l'iconographie de saint Augustin[30]. Dès les premières lignes de son étude, Antonio Iturbe présente les publications de Jeanne et Pierre Courcelle comme l'un des deux «piliers» qui soutiennent son propre travail, l'autre pilier étant constitué par les quelque trois mille représentations de saint Augustin que ce chercheur a vues (il possède au total des fiches sur plus de cinq mille œuvres). Mieux, Antonio Iturbe déclare ensuite: «Respecto al primer pilar, si este trabajo sirviese de complemento válido a los estudios de Courcelle, me dariá satisfecho[31]» («En ce qui concerne le premier pilier, si ces travaux constituaient un complément valable aux études des Courcelle, je serais satisfait»).

Toujours à propos des recherches d'iconographie augustinienne, il vaut encore de remarquer qu'il faudra attendre l'année 2011 pour voir la parution d'une publication encyclopédique italienne[32] (en trois volumes dont chacun compte plus de cinq cents pages) qui dépasse par son ampleur les travaux des époux Courcelle. Cette publication prend en compte de nombreuses œuvres qui leur étaient inconnues: par exemple, la verrière d'Erfurt, qui date du XIVe siècle et que les époux Courcelle tenaient pour être le tout premier cycle de la vie d'Augustin, est précédée, dans la nouvelle publication italienne, par trois autres cycles dont le plus ancien, la verrière de la cathédrale de Sées, remonte aux années 1270-1280[33]. Il va sans dire que cette publication italienne, qui constitue un supplément iconographique aux *Opera omnia* de saint Augustin éditées par la Nuova Biblioteca Agostiniana, est issue d'un travail collectif qui s'appuie sur une immense bibliographie issue des recherches menées par la communauté scientifique depuis cinquante ans. Les études des époux Courcelle ne sauraient évidemment rivaliser avec les efforts conjugués de tous ces spécialistes. Mais les trois auteurs qui ont dirigé la nouvelle entreprise éditoriale ont tenu, tout comme Antonio Iturbe avant eux, à rendre hommage aux époux Courcelle, soulignant dès l'introduction que leurs travaux constituent «un ineludibile punto di riferimento[34]» («une référence incontournable»). Pierre et Jeanne ont donc fait œuvre de pionniers, par leur inlassable curiosité, le caractère systématique de leur entreprise, l'ampleur de leur érudition

---

30. A. Iturbe, «Iconografia de San Agustín. Atributos y temas o títulos iconográficos. Sus orígenes literarios. Ciclos principales», dans *Iconografía agustiniana*, actes du Congrès de Rome des 22-24 novembre 2000 (XI Congreso internacional de historia de la Orden de San Agustín), R. Lazcano éd., Rome, 2001, p. 19-126.

31. *Ibid.*, p. 19.

32. *Iconografia agostiniana*, A. Cosma – V. Da Gai – G. Pittiglio éd., t. XLI, Rome, 2011, 3 vol.

33. *Iconografia agostiniana*, *op. cit.*, t. XLI/1, p. 268.

34. Préface des auteurs, *Iconografia agostiniana*, *op. cit.*, t. XLI/1, p. 15.

et la rigueur de leurs analyses. Mieux, ils ont, eux aussi, travaillé en équipe avant l'heure. Car une équipe commence à deux : mari et femme, en l'occurrence.

Pour en revenir à leur production scientifique, les époux Courcelle rédigèrent, à la fin des années 1960, deux courts articles d'iconographie augustinienne relatifs au fameux épisode du «Tolle, lege», dont Pierre avait donné une interprétation aussi originale que séduisante[35]. Chacune de ces études porte sur un tableau du XVIIe siècle qui met en scène Augustin au moment de la révélation du «Tolle, lege» : il s'agit, d'une part, d'une peinture anonyme qui a fortement impressionné une Aurore Dupin (la future George Sand) alors âgée de quinze ans[36] et, d'autre part, d'un tableau de Philippe de Champaigne[37].

Mais il n'y en avait pas que pour saint Augustin, et les études iconographiques initiées par Jeanne réussirent à se frayer un chemin jusque dans les ouvrages philologiques de Pierre, telles l'étude sur Boèce de 1967 ou celle sur Ambroise de 1973[38]. Toutes deux contiennent des chapitres iconographiques que le grand philologue dit avoir «rédigé de pair» avec sa femme, selon la formule qui revient à chaque fois dans ces livres. Les quatre chapitres iconographiques de l'ouvrage sur la *Consolation de Philosophie* sont d'une très grande richesse, et la typologie des images qu'ils proposent sera reprise et étendue dans les études ultérieures du professeur Tamotsu Kurose et de son fidèle disciple Yoshiaki Todoroki. Le répertoire de Kurose, *Miniatures of Goddess Fortune in Mediaeval Manuscripts*, qui parut à Tokyo en 1977, comptait 158 planches d'illustrations en noir et blanc et en couleurs. Todoroki poursuivit la quête de son maître bien-aimé : il publia tout d'abord un supplément à l'ouvrage susdit en 1990[39], puis, en l'an 2000, à l'occasion du soixante-dix-septième anniversaire du vieux maître, il réalisa à Tokyo une exposition de miniatures entièrement consacrée à la capricieuse déesse dont le catalogue ne contenait pas moins de cent soixante entrées[40].

La principale source d'inspiration de tous ces travaux iconographiques est donc constituée par la *Consolation de Philosophie* de 1967. C'est dans cet ouvrage

---

35. Pierre Courcelle revint à plusieurs reprises sur le sujet. Ses premières réflexions sur la question figurent dans les *Recherches sur les Confessions de saint Augustin*, Paris, 1950, p. 190-202.

36. J. COURCELLE et P. COURCELLE, «Le 'Tolle Lege' de George Sand», *Revue des études augustiniennes*, 12, 1966, p. 1-7.

37. J. COURCELLE et P. COURCELLE, «Le 'Tolle, Lege' de Philippe de Champaigne», *Recherches augustiniennes*, 5, 1968, p. 3-6.

38. P. COURCELLE, *Recherches sur saint Ambroise. 'Vies' anciennes, culture, iconographie*, Paris, 1973.

39. Y. TODOROKI, «A List of miniatures of Goddess Fortune in Mediaeval manuscripts», *Bulletin of Kagoshima prefectural junior College, Cultural and social sciences,* 41, 1990, p. 71-114.

40. Y. TODOROKI, *An addition to miniatures of goddess Fortune in mediaeval manuscripts*, Tokyo, 2000.

que Pierre Courcelle précise sa méthode : celle-ci « consiste à mener de pair deux enquêtes parallèles et complémentaires relatives l'une aux textes, l'autre aux monuments figurés ; car les uns s'éclairent par les autres[41] ». Dans le cas des époux Courcelle, le second type d'enquête se cantonne volontairement à l'iconographie, sans jamais s'aventurer dans les sables mouvants des attributions. Ce que semble quelque peu regretter Henri-Irénée Marrou dans l'article par ailleurs louangeur qu'il consacre aux investigations iconographiques de ses « amis[42] » : « Comme c'était leur droit, J. et P. Courcelle se sont concentrés sur les problèmes iconographiques et n'ont pas spécialement poussé l'étude proprement 'histoire de l'art'[43]. » En réalité, il s'agit là d'un choix heureux et sage des époux Courcelle, qui connaissent leurs limites, se concentrent sur le principal – que montre l'image et comment fonctionne-t-elle ? – et assurent ainsi à leurs études une plus grande longévité. À l'inverse de l'étude attributionniste qui, à moins qu'elle ne soit l'œuvre d'un excellent *connoisseur*, est bien souvent assez vite caduque.

Pour en revenir à la production iconographique des Courcelle, l'année 1964 vit la réédition, aux Études augustiniennes, de l'*Histoire littéraire des grandes invasions germaniques* qui était initialement parue chez Hachette en 1948. Cette nouvelle édition permit de doubler le nombre de pages et d'y ajouter des illustrations : plus de soixante-dix planches de monuments, sculptures, peintures, miniatures, monnaies, bijoux et autres artefacts y étaient dorénavant représentées et commentées.

Il appartint aux *Lecteurs païens et chrétiens de l'Énéide*[44] de constituer l'ultime collaboration des deux époux. On sait qu'il s'agit du tout dernier travail de Pierre Courcelle, qui « avait remis lui-même le manuscrit de cet ouvrage à l'éditeur quelques jours avant sa mort survenue le 25 juillet 1980[45] ». Le livre paraîtra quatre ans plus tard. Le premier volume, signé du seul Pierre, étudie les témoignages littéraires, tandis que le second, signé des deux époux – mais avec le nom de Jeanne en caractères plus petits que celui de Pierre ! –, traite d'iconographie. Dans le premier volume, Pierre Courcelle parcourt tous les vers des douze livres de l'*Énéide* à la recherche des échos qu'ils ont suscités dans la littérature postérieure. Dans le second, « rédigé de pair » avec Jeanne, il passe en revue une vingtaine de manuscrits illustrés de l'œuvre virgilienne, commentant l'une après l'autre les quelque cinq cents miniatures que contiennent ces manuscrits.

Nous avons vu précédemment la haute estime dans laquelle sont tenues aujourd'hui les études iconographiques de Pierre et Jeanne Courcelle. Cela ne doit pas nous cacher que ces études ont vieilli par certains aspects : à côté d'erreurs

---

41. P. COURCELLE, *La « Consolation de Philosophie »*, *op. cit.*, p. 10.

42. H.-I. MARROU, « Saint Augustin en images », *Journal des savants*, 1971, p. 5-14, ici p. 7.

43. *Ibid.*, p. 13.

44. P. COURCELLE et J. COURCELLE, *Lecteurs païens et chrétiens de l'Énéide*, Paris, 1984.

45. *Ibid.*, p. 7.

d'interprétation inévitables et de jugements de valeur parfois mal venus, il est des cas où la compréhension de ce qu'est une image médiévale n'est pas toujours au rendez-vous.

Ainsi, dans la *Vita sancti Augustini*, si les auteurs remarquent bien[46] que, dans le manuscrit mettant en scène la vie d'Augustin qu'ils étudient (Boston, Public Library, ms. 1483), ce Père de l'église « est toujours figuré plus grand que ses interlocuteurs », ils n'expliquent jamais pourquoi. Or il ne s'agit nullement d'un choix propre aux illustrateurs du manuscrit de Boston, mais de l'habituelle convention de représentation médiévale qui veut que la taille des personnages soit proportionnelle à leur importance.

Ou encore, dans le commentaire d'un manuscrit de l'*Histoire ancienne jusqu'à César* (BnF, fr. 1386), les époux Courcelle présentent ainsi une suite de miniatures figurant des batailles : « Ici commencent les images des combats, monotones et peu explicites[47]. » Auquel fait écho un peu plus loin : « Le peintre ne varie nullement ses effets[48]. » Or, dans les commentaires de ces batailles, l'on chercherait en vain une allusion à ce qui fait la raison d'être et la force de ces images : l'héraldique, une héraldique en mouvement qui triomphe dans des miniatures qui déclinent à l'envi bandés, fascés et échiquetés, les faisant figurer tant sur les écus et les heaumes des combattants que sur les housses de leurs montures. Car ce sont les variations formelles et chromatiques auxquelles peut donner lieu la mise en scène de ces batailles qui ont fait la délectation du peintre aussi bien que le plaisir des spectateurs – il y a bien une esthétique héraldique qui est propre au Moyen Âge et qu'il ne faut pas mésestimer.

Ce panorama des travaux des époux Courcelle se doit de se conclure par une étude d'iconographie augustinienne. Ce sera celle, originale et méconnue, consacrée à *L'illustration symbolique des « Confessions » augustiniennes dans les « Flammulae Amoris »*[49]. Il s'agit, répétons-le, d'une étude fort originale, car qui, en ce début des années 1970, avait entendu parler des obscures (!) *Flammulae Amoris* ? Pour s'intéresser à ce livre d'emblèmes augustinien flamand, il fallait s'intéresser soit aux livres d'emblèmes, soit à l'augustinisme, soit à l'art flamand. Or, si les époux Courcelle n'avaient pas lu Mario Praz (dont les *Studies in Seventeenth-Century Imagery*[50] constituaient à elles seules à l'époque presque la moitié des études emblématiques existantes), il se trouvait en revanche qu'ils se passionnaient tous les deux pour Augustin et qu'en outre Jeanne était d'origine belge.

---

46. P. COURCELLE et J. COURCELLE-LADMIRANT, *Vita sancti Augustini, op. cit.*, p. 23.

47. P. COURCELLE et J. COURCELLE, *Lecteurs païens, op. cit.*, p. 93 (fig. 208).

48. *Ibid.*, p. 94 (fig. 211).

49. J. COURCELLE et P. COURCELLE, « L'illustration symbolique des 'Confessions' augustiniennes dans les 'Flammulae Amoris' », *Recherches augustiniennes*, 8, 1972, p. 7-24.

50. M. PRAZ, *Studies in Seventeenth-Century Imagery*, Londres, 1939-47, 2 vol.

Les *Flammulae Amoris*, publiées à Anvers chez Verdussen en 1629, sont l'œuvre de Michel Hoyer, un ermite augustinien, pour ce qui est des textes, et de Guillaume Collaert, le dernier rejeton d'une importante lignée d'artistes flamands, pour ce qui est des gravures. Chacun des chapitres de l'ouvrage débute par une sentence tirée des *Confessions* qui est accompagnée d'une image allégorique qui l'illustre. Il s'agit de ce que nous appellerions aujourd'hui un livre d'emblèmes religieux, un type d'ouvrage dont la production culmina justement à Anvers au début du XVIIe siècle.

Dans leur article de 1972, Pierre et Jeanne Courcelle estiment que les vers de Michel Hoyer constituent une «paraphrase verbeuse, encombrée de souvenirs classiques[51]», alors qu'ils jugent les «symboles[52]» de Collaert «jolis, neufs, parfois dignes d'émouvoir[53]» – l'on ne peut qu'être d'accord avec eux.

Malheureusement, les époux Courcelle font une erreur de lecture iconographique récurrente : ils interprètent le couple des deux enfants (dont l'un est nimbé et l'autre pas) qui revient régulièrement dans les illustrations comme le couple formé par l'Amour divin et Augustin. Ils ont beau dire qu'Augustin est souvent représenté non pas en évêque mais sous les traits d'un «jeune adolescent[54]», comment se fait-il que le chignon dudit adolescent, qui figure dans la moitié de ses représentations, ne les ait pas intrigués ?

C'est qu'il s'agit en réalité d'Anima, la petite fille qui sera sauvée par Amor divinus. Amor divinus et Anima sont les lointains héritiers d'Amour et Psyché. Ils en constituent une version christianisée qui sera appelée à un immense succès tout au long des XVIIe et XVIIIe siècles[55]. Le couple naquit à Anvers en 1615, dans les *Amoris divini emblemata*[56] qu'Otto Vaenius, le maître de Rubens, avait conçus à la demande de la très pieuse Isabelle Claire Eugénie de Habsbourg, la fille préférée de Philippe II à qui son père avait confié le gouvernement des Pays-Bas méridionaux. Dans ce livre d'emblèmes à vocation édifiante, Amor divinus et Anima reviennent page après page, ce procédé de répétition permettant de construire Anima comme une figure d'identification idéale. Il en va de même dans les *Flammulae amoris*.

---

51. J. COURCELLE et P. COURCELLE, «L'illustration symbolique», *op. cit.*, p. 24.

52. *Ibid.*

53. *Ibid.*

54. *Ibid.*, p. 11.

55. O. VASSILIEVA-CODOGNET, «Psyché à la croisée des chemins : la fable d'Apulée à la source de l'emblématique sacrée», dans *Psyché à la Renaissance*, Actes du LIIe Colloque international d'études humanistes, Tours, 29 juin - 3 juillet 2009, M. Bélime-Droguet – V. Gély – L. Mailho-Daboussi – Ph. Vendrix éd., Turnhout, 2013, p. 243-267.

56. O. VAENIUS, *Amoris divini emblemata*, ex Officina Martini Nutii et Ioannis Meursii, Anvers, 1615.

Car si ce sont bien les *Confessions* de saint Augustin (ainsi que les écrits apocryphes) qui fournissent au lecteur les indications textuelles du modèle de vie à suivre, c'est l'utilisation fréquente de la première personne dans les citations et la présence répétée d'Anima dans les gravures qui permettent à ce même lecteur/spectateur de s'identifier avec ce qu'il lit et ce qu'il voit. Saint Augustin n'est finalement là que pour servir d'adjuvant et aider à l'édification morale du lecteur.

Ce qu'avaient déjà observé, en leur temps et à leur manière, les époux Courcelle :

> « Les auteurs [l'écrivain et le graveur] ont bien compris que les *Confessions* décrivent moins l'histoire personnelle d'un individu que les péripéties morales propres à la jeunesse humaine[57]. »

Olga VASSILIEVA-CODOGNET
École des Hautes Études en Sciences Sociales, Paris

---

57. J. COURCELLE et P. COURCELLE, « L'illustration symbolique », *op. cit.*, p. 23-24.

QUELQUES TÉMOIGNAGES
SUR PIERRE COURCELLE

1. François Dolbeau

Quand je pense à Pierre Courcelle, le premier mot qui me vient à l'esprit est celui de bienveillance. Dans son Séminaire de l'École pratique des Hautes Études, que j'ai suivi très assidûment de 1972 à 1975, le maître accueillait les jeunes chercheurs et leur donnait la parole, exactement comme il le faisait pour des chercheurs plus chevronnés, sans hiérarchie aucune, contrairement à ce qui se passait à la même époque dans d'autres séminaires. Les conférences étaient données dans les locaux de la section des Sciences historiques et philologiques, plus exactement dans la première salle à droite, dans laquelle j'ai moi-même enseigné ensuite pendant plus de vingt ans. Cela fait que j'ai souvent pensé à mon ancien maître et que j'ai gardé de son enseignement une mémoire très vive.

Selon les séances, le nombre des auditeurs, assis autour d'une longue table, variait de dix à quinze. Il y avait des habitués : Pierre Langlois, maître-assistant à l'EPHE, à qui l'on pouvait demander des conseils bibliographiques et qui s'asseyait toujours à la même place ; Hervé Savon et Pierre Petitmengin, qui sont ici aujourd'hui ; mais aussi Jean Doignon qui travaillait sur Hilaire ; Joseph Lemarié, sur Chromace et Fulgence ; Évelyne Luciani, sur Pétrarque : Goulven Madec, sur Ambroise et Augustin ; Claude de Rohan-Chabot, sur l'homilétique grecque. D'autres, comme moi, n'ont été présents que passagèrement : entre 1972 et 1975, je peux citer au moins un canadien, Jacques Champagne, qui étudiait les élections épiscopales, et deux italiens, Fabio Troncarelli et Gaetano Raciti, devenus illustres par leurs travaux respectifs sur Boèce et Aelred de Rievaulx. Avant et après les séances, des amitiés se nouaient : j'ai rencontré là pour la première fois Goulven Madec et Joseph Lemarié avec qui j'ai ensuite collaboré, Jean Doignon et Hervé Savon, avec lesquels j'ai toujours entretenu des relations cordiales, et je continue par exemple à correspondre avec Fabio Troncarelli.

Pierre Courcelle commençait d'abord par commenter livres et tirés à part qu'il apportait de sa bibliothèque personnelle. Nous avions ainsi en avant-première les comptes rendus qu'il était en train de rédiger : c'était une excellente formation à la critique, et j'avoue lui avoir emprunté cet usage dans mon propre enseignement à partir de 1985. Puis il abordait l'un des deux thèmes inscrits au programme de l'année : en 1972-1973, ce fut le reflet du Catilina de Salluste dans les *Confessions* ; l'année suivante, des recherches sur les Vies d'Ambroise de Milan ; en 1974-1975, le thème littéraire du bourbier ; je me souviens aussi de quelques séances sur le thème alléchant des sirènes courtisanes que je ne saurais plus dater avec précision. Le maître, à partir de ses articles publiés ou de ses livres en préparation, apprenait au jeune philologue que j'étais alors comment conduire des recherches sur des auteurs latins et grecs, antiques aussi bien que médiévaux, car il avait une double formation de chartiste et de normalien. Là encore, son empreinte sur moi fut profonde, et je lui dois très certainement d'avoir travaillé ensuite à la fois sur le monde tardo-antique et sur le Moyen Âge latin, sans avoir eu, hélas, sa formation de chartiste.

Pierre Courcelle avait aussi un talent que je n'ai retrouvé ensuite chez personne : celui de publier des articles, indépendants en apparence, qui venaient ensuite s'intégrer dans des livres, eux-mêmes très bien construits, avec un minimum d'aménagements.

Une dizaine de séances était chaque année consacrée aux exposés des auditeurs. Pour les plus jeunes, c'était l'aspect le plus redoutable du séminaire, car il fallait parler une semaine après l'exposé d'un auditeur chevronné : Lemarié, qui découvrait alors Chromace ; Doignon, engagé dans son édition du commentaire d'Hilaire sur Matthieu, etc. J'étais alors candidat virtuel à l'École française de Rome. Or il était alors d'usage pour les normaliens de préparer un mémoire de l'EPHE afin d'augmenter leurs chances de recrutement. Les heureux élus n'étaient pas choisis par un jury, mais présentés par trois institutions : l'École normale supérieure de la rue d'Ulm, l'École des chartes et l'EPHE. J'avais donc choisi Pierre Courcelle comme directeur de ce futur mémoire, qui devait porter sur la Passion du martyr africain Maximilien, un objecteur de conscience exécuté au début de la tétrarchie. Le maître était un peu préoccupé, parce qu'il doutait que l'on puisse tirer de l'édition commentée d'un texte aussi court un mémoire d'une ampleur suffisante, mais il m'avait donné, malgré cela, sa bénédiction. Sur cette question d'ampleur, il avait tort, car Paolo Siniscalco fit paraître en 1974 un livre de 190 pages exactement sur ce thème, livre dont il rendit d'ailleurs compte dans la *Revue des études anciennes*. Mais évidemment, s'il y avait place pour un livre, il n'y en avait pas pour deux, et je partis finalement à l'École française de Rome sans avoir soutenu de mémoire de l'EPHE.

J'ai retrouvé dans mes notes le thème de mes trois exposés annuels : les deux premiers portaient sur la tradition manuscrite de passions africaines : celles de Marcel de Léon et de Cassien de Tanger, et celle de Crispine. Le troisième, intitulé « Matériaux pour une édition nouvelle de la Passion des martyrs d'Abitina », a été publié par moi, sous une forme à peine révisée, en 2003 dans les *Analecta Bollandiana*, mais j'avoue ne plus me souvenir ce que sa forme définitive doit aux remarques critiques de Pierre Courcelle.

J'ai commencé mon intervention en qualifiant mon ancien maître de bienveillant, je voudrais la terminer par un autre terme, celui d'éveilleur d'esprit. Tous les lecteurs des *Lettres grecques en Occident* ou du *Connais-toi toi-même* comprendront ce que je veux dire. Alors que les programmes de lettres classiques étaient étriqués, et qu'on n'étudiait du Moyen Âge que les rares textes publiés dans la collection des Classiques de l'histoire de France (Eginhard, Ermold le Noir), Pierre Courcelle initiait à une foison d'auteurs tardo-antiques et d'épigones médiévaux, c'est-à-dire à une histoire de la culture envisagée sur une longue durée. Je suis reconnaissant aux organisateurs de cette journée de m'avoir permis de lui manifester aujourd'hui ma gratitude.

2. Marc Reydellet

En 1958, j'allais entrer rue d'Ulm et je rencontrai Victor-Henri Debidour, mon professeur de khâgne, qui me demanda ce que je voulais faire. Je lui répondis que je voudrais étudier le latin post-classique. Il me répondit : « Alors, vous travaillerez sous la direction de Pierre Courcelle. » Ce nom m'était inconnu. Bien plus tard, je découvris que Debidour était de la promotion 1929 et Pierre Courcelle de la promotion 1930. À mon arrivée à l'École, Pierre Petitmengin, qui venait de passer l'agrégation, me mena aux Hautes Études, au séminaire de Courcelle. Je l'ai suivi trois ans : en 1958-1959, 1959-1960, 1961-1962. C'était le lundi à dix heures dans la petite salle à droite de la porte d'entrée. Il y avait là Jean Pépin, Jean Doignon, le Père Folliet, Hervé Savon et deux ou trois autres. Le maître arrivait avec une lourde serviette d'où il tirait livres nouveaux et tirés à part qu'il nous présentait. Si l'un de ces ouvrages intéressait l'un de nous, il le prêtait volontiers. Souvent il lisait aussi le compte rendu qu'il venait d'écrire. La seconde heure était consacrée à l'étude d'un thème ; il s'agissait de la postérité latine d'une formule grecque : *édoné mégiston kakou delear* ; *topos avomoiotètos* (*regio dissimilitudinis* et *regio longinqua* dans la parabole de l'enfant prodigue), *gvôti sauton*. L'érudition du maître m'éblouissait et je découvrais des noms dont je n'avais jamais entendu parler comme celui d'Aelred de Rievaulx par exemple. Il faut rappeler que Pierre Courcelle n'était pas seulement normalien, mais aussi archiviste paléographe et qu'à ce titre la littérature latine médiévale lui était familière. Il avait fait sa thèse de l'École des chartes sur *La Consolation de Boèce, ses sources et son interprétation par les commentateurs latins du IXe au XIIIe siècle*. À partir de Pâques environ, la deuxième heure de son séminaire était réservée à des exposés des auditeurs sur leurs recherches. Le maître était la courtoisie, la délicatesse et la bienveillance incarnées.

Je puis témoigner personnellement du souci qu'il avait de la carrière de ses élèves. En 1961, quand j'eus passé l'agrégation, il m'envoya un mot de félicitations qui s'ouvrait par : « mon cher collègue ». L'année suivante, comme j'étais retourné à ses cours, il attendit deux ou trois mois avant de me demander pourquoi je ne faisais pas de mémoire de l'École des hautes études, en vue d'une candidature à l'École de Rome. Je lui répondis que Jacques Fontaine, mon directeur de mémoire de Diplôme d'études supérieures, m'avait dit qu'il me présenterait à la Casa de Velazquez. Pierre Courcelle me répondit simplement : « On ne sait jamais... » et me décida à faire un mémoire sous sa direction que je déposai en 1964. Je me souviens être allé pour cela le voir chez lui. Nous étions assis côte à côte devant son bureau, une simple petite table et au-dessus, suspendue au mur, son épée d'académicien. À un moment, j'eus besoin d'écrire quelque chose : il me montra sa table et, voyant mon effroi, il me dit : « Ce siège n'est pas sacré. » Comme je lui demandais si des parallèles textuels que je voulais mettre dans mon mémoire devaient figurer dans le texte ou en appendice, il eut ce mot : « Cela doit être aussi érudit que possible. » Le parallèle textuel était un des secrets de sa méthode à lui.

En 1965, je fus refusé à la Casa de Velazquez. J'appelai Pierre Courcelle au secours et, quelque temps après, il m'annonça par un télégramme (un moyen de communication dont seuls les vieillards se souviennent) que j'étais admis au Palais Farnèse.

Je ne puis pas dire que j'ai bien connu Pierre Courcelle. De ses enfants, je ne sais rien. Peu de temps après que je commençai à suivre ses cours, il m'invita à dîner dans sa maison de Clamart. Sa femme était, comme lui, très accueillante, vive d'esprit avec beaucoup de répartie. Il m'a été permis de la revoir quelque vingt ans après, toujours aussi agréablement.

Parmi les œuvres de Pierre Courcelle, c'est son *Histoire littéraire des grandes invasions germaniques* qui m'a le plus marqué. Je l'ai lue dès mon arrivée à l'École normale en même temps que je commençais à suivre ses cours. Ce livre fut pour moi une révélation ; je découvrais tout un monde que je ne connaissais pas. Et c'est grâce à ce livre que je décidai de consacrer ma vie à l'étude de cette période. Habitant Rennes, j'eus quelquefois l'occasion de rencontrer le maître à la bibliothèque de la rue d'Ulm et il me demandait toujours si je continuais « dans ce latin barbare ». Le jour de ma soutenance de thèse, en mars 1977, quelques minutes avant la séance, j'étais encore seul dans l'amphithéâtre Liard et j'eus l'émotion de le voir entrer le premier parmi les auditeurs, et venir me serrer la main. J'aurais aimé qu'il fût de mon jury ; mon directeur avait préféré Marrou qui était en train de mourir. J'ajouterai que, huit ans plus tôt, en 1969, j'eus aussi la surprise émue de le voir venir féliciter ma femme et moi à la sortie de notre mariage au temple de l'Oratoire du Louvre. Je lui avais simplement envoyé un faire-part et je crois qu'il était heureux de voir cette union d'un normalien et d'une chartiste.

Les ouvrages de Pierre Courcelle n'ont pas eu une très grande diffusion. Sa thèse sur *Les lettres grecques en Occident de Macrobe à Cassiodore* a été rééditée en 1948. C'est un travail d'une érudition telle qu'elle n'est pas accessible à un grand public. L'*Histoire littéraire des grandes invasions germaniques* a connu une troisième édition en 1964, considérablement mise à jour et augmentée. Quand on la relit aujourd'hui avec l'expérience de la recherche, on mesure tout ce qu'a exigé de son auteur une pareille enquête. Pierre Courcelle ne s'est pas contenté du témoignage d'auteurs bien connus. Il a interrogé des auteurs presque inconnus : je pense, par exemple, à Orens d'Auch, ou à Quodvultdeus. Il a fouillé les grands corpus étrangers : *MGH*, *CSEL*, *CC*, les seuls à l'époque, en dehors de Migne, où l'on pût trouver ces textes. On se rend compte, en le lisant, des progrès qu'a accomplis depuis l'édition française. Ainsi, les Sources chrétiennes ont édité Quodvultdeus ; et pour ce que je connais bien, il n'y a pas longtemps que la correspondance d'Avit de Vienne est disponible dans la *CUF*. De plus, Pierre Courcelle s'est astreint nécessairement à un travail de traduction considérable. Ce grand et beau livre n'a peut-être pas été reçu à sa juste mesure par les historiens en raison même de son originalité. Je relève cependant sous la plume de Lucien Musset dans son livre sur *Les invasions* dans la « Nouvelle Clio » n° 12, p. 218 : « La nouveauté des travaux de Pierre Courcelle est instructive. Ils sont difficilement imitables... » Et il cite l'*Histoire littéraire*, dans l'édition de 1948, mais son livre est de 1965. L'autorité de cet historien suffit à encourager une réédition de cette œuvre de Pierre Courcelle, peut-être dans une collection accessible au grand public.

3. Entretien avec Pierre Riché

Quelque temps avant sa mort, le médiéviste Pierre Riché a bien voulu répondre à nos questions.

[Olga Vassilieva-Codognet] – Quelles ont été vos relations avec Pierre Courcelle ?

[Pierre Riché] – En 1953, je suivais ses cours aux Hautes Études. Figurez-vous qu'un jour, j'arrive à son cours et je le vois lisant un livre. C'était mon *Que sais-je ?* sur les invasions barbares ! J'étais un peu effrayé par ce qu'il allait dire, mais comme c'était très bien, je l'ai laissé faire. Plus tard, en 1957, il m'a recommandé pour le colloque de Spolète. Bien que ma femme attendît son deuxième enfant, j'ai accepté. Tous les soirs, à Spolète, je téléphonais pour savoir si elle était née. Non, elle m'a attendu ! Ensuite, en 1962, il y a eu ma thèse. Ma thèse, c'est la suite de Marrou, c'est la suite de son *Histoire de l'éducation dans l'Antiquité*. J'ai fait une communication qui s'intitule « Épilogue à une thèse », parce que Marrou avait écrit un livre sur l'histoire de l'éducation dans l'Antiquité. À la fin, il y avait un épilogue qui annonçait ce qui pourrait se passer après. Or, comme j'avais déjà pensé à un sujet de thèse sur l'éducation médiévale, je me suis mis en rapport avec Marrou. Courcelle a écrit un compte rendu de cinq pages sur ma thèse, en 1962. D'autre part, en 1979, il a fait l'éloge, à l'Institut, de mon livre sur l'école et l'enseignement au Moyen Âge. Et puis, lorsqu'il a été élu à l'Académie, il m'a demandé de faire partie du comité.

[Olga Vassilieva-Codognet] – Quel est le livre de Courcelle qui vous a le plus marqué ?

[Pierre Riché] – L'*Histoire littéraire des grandes invasions germaniques*.

[Olga Vassilieva-Codognet] – Que savez-vous des relations entre Courcelle et Marrou ?

[Pierre Riché] – Entre Courcelle et Marrou, confrères à l'Académie, il y a eu beaucoup de discussions. Ils n'avaient pas le même caractère. Ils avaient collaboré à un colloque sur saint Augustin, mais ils ne sont pas entendus sur le passage des *Confessions* où Augustin entend une voix qui dit « Tolle, lege ». Là-dessus, il y a eu des discussions. Marrou disait : « Je suis sourd, Courcelle est myope. » Il trouvait que Courcelle était trop perfectionniste : « En grattant trop, on troue le papier ! » Il a dit aussi : « J'ai tort de passionner le débat, Courcelle est un sage. »

Ce que je vois, c'est que Marrou cite très rarement Courcelle. Il le cite à la page 64 de son livre *De la connaissance historique* de 1954, et à la page 120 de *Décadence romaine ou Antiquité tardive ?* La première référence renvoie à l'*Histoire littéraire des grandes invasions germaniques*, et la seconde aux *Recherches sur les 'Confessions' de saint Augustin*. Dans sa correspondance, il n'y a pas une seule mention de Courcelle. Ce que je constate aussi, c'est que, dans le *Dictionnaire des noms propres* édité par Hachette, j'ai beau chercher Courcelle, il n'y est pas. En revanche, on y trouve Marrou, Riché, Braudel, Delumeau ou Le Goff.

[Olga Vassilieva-Codognet] – Êtes-vous allé chez lui, à la maison ?

[Pierre Riché] – Oui. Il habitait en banlieue, à Clamart, avec tous ses enfants et ses animaux. C'était un homme affable et sensible.

4. Hervé Savon

Un peu avant 1960, devant quitter Lille pour Paris afin d'y achever ma thèse de théologie, je me préparais à ce grand changement. J'interrogeai notamment le savant patrologue qui m'avait transmis le goût et les règles de sa discipline, l'abbé Marcel Richard : « Où découvrir à Paris, outre l'Institut catholique, un lieu qui me permettra d'étendre mes connaissances de l'ancienne littérature chrétienne et d'en approfondir l'interprétation ? » À cette demande, l'abbé répondit sans un moment d'hésitation : « Le lieu que vous cherchez n'est autre que le séminaire de Pierre Courcelle à l'École pratique des Hautes Études. C'est là que vous trouverez une érudition sans faille, une méthode rigoureuse et une intégrité scientifique impeccable, ne donnant jamais le douteux et le conjectural comme du certain ou du démontré. »

Je me rendis donc à la section de l'École pratique des Hautes Études consacrée aux sciences historiques et philologiques, et je commençai à fréquenter le séminaire de Pierre Courcelle. Très vite, je reconnus la justesse de l'avis de l'abbé Richard, et le séminaire qu'il m'avait conseillé se révéla comme un lieu d'exception. Ce qui me frappa tout de suite, c'est la simplicité, une espèce d'égalité qui y régnait, sans que l'on y distingue un premier cercle d'initiés et une seconde zone d'apprentis. Entre ces participants très engagés dans leurs recherches, c'était un échange constant où le premier rôle revenait naturellement à Pierre Courcelle. Le thème qu'il avait choisi pour l'année ou le trimestre en cours alternait avec la contribution des différent participants qui rendaient compte de leurs travaux. Chacune des communications faisait l'objet d'un examen critique où Pierre Courcelle apportait une riche moisson de données complémentaires, notamment dans le domaine des sources et des influences. On apprenait ainsi cette lecture plurielle, cette lecture à différents niveaux où il était maître. Pierre Courcelle apportait à chaque séance une dizaine de volumes contenant surtout des articles nouvellement parus dont il faisait l'examen le plus strict, annonçant ces notes d'une richesse incomparable qui forment une des parts les plus vivantes de sa production.

L'enseignement de Pierre Courcelle avait un autre cadre, plus austère, moins chaleureux, le Collège de France. Le cours magistral y était la règle. Le maître y énumérait les derniers parallèles qu'il avait découverts entre la nouvelle littérature qui se réclamait de la Bible et les sources classiques réinterprétées et mises au service de la foi nouvelle. Mais sa présentation était sans complaisance. Alors que les amphithéâtres voisins étaient remplis par l'audace des nouveaux philosophes, la salle où enseignait Pierre Courcelle apparaissait presque vide. On n'y rencontrait qu'une dizaine de fidèles, d'une fidélité inconditionnelle il est vrai. Une fois même, j'étais seul avec le maître que je trouvai marchant à grands pas en attendant ses auditeurs. Ce pouvait être l'occasion d'un dialogue entre maître et disciple sur la nature et les méthodes des nos recherches pagano-chrétiennes, mais les règles de la conférence magistrale s'imposèrent, et je devins, à moi seul, l'auditoire.

Cependant une autre possibilité de dialogue s'offrit bientôt. Parmi les œuvres ayant un grand intérêt pour nos recherches, il y avait celle d'Ambroise, fortement marqué par le platonisme et grand inspirateur d'Augustin. Pierre Courcelle avait besoin d'un lexique complet de son œuvre. Il s'adressa à moi, ce qui me valut un poste au Collège de France et mon entrée dans le cadre universitaire parisien. Mais cette nomination qui m'était précieuse avait une condition qui me fut formulée presque aussitôt : pour me donner pleinement à cette tâche, dont il soulignait le niveau scientifique, Pierre Courcelle m'invitait à interrompre la préparation de ma thèse. Cela m'apparut comme l'appel à un suicide intellectuel. Je m'y refusai, et je me partageais entre l'index que je devais fournir et la poursuite d'une recherche personnelle à laquelle je ne pouvais renoncer. Pierre Courcelle le souffrit, mais se tint, de ce fait, à une certaine distance de ma thèse, dont il transmit le patronage, très formel, à Maurice de Gandillac.

Cette thèse fut néanmoins l'occasion d'un rapprochement définitif entre nous. Quand j'arrivai à la Sorbonne pour la soutenance, Pierre Courcelle était déjà là. Il vint au devant de moi pour me prévenir de l'opinion très favorable du jury dont faisaient aussi partie Jacques Fontaine et Jean Pépin. Son visage était radieux. Les moments d'incertitude étaient passés ; une nouvelle période s'ouvrait. Nous allions préparer en commun, Pierre Courcelle et moi, l'édition critique de quatre lettres, très abondantes, très théologiques, très favorables à l'intervention des femmes dans la vie de l'Église. Pierre Courcelle avait contribué à montrer la cohérence de ce dossier épistolaire dû à un certain prêtre Eutrope, mais qui avait été dispersé par les copistes dans la masse des *Hieronymiana* inauthentiques. Détrompés, les éditeurs modernes s'étaient peu souciés d'en procurer un texte correct. Cette tâche apparaissait maintenant urgente. Pierre Courcelle allait entreprendre son exécution, et il s'assura de mon concours. Je me mis avec résolution à la collation des principaux témoins. Cette nouvelle coopération était prometteuse, mais elle fut malheureusement très vite interrompue par la maladie et la mort de Pierre Courcelle. J'en fus réduit à composer l'un de ces éloges funèbres qui accompagnent la disparition d'un grand savant. Il me sembla nécessaire de montrer comment cette perception fine des influences littéraire et philosophique, impliquant notamment une certaine dose de platonisme christianisé, n'était pas seulement, chez Pierre Courcelle, le fruit d'une science impeccable, mais aussi le reflet d'une expérience intérieure. Peu de temps après la publication de mon hommage, je recevais une lettre de Mme Courcelle qui me remerciait d'avoir si bien compris « l'âme de son mari ».

5. Pierre Petitmengin

Lorsque j'ai commencé à m'intéresser à la littérature latine chrétienne, il y a près de 65 ans, la discipline n'était pas représentée à l'Institut de Latin de la Sorbonne : Pierre de Labriolle avait pris sa retraite et Jacques Fontaine enseignait encore à Caen. Le doyen Durry, qui régnait alors sur les études latines, m'envoya faire mon diplôme d'études supérieures chez un de ses amis « romains », Henri-Irénée Marrou, qui enseignait l'histoire du christianisme antique et dirigeait la Bibliothèque d'histoire des religions. De mon côté, suivant l'exemple de mes amis archéologues, j'avais frappé à la porte de l'École pratique des Hautes Études, pour y suivre les conférences non de Raymond Bloch ou de Pierre-Marie Duval, mais celles de Pierre Courcelle. C'est ainsi que j'ai eu la chance d'être l'élève de deux maîtres éminents, dont il faudrait un jour écrire les vies parallèles, et contrastées. Hélas, le modèle auquel je pourrais prétendre ne serait pas Plutarque, mais plutôt le biographe des philosophes antiques, Diogène Laërce, que Marrou présentait comme « Aristote vu par son concierge ». Vous allez donc rencontrer ici Pierre Courcelle non pas *sub specie aeternitatis,* mais tel que le voyait un de ses petits élèves, qui reste encore aujourd'hui son disciple.

À vrai dire un disciple bien indigne, et déjà indiscipliné, car je n'ai jamais eu le courage de franchir la rue Saint-Jacques pour aller suivre les cours du Maître au Collège de France ; je me suis senti pardonné lorsqu'il m'a confié un jour : « Mais vous n'avez rien perdu, c'est beaucoup plus stimulant ici, je me sens bien plus à mon aise aux Hautes Études. » Il m'est déjà arrivé de rendre hommage à la « conférence » de Pierre Courcelle, puisque c'est ainsi que s'appelle la forme d'enseignement des Hautes Études. C'était le 4 juin 1966, lors de la remise de son épée d'académicien à celui qui était l'un des benjamins de l'Académie des Inscriptions et Belles Lettres. Dans cette cérémonie traditionnelle, où tous rôles sont fixés, je tenais celui du disciple qui explique avec respect ce qu'il doit à son maître. On me pardonnera peut-être de citer quelques passages de cette *laus magistri* :

« Permettez-moi de rappeler d'abord un souvenir personnel, l'impression étrange que je ressentis lorsque pour la première fois j'assistai à votre conférence… Cette table immense, ce public international (on y parlait même latin), ce professeur qui nous apportait une valise entière de tirés à part, enfin cette "région de dissemblance" que l'on poursuivait depuis Platon jusqu'à Nigellus de Longchamp, tout me surprenait, me dépaysait…

« Il ne faut pas longtemps à vos disciples pour découvrir que ce séminaire d'apparence si austère est un des endroits les plus libres de l'Université pour la simple raison que chacun y parle librement de ce qui lui tient à cœur. Vous savez mettre vos élèves en confiance et chaque année ils reviennent vous exposer leurs découvertes ou leurs déceptions...

« Vous avez bien compris que la seule façon de nous amender était de prêcher d'exemple et de nous montrer comment on cherche, et comment on trouve. Tel illustre savant du siècle dernier divisait, dit-on, au premier coup d'œil la bibliographie en trois classes : *legenda, fortasse legenda, utique non legenda*. Vous nous avez toujours conseillé l'attitude exactement opposée : il faut s'astreindre à tout lire, même le recueil de sermons apparemment dépourvus d'intérêt. Lire et relire les textes antiques, c'était déjà la méthode des grands érudits du XVIIe siècle...

« Toutes vos recherches sont menées suivant une méthode rigoureuse, strictement philologique, qui donne à vos ouvrages un caractère original jusque dans la présentation typographique, je veux dire la méthode des parallèles textuels, qui rapproche de façon incontestable des textes qu'on n'avait jamais lus avec une attention ou une culture suffisantes... »

Ce modeste témoignage et d'autres textes plus inspirés, en particulier le remerciement que Pierre Courcelle qualifiait spirituellement d'« auto-hagiographie », ont été regroupés dans une plaquette qui rappelle les publications des Études augustiniennes : rien d'étonnant à cela, car elle sortait des presses de leur imprimeur favori, l'Indépendant à Château-Gonthier (Mayenne) et elle avait été préparée par le Père Georges Folliet, ami et « conseiller éditorial » depuis toujours. Cet opuscule était muni de listes traditionnelles : celle du Comité d'organisation, qui regroupait une dizaine d'amis (comme le latiniste René Braun ou l'historien Pierre Riché) ou de disciples (comme le Père Goulven Madec ou Jean Pépin) ; le Comité d'honneur, où figurait une proportion inhabituelle de savants étrangers : 13 sur 72, soit près de 20%, témoignage du prestige dont jouissait Pierre Courcelle comme représentant de la philologie française ; enfin la liste des autres souscripteurs (pas moins de 429 noms), parmi lesquels un grand nombre d'ecclésiastiques (ce qui était normal à une époque où les études patristiques fleurissaient dans les Églises de France et de Belgique) et aussi de dames (pour une bonne part d'anciennes auditrices des cours, fort appréciés, qu'il donnait à l'École normale supérieure de jeunes filles, Sèvres).

Et puis, comme dans toutes les œuvres de Pierre Courcelle (mais ce n'était pas l'usage dans ces plaquettes éphémères), figurait une bibliographie : cette fois-là, elle ne recensait que sa propre production déjà très consistante, puisqu'elle comportait, en 1967, 128 titres, livres ou articles. Et ce n'était qu'un début ! Dans les *Opuscula selecta* (1938-1980), publiés en 1984 après son décès, elle dépassait les 200 numéros, sans compter quelques titres à paraître, comme un nouveau tome de l'*Iconographie de saint Augustin*, qu'il publiait avec son épouse, Jeanne Courcelle-Ladmirant, rencontrée soixante-dix ans plus tôt à la Bibliothèque Vaticane, quand il était membre de l'École française de Rome et elle pensionnaire de l'*Academia Belgica*. Ce qui est frappant aussi, c'est que sa production était d'une admirable régularité. Il n'y avait pas d'année dans laquelle il n'ait publié soit un livre soit plusieurs articles. À la fin de sa vie, quand il était directeur de la Fondation Thiers, donc au sommet des honneurs, je l'avais trouvé tout de même fatigué et éprouvé, et je me suis dit que le rythme inhumain que devaient suivre alors les professeurs du Collège de France, astreints chaque année à ne publier que de l'inédit, avait dû l'épuiser.

Mon petit texte m'avait donné quelque souci, parce que si je ne voulais pas choquer le bon maître, je ne voulais pas non plus me perdre dans la flatterie. J'ai donc pris le parti de le lui soumettre et, avec sa grande générosité, il m'a tout de suite donné son *imprimatur.* Une autre fois, quand j'avais eu à rendre compte de la traduction anglaise de ses *Lettres grecques en Occident,* j'avais essayé de trouver de petits compléments, surtout à propos des manuscrits de Vivarium, et il les avait acceptés de bonne grâce. Mon modeste discours a, lui, connu un succès que je ne soupçonnais pas, il a été traduit en japonais. C'était en 1974, quand l'*Histoire littéraire des grandes invasions germaniques* est parue en cette langue. Le collègue de Courcelle au Collège, Paul Demiéville, qui était le pape des études de sinologie, avait conseillé à ses amis japonais de traduire ce livre, extrêmement instructif et vivant, pour qu'ils se rendent compte que l'Orient et l'Occident avaient connu de grandes invasions à peu près à la même époque. Les professeurs, trop occupés, avaient chargé de la traduction un disciple qui avait suivi les conférences du Maître aux Hautes Études. Il avait joint mon petit texte comme une sorte d'introduction. J'y avais écrit que Courcelle apportait «une valise pleine de tirés à part». Le traducteur, *lost in translation*, a compris «une valise entièrement déchirée», et il s'est justifié en note : «Mais c'est vrai, je l'ai vue de mes propres yeux, cette valise.» Voilà comment j'ai participé un peu de la gloire de cette valise, bien malgré moi.

Cela m'amène à évoquer les rencontres du lundi matin, 10 h (le Maître tenait à commencer tôt sa semaine de travail!), auxquelles beaucoup d'entre nous ont participé, entre 1944 et 1980. C'était un milieu très agréable, et avec beaucoup d'auditeurs étrangers, surtout allemands, des universitaires français chevronnés et d'autres en formation, comme moi (et plus tard François Dolbeau), et puis il y avait toujours une délégation des Études augustiniennes, qui venaient saisir à la source, pourrait-on dire, la production de leur best-seller : véritable «*scriptorium-courcellien*», ils guettaient toujours quelque nouvelle découverte. Lui arrivait de Clamart, il habitait là-bas avec sa nombreuse famille une villa merveilleuse où son épouse et lui ont eu la gentillesse de me recevoir quelquefois, dans un parc perdu dans l'obscurité (je n'y allais que le soir). – Son trajet rituel allait donc de Clamart au Collège de France, où il trouvait une bibliothèque déjà importante, mais pas gigantesque; de là, il traversait la rue Saint-Jacques pour rejoindre celle de la Sorbonne qui était sa base essentielle, et puis il montait parfois à l'École normale où j'avais le plaisir de l'accueillir, ou bien il poussait jusqu'à la rue François Ier où les Augustins de l'Assomption avaient réuni deux superbes collections de livres, complémentaires (et bientôt dissociées), celle des Études augustiniennes et celle de l'Institut français d'études byzantines.

Ce qui m'a frappé chez le professeur Courcelle, c'est qu'il était très ouvert, sans doute grâce à la formation qu'il avait reçue. Dans cette petite plaquette – c'est un témoignage exceptionnel que je n'ai pas rencontré ailleurs sous la plume d'un universitaire – il déroule ses *Lehrjahre*, de la sixième au lycée d'Orléans jusqu'à son entrée rue d'Ulm, rendant toujours un hommage chaleureux à ceux qui l'ont formé. Comme pour tant d'autres, le choc fut de passer d'une tranquille classe de province, où il était facilement le premier, à une khâgne parisienne, celle de Louis-le-Grand en l'occurrence, où ses condisciples, venus de toute la France et même d'Outre-Mer, étaient aussi impressionnants que leurs maîtres (qu'il cite tous nommément, quelle que soit leur discipline: *pietas*!). La concurrence était rude: «Je n'ai jamais tant travaillé de ma vie; au vrai, je n'ai fait que baisser depuis ce temps, troquer l'*intelligence* contre l'érudition.» Si on ajoute les conditions ascétiques qu'offrait la vie en internat, on comprend que dans ce milieu exigeant aient pu naître des amitiés d'exception comme celle qui a lié toute sa vie Courcelle au plus illustre des recalés au concours de l'École normale (avant Emmanuel Macron), je veux dire le président Léopold Sédar Senghor. Trois mois après avoir été reçu rue d'Ulm, Courcelle profitait de son acquis pour passer et réussir le concours de l'École des chartes, une sorte de bonus qui lui procurait quatre années d'études exigeantes et une connaissance incomparable du Moyen Âge.

Ce qui m'a frappé aussi, c'est qu'il n'avait pas, me semble-t-il – je parle sous le contrôle de sa fille et de ses autres enfants –, il n'avait pas une très grande bibliothèque personnelle; c'est-à-dire qu'il travaillait surtout en bibliothèque; il prenait ses notes, je le vois encore avec son stylo entre les dents (je ne sais pas s'il faisait de même chez lui) comme parti à l'abordage des livres, c'était impressionnant. Il est sûr que, lorsqu'on a une famille de huit enfants, il est difficile de consacrer beaucoup d'argent à l'achat d'instruments de travail qu'on peut trouver ailleurs. Ses livres, légués à l'Institut d'études augustiniennes, comprennent surtout un grand nombre d'hommages et d'exemplaires de recension; sa vraie richesse était plutôt dans son immense collection de tirés à part, pieusement reliée par le Père Folliet, un hommage au réseau international de collègues et d'admirateurs qui rayonnait autour de lui.

Alors pour terminer: qu'est-ce que je dois à mon cher maître? Si vous voulez, il m'a offert, d'une certaine façon, un modèle de précision et de largeur dans les enquêtes. C'est-à-dire qu'il voyait les choses en très grand, dans la longue durée, ouvrant ce que les Allemands appellent des *Langschnitte*, des perspectives longues qui changeaient de l'optique trop concentrique qu'on avait souvent sur un auteur. C'était aussi un exemple de discrétion, car cela m'a frappé, je ne l'ai jamais entendu dire du mal de quelqu'un; il était toujours courtois, aimable; d'autres maîtres étaient beaucoup plus ironiques, mais lui n'avait pas besoin de lancer des piques. Alors, est-ce qu'il m'a beaucoup aidé? À dire vrai, je n'en sais rien, peut-être parce que, justement, la discrétion a la particularité de ne pas se manifester, et il est possible que, quand j'ai été candidat à l'École de Rome, il en ait dit un mot au Directeur de l'époque, Pierre Boyancé, qui avait été son collègue à Bordeaux *temporibus iniquis*, et dont j'avais aussi été l'élève. Mais j'ai envers lui une grande dette parce que, avec sa connaissance de l'Europe savante, il m'a guidé au moment où, après l'École normale, j'ai voulu aller étudier un an à l'étranger. J'hésitais entre les deux terres d'élection des études sur Tertullien, la Hollande et la Suède, pour laquelle j'avais plus de sympathie et de curiosité, et alors il m'a dit : « Le professeur de latin à Upsal, Josef Svennung, passe pour antifrançais, en fait il n'en est rien : je lui ai parlé en allemand et nous avons sympathisé, mais si vous pensez à la Suède, c'est à Stockholm qu'il faut aller, chez Dag Norberg. » Il connaissait bien ce grand savant, qui fut pour moi un maître attentionné, et un recteur « magnifique » de son Université. Et puis, disons à la fin de sa vie, j'ai vu Pierre Courcelle peut-être un peu plus librement, quand il logeait rond-point Bugeaud, dans les locaux impressionnants de la (défunte) Fondation Thiers. Alors il m'avait expliqué, j'en étais tout à fait étonné, comment se préparait une candidature au Collège de France ; il avait été longtemps délégué des professeurs littéraires de cette noble institution, c'est-à-dire l'adjoint de l'Administrateur, donc il connaissait très bien toute la musique ; évidemment, dans mon cas, cela n'a servi de rien... Mais ce que je peux dire, c'est que lorsqu'il m'est arrivé de dire, non pas « je suis citoyen romain », mais « je suis ancien élève de Pierre Courcelle », son patronage a toujours fait bon effet, ce dont je lui suis profondément reconnaissant. *Dixi*.

Fig. 1. *Remise de l'épée d'académicien à Pierre Courcelle le 4 juin 1966.*

Fig. 2. *Les huit enfants de Pierre et Jeanne Courcelle à la fin des années 1950.*

6. Entretien avec Marie Courcelle

Marie Courcelle est la fille de Pierre Courcelle. Elle a bien voulu partager avec nous les souvenirs de son enfance et faire revivre la figure de son père[1].

[Olga Vassilieva-Codognet] – Nous connaissons surtout le savant (Fig. 1). Pourriez-vous nous parler un peu du père, de la famille ?

[Marie Courcelle] – Il avait huit enfants (Fig. 2). Cela peut paraître étonnant qu'un grand savant ait eu huit enfants, d'autant plus que mon père ne pouvait travailler que dans le plus grand silence. Il avait un tout petit bureau dans une grande maison (Fig. 3). Nous louions une très grande propriété avec des bois, mais son bureau était minuscule... Mon père avait besoin de calme. Nous, les enfants, nous devions passer à quatre pattes sous sa fenêtre pour qu'il ne nous voie pas. Car dès qu'il entendait quelque chose, il criait : « Les enfants, fichez-moi la paix ! » Il lui fallait du silence. C'est pour cela que nous n'avons jamais eu aucun instrument de musique, ou la radio, ou quoi que ce soit. Il disait : « J'ai huit enfants, c'est suffisamment bruyant comme ça ! » Avec ma mère, il formait un couple très uni. Et même si mon père travaillait beaucoup – pratiquement tous les jours –, ils passaient une heure ou deux de promenade ensemble, après le repas. Je les ai vu faire ça tous les jours, même quand ils étaient à Paris, dans l'appartement à Porte d'Orléans. Ils allaient alors jusqu'à Clamart à pied, puis ils revenaient. Et souvent, le soir, ils ressortaient encore ensemble. Le dimanche, nous allions tous en bicyclette dans les bois de Clamart qui étaient juste à côté. Il y avait papa devant avec le petit dernier, maman derrière (Fig. 4), et, au milieu, il y avait nous tous. Les gens nous comptaient : 1, 2, 3, 4... Et nous, surtout les plus grands, nous grincions de rage d'être comptés ainsi ! Mon père a toujours passé du temps avec nous. Il nous a appris à jouer au bridge. De temps en temps, il nous donnait un petit peu de vin ou une cigarette. Cela peut sembler étonnant, mais c'était lui ! Il aimait beaucoup sa mère. Son père est mort quand il avait douze ans, et ses

---

1. Cet entretien avec Marie Courcelle a eu lieu le 25 mai 2018, à l'occasion de la journée d'études consacrée à Pierre Courcelle dont le présent ouvrage est issu. Le texte ici présenté constitue une transcription, mise en forme pour la publication, des propos qu'a tenus ce jour-là Marie Courcelle. Les figures 1 à 5 proviennent des archives de Marie Courcelle.

deux frères sont morts eux aussi assez rapidement. Il prenait du temps avec nous, mais c'était un savant qui travaillait tout le temps. Il nous faisait un peu peur, on n'osait pas s'approcher trop. Parce qu'on savait qu'il ne fallait pas faire de bruit, et aussi parce qu'on se sentait tellement en-dessous de lui. Il nous disait de temps en temps – ce qui n'était pas pour nous donner confiance en nous-mêmes – : «Tous mes collègues ont des enfants normaliens, sauf moi!» Aujourd'hui, mon neveu Thibaut est maître de conférences, et je pense que cela réjouirait mon père de savoir que l'un de ses petits-enfants est universitaire.

Fig. 3. *Le 4 rue du Sud, à Clamart, où la famille Courcelle vécut une vingtaine d'années.*

Fig. 4. *Jeanne Courcelle avec ses deux filles, Marie et Anne, à la fin des années 1940.*

[Olga Vassilieva-Codognet] – Racontez-nous ses voyages, comment il allait consulter des documents et des œuvres d'art.

[Marie Courcelle] – Mon père faisait souvent des conférences à l'étranger où il avait énormément de contacts. Maman l'accompagnait parfois. À propos d'iconographie, il leur fallait se déplacer, car, à l'époque, il n'y avait pas internet. Ils allaient donc sur place voir les œuvres d'art. Je me souviens d'une fois, alors que papa était mort depuis plusieurs années, où maman m'a rejointe à Malte. Elle voulait absolument voir le plafond d'une chapelle où il y avait une représentation de saint Augustin. La chapelle était très haute. Il a fallu aller demander au Père une échelle et une lampe. Ça a été quelque chose, car ma mère était alors âgée. Avec mes parents, c'était comme ça : tout ce qu'ils faisaient, ils le faisaient vraiment. Tous les savants étrangers qui venaient parler au Collège de France ou à l'École pratique des Hautes Études, il les invitait chez lui. Et vous savez, pour venir à Clamart, il fallait prendre le métro, puis l'autobus, ce n'était pas rien ! Mes parents ont beaucoup voyagé en dehors de l'Europe. Je suis sœur missionnaire, j'ai vécu 28 ans au Proche-Orient : au Liban, en Syrie, en Jordanie, et surtout en Égypte. Ils sont venus me voir. J'ai encore une photo où l'on peut voir mon père sur un âne, en plein désert (Fig. 5). Je me rappelle qu'on a eu peur, maman et moi, quand, tout d'un coup, l'âne est parti avec lui ! C'était dans les années 1970, et il n'était plus tout jeune… Mes parents sont toujours venus me voir, un peu partout où j'étais. Mon père emportait avec lui sa valise de livres : entre deux visites aux musées ou ailleurs, il l'ouvrait et se mettait à sa table. Il travaillait toujours, partout, même en Égypte.

Fig. 5. *Pierre Courcelle en Égypte (29 décembre 1976)*.

[Olga Vassilieva-Codognet] – Que sont devenus les enfants ?

[Marie Courcelle] – Des huit enfants, il y en tout de même quatre qui ont été professeurs ! Pas au Collège de France, bien sûr, ni à l'École pratique des Hautes Études, mais enfin quand même... Un autre habite une immense péniche sur la Seine : il est artiste, peintre, sculpteur. Un autre encore a été Directeur des ressources humaines chez Areva. Et puis, il y a eu moi. Je l'ai déçu à un moment donné, mais, heureusement, je ne l'ai pas su. Je ne l'ai su que très longtemps après, par ma mère. Je l'ai déçu parce qu'en seconde je suis passée dans la section scientifique. Il disait à ses collègues que j'étais le canard de la famille. Mais comme je ne l'ai su que longtemps après, cela ne m'a rien fait. Si je l'avais su à ce moment-là, cela m'aurait peut-être fait quelque chose, oui... Nous n'étions pas très proches, pas au point d'aller raconter nos histoires, non. Il y avait le monde des parents qui, à table, parlaient toujours de saint Augustin et de saint Ambroise. C'était l'ancien temps, les parents parlaient, et nous, on se taisait. Ou plutôt, on se parlait autrement : en se donnant des coups de pied sous la table !

[Olga Vassilieva-Codognet] – Votre mère a continué à travailler après la mort de son mari et, en 1991, elle a publié le dernier volume de leur long travail commun sur l'iconographie de saint Augustin.

[Marie Courcelle] – En ce temps-là, la femme qui se mariait suivait son mari. Maman était docteur en histoire de l'art, elle aurait sûrement fait carrière en Belgique. Elle a eu huit enfants, mais, dès qu'elle a pu, elle s'est remise au travail !

Le Directeur : Vincent ZARINI
IMPRIMERIE F. PAILLART (ABBEVILLE)